KB162955

당신의 집은 안녕하십니까?

당신의 집은 안녕하십니까?

펴낸날 | 초판 1쇄 2023년 4월 11일
지은이 | 최병성
만들어 펴낸이 | 정우진 강진영 김지영
펴낸곳 | 도서출판 황소걸음
디자인 | 홍시 happyfish70@hanmail.net
등록 | 제22-243호(2000년 9월 18일)
주소 | 서울시 마포구 토정로 222 한국출판콘텐츠센터 420호
편집부 | 02-3272-8863
영업부 | 02-3272-8865
팩스 | 02-717-7725
이메일 | bullsbook@hanmail.net / bullsbook@naver.com
ISBN | 979-11-86821-83-1 (03300)

당신의 집은 안녕하십니까?

최병성 지음

쓰레기 시멘트로 짓는 집의
불편한 진실

황소걸음
Slow & Steady

머리말 이제 국민이 깨어나야 할 때

쓰레기 시멘트가 내게 운명처럼 다가왔다. 조용히 살고 싶어 1994년 6월 강원도 영월 서강 변에 자리 잡았다. 서강은 대한민국에서 가장 맑고 아름다운 강이었다. 그러나 초대하지 않은 손님이 매일 찾아왔다. 산 너머 시멘트 공장에서 날아오는 역겨운 냄새와 분진이었다.

시멘트 공장을 지나칠 때면 산처럼 쌓인 폐타이어를 보고 의아했다. 폐타이어가 왜 시멘트 공장에 있을까. 환경 단체에 물었다. 환경부 권장 사항이라며 대수롭지 않게 여겼다. 그러나 폐타이어를 소각하며 굴뚝에서 날아온 시커먼 분진이 지붕에 달라붙고, 유독한 염산으로 자동차를 세차해야 하는 주민들의 처참한 현실을 보았다.

시간이 흐르며 시멘트 공장에 반입되는 쓰레기 종류와 양이 늘었다. 시멘트 공장에서 날아오는 악취는 더 역겨워졌다. 시멘트 공장의 쓰레기 소각은 지역 환경에 국한된 문제가 아니라, 쓰레기 시멘트로 지은 집에 살아가는 전 국민의 안전 문제다. 시멘트 공장에 온갖 산업 쓰레기가 반입되지만, 쓰레기 사용 기준이나 안전기준은 전혀 없었다. 국민의 목숨을 담보로 한 환경부의 무책임한 도박이었다.

상대방은 쓰레기를 소각하며 돈을 쓸어 담는 대한민국의 거대한 기업들이고, 나는 아무것도 아닌 개인이다. 그러나 쓰레기 시멘트에 침묵할 수 없었다. 고발과 소송을 각오하고 쓰레기 시멘트를 내가 지고 가야 할 십자가로 받아들였다. 전국의 시멘트 공장을 찾아다니며 사진을 찍었다. 밤낮없이 인터넷을 뒤져 관련 자료를 찾아내고, 쓰레기 시멘트의 유해성을 확인하기 위해 연구소에 계속 분석을 의뢰했다.

예상한 일이 벌어졌다. 시멘트 업계에서 나를 형사 고발하고 손해배상을 청구하겠다는 협박용 내용증명이 날아왔다. 그렇다고 멈출 수 없었다. 8개 시멘트 공장 사장이 연합해 국내 최대 로펌을 끼고 허위 사실 유포와 명예훼손 운운하며 나를 검찰에 고발했지만, 당당히 이겨냈다.

오늘날 우리가 사는 집은 이전보다 크고, 고급스럽고, 안락하다. 그런데 왜 아토피로 고통에 시달리는 아이들이 점점 늘어날까? 대한민국은 국민 1인당 쓰레기 시멘트 소비량 전 세계 1위다. 집을 짓는 기본 건축재인 시멘트가 어느 나라보다 안전해야 한다. 현실은 정반대다. 발암물질과 유해 중금속 가득한 쓰레기 시멘트를 가장 많이 소비하면서도 안전기준이 가장 허술하다. 환경과 국민의 건강보다 시멘트 공장의 이익을 우선시해온 환경부의 특혜 때문이다. 환경부가 본연의 임무를 저버리고 오히려 환경오염을 조장해온 것이다.

이 책은 30년 동안 시멘트 공장을 살펴온 기록이다. 전국의 시멘트 공장을 수없이 찾아다니며 잠입과 촬영을 계속했다. 그동안 쓰레기 시멘트의 유해성을 알리는 수많은 기사를 썼고, 2015년엔《대한민국 쓰레기 시멘트의 비밀》을 출간했다. 그러나 환경부의 비호 속에 쓰레기 시멘트 문제가 여전히 풀지 못한 숙제로 남았다. 시멘트 공장을 통해 쓰레기를 처리하려는 환경부의 무책임한 재활용 정책으로 상황은 오히려 더 심각해졌다.

유럽과 다른 나라도 시멘트 제조에 쓰레기를 사용한다. 국민 1인당 시멘트 소비량이 적어도 대한민국의 시멘트 공장보다 강력한 쓰레기 사용 기준과 배출 가스 허용 기준, 시멘트 안전기준을 적용하고 있다. 그런데도 많은 시민과 시민 단체, 전문가들이 정부 당국과 시멘트 공장을 상대로 시위와 소송을 한다.

전 세계에서 쓰레기 시멘트를 가장 많이 소비하며 주거 환경이 가장 위험한 대한민국에서는 아무도 이 문제에 관심이 없다. 이제 국민이 깨어날 때다. 아파트 값보다 가족의 건강이 중요하기 때문이다.《당신의 집은 안녕하십니까?》를 통해 안전한 거주 공간을 위한 변화의 불길이 훨훨 타오르길 간절히 기대한다.

차 례

3 쓰레기 시멘트에는 발암물질 6가크롬이 존재한다

4 환경부 특혜 속에 온갖 유해 물질을 뿜어내는 시멘트 공장

5 시멘트에 어떤 쓰레기가 들어갈까?

6 아파트 숲이 된 대한민국

대한민국은 국민 1인당 쓰레기 시멘트 소비량 세계 1위다. 국민의 건강을 위해 시멘트를 가장 안전하게 만들어야 한다. 그러나 시멘트 공장의 쓰레기 사용 기준과 시멘트 안전기준 등이 어느 나라보다 허술하다. 유럽의 기준과 비교해 위험에 놓인 대한민국 주거 환경의 문제를 돌아본다.

대한민국은 쓰레기 시멘트 소비량 세계 1위 국가다

1

전 세계 쓰레기 시멘트 소비 1위 대한민국의 슬픈 현실

1

가로수와 건축물이 조화를 이뤄 아름다운 도시다. 고층 아파트에 갇혀 살아가는 우리에겐 낯설면서도 한없이 부러운 풍경이다. 이곳은 오스트리아 잘츠부르크다. 탁 트인 풍경이 시원하다. 고층

아파트가 없으니 도시경관이 살아 있다.

우리가 살아가는 대한민국의 도시 풍경을 보자. 저 산 너머까지 고층 아파트가 이어진다. 콘크리트가 도시를 점령한 숨 막히는 풍경이다.

해외 도시는 주변 환경과 경관의 조화를 중요하게 여긴다. 우리나라 고층 아파트 문화는 주변 환경이나 도시경관을 개의치 않는다. 오직 아파트 값에 매몰돼 도시 곳곳을 콘크리트로 채워가고 있다.

쓰레기 시멘트 세계 1위 소비 국가

국가별 국토 면적과 총인구, 연간 시멘트 생산량을 비교해봤다. 결과는 충격적이다. 국토 면적이 좁고 인구도 적은 대한민국이 국민 1인당 쓰레기 시멘트 소비량 전 세계 1위다.

한국시멘트협회가 발행한 《2020 한국의 시멘트 산업 통계》에 따르면, 세계 시멘트 소비량 상위 20개국 중 대한민국이 9위다. 국민 1인당 시멘트 소비량으로 계산하면 사우디아라비아가 1위, 중국이 2위, 대한민국이 3위다. 그런데 왜 대한민국이 전 세계 쓰레기 시멘트 소비량 1위일까?

중국은 유연탄을 비롯한 광물자원이 풍부해 시멘트를 제조할 때 쓰레기를 넣는 공장이 많지 않다. 2007년 원진재단 부설 노동환경

Result D

우 131-831 서울특별시 중랑구 면목3동 568-

노동환경건강연구소 분석실

문서번호 : 원노환건-07-

수 신 : 최병성 목사님

제 목 : 중금속 분석결과

1. 시료 정보

시 료 명	중국시멘트
분석대상물질	6가 크롬(Cr(IV)) 및
시 료 수 령	2007. 10. 23

2. 분석결과

분석항목	농도	단위
6가 크롬 Cr(IV)	불검출	mg/kg
크롬(Cr)	21.1	mg/kg

Result Data

우 131-831 서울특별시 중랑구 면목3동 568-1번지 Tel

노동환경건강연구소 분석실

문서번호 : 원노환건-07-

수 신 : 최병성 목사님

제 목 : 중금속 분석결과

1. 시료 정보

시 료 명	동양 시멘트
분석대상물질	6가 크롬(Cr(IV)) 및 중금속(Cr
시 료 수 령	2007. 09. 12

2. 분석결과

분석항목	농도	단위	
6가 크롬 Cr(IV)	110.4	mg/kg	EPA Metho
크롬(Cr)	343.3	mg/kg	MARS Cem

중국과 한국의 시멘트 비교

건강연구소에 중국과 대한민국의 시멘트 분석을 의뢰했다. 놀랍게도 중국 시멘트엔 발암물질이 없었다. 그러나 대한민국 시멘트에선 환경부의 시멘트 발암물질 기준 20ppm보다 5배 이상 많은 110.4ppm이 나왔다.

사우디아라비아의 국토 면적(214만 km²)은 대한민국(10만 km²)의 21배가 넘는다. 최근 풍부한 오일 머니를 이용한 도시개발산업이 왕성해, 시멘트 공장 몇 개를 추가 건설할 만큼 시멘트 수요가 폭발적으로 증가하고 있다. 사우디아라비아는 대한민국처럼 제조업이 발달한 나라가 아니다. 시멘트에 넣어 처리해야 할 만큼 산업쓰레기가 많지 않으니 유해 물질 가득한 쓰레기 시멘트를 만들지 않는다.

이처럼 국민 1인당 시멘트 소비량 1, 2위인 사우디아라비아와 중국을 제외하면 대한민국은 0.91t으로 세계 1위다. 그것도 유럽과 미국의 1인당 시멘트 소비량(0.3~0.5t)의 2~3배나 되는 압도적 1위다. '쓰레기 시멘트 소비 세계 1위'라는 말은 대한민국 국민이 세계에서 가장 유해한 주거 환경에 노출됐다는 뜻이다. 국민이 발암물질과 유해 중금속이 다량 함유된 쓰레기 시멘트에 갇혀 살아간다. 새집증후군과 아토피로 고통을 겪는 아이들이 급증하는 원인이 쓰레기 시멘트로 짓는 아파트 증가와 연관 있다고 할 수 있다.

시멘트 소비량 상위 20위 국가별 국민 1인당 시멘트 소비량 비교

시멘트 소비 순위별 국가		국토 면적 (만 km²)	총인구 (만 명)	시멘트 생산량 (1000t)	국민 1인당 시멘트 소비량(t)
1	중국	959	144,421	2,204,000	1.05
2	인도	328	139,340	363,500	0.26
3	미국	982	33,291	102,400	0.307
4	인도네시아	190	27,636	72,060	0.260
5	베트남	33	9,816	65,490	0.667
6	브라질	851	21,399	55,900	0.261
7	러시아	1,709	14,591	55,850	0,382
8	이집트	100	10,425	48,500	0.465
9	대한민국	10	5,182	47,162	0.910
10	튀르키예	78	8,504	47,030	0.553
11	이란	164	8,502	44,000	0.517
12	멕시코	196	13,026	42,280	0.324
13	파키스탄	79	22,520	42,200	0.187
14	일본	37	12,605	42,000	0.333
15	사우디아라비아	214	3,534	41,930	1.186
16	필리핀	30	11,104	38,300	0.344
17	방글라데시	14	16,630	36,000	0.216
18	태국	51	6,995	31,530	0.450
19	독일	35	8,390	29,100	0.346
20	알제리	238	4,461	26,040	0.583

출처 : 한국시멘트협회가 발행한 《2020 한국의 시멘트 산업 통계》의 '시멘트 소비량 상위 20위 국가'를 바탕으로 미디어다음의 국가별 국토 면적과 인구를 인용해 국민 1인당 시멘트 소비량 산정.

독일의 시멘트 공장이 쓰레기를 많이 사용한다고?

국가별 국토 면적과 인구, 연간 시멘트 생산량을 비교해보자. 대한민국은 국토 면적 10만 km²에 인구 5182만 명이다. 한국시멘트협회 홈페이지에 따르면 2020년 시멘트 생산량은 4716만 2000t이다. 국민 1인당 쓰레기 시멘트를 해마다 0.91t 소비한다.

그동안 환경부와 시멘트 공장은 유럽도 쓰레기로 시멘트를 만든다며 '쓰레기 시멘트'를 합리화해왔다. 먼저 독일의 시멘트 생산량을 대한민국과 비교해보자. 독일은 국토 면적이 35만 km²로 우리보다 3.5배 넓고, 인구 8390만 명으로 1.6배 많다. 그런데 시멘트 생산량은 2910만 t에 불과하다. 국민 1인당 시멘트 소비량은 약 0.346t으로 한국인 소비량의 38% 수준이다.

독일은 고층 아파트를 찾아보기 어렵다. 시멘트 생산량도, 국민 1인당 쓰레기 시멘트 소비량도 우리나라보다 적다. 국민이 쓰레기 시멘트에 노출되는 경우가 적다.

독일의 도시 풍경 ©홍석환

대한민국의 도시 풍경

시멘트는 주택 건설뿐만 아니라 도로와 교량, 항만 등 국가 기반 시설에도 많이 사용한다. 국토 면적이 넓다는 것은 기반 시설을 건설하는 데 시멘트가 그만큼 많이 필요하다는 뜻이다. 독일도 시멘트 제조에 쓰레기를 사용하고, 쓰레기 시멘트로 아파트와 주거 시설을 짓기도 한다. 그러나 대한민국보다 땅이 3배 이상 넓고 기반 시설에 사용하는 시멘트를 제외하면 주거용으로 쓰는 쓰레기 시멘트 양이 극히 적다. 독일은 대한민국처럼 쓰레기 시멘트로 집을 많이 짓지 않으며, 국민이 쓰레기 시멘트에 노출되는 경우도 적다는 것이다.

수도 베를린을 비롯해 뮌헨, 프랑크푸르트, 하노버, 프라이부르크, 하이델베르크, 함부르크 등 독일의 유명한 도시 중에 대한민국처럼 고층 아파트가 숨 막히게 들어선 곳이 없다. 시멘트 업계는 독일의 시멘트 공장이 쓰레기를 많이 사용한다고 억지를 부리고 있다. 그러나 독일은 대한민국처럼 국민이 쓰레기 시멘트에 갇혀 살지 않는다.

영국, 프랑스, 일본, 미국과 비교해보니

우리에게 가장 익숙한 유럽 국가인 영국과 프랑스를 살펴보자. 한국시멘트협회의 세계 시멘트 소비량 상위 20개국에 두 나라가 없다. 유럽의 다른 나라 역시 찾기 어렵다. 유럽 국가는 시멘트를 많이 소비하지 않는다. 그런데 환경부와 시멘트 공장은 유럽의 시

미국, 독일, 영국, 프랑스, 일본의 국민 1인당 시멘트 소비량 비교

구분	국토 면적 (만 km²)	총인구 (만 명)	시멘트 생산량 (1000t)	국민 1인당 시멘트 소비량(t)
대한민국	10	5,182	47,162	0.910
미국	982	33,291	102,400	0.307
독일	35	8,390	29,100	0.346
영국	24	6,820	12,000	0.175
프랑스	64	6,542	20,000	0.305
일본	37	12,605	42,000	0.333

멘트 공장이 쓰레기를 많이 사용한다며 우리도 시멘트에 더 많은 쓰레기를 넣어야 한다고 국민을 기만한다.

영국의 시멘트 생산량과 비교해보자. 영국은 국토 면적이 24만 km²로 우리보다 2.4배 넓고, 인구 6820만 명으로 1.3배 많다. 그런데 연간 시멘트 생산량은 1200만 t으로 대한민국(4716만 2000t)의 25.4%에 불과하다. 프랑스는 국토 면적이 64만 km²로 우리보다 6.4배 넓고, 인구 6542만 명으로 1.26배 많다. 그러나 시멘트 생산량은 2000만 t으로 대한민국의 42.4%다.

이웃 나라 일본은 국토 면적이 37만 km²로 우리보다 3.7배 넓고, 인구 1억 2605만 명으로 2.43배 많다. 연간 시멘트 생산량은 4200만 t, 국민 1인당 시멘트 소비량은 0.333t으로 대한민국(0.91t)의 약 1/3이다. 3.7배 넓은 국토 면적까지 계산하면 국민 1인당 시멘트 소비량은 더 줄어든다. 일본에서 우리나라 같은 아파트 숲은 찾아볼 수 없다. 미국은 국토 면적이 982만 km²로 우리보다 98배 넓고,

인구 3억 3291만 명으로 6.42배 많다. 그러나 시멘트 생산량은 1억 240만 t, 국민 1인당 시멘트 소비량은 0.307t으로 대한민국의 1/3이다. 미국인은 우리처럼 쓰레기 시멘트에 노출되는 경우가 많지 않다.

우리에게 익숙한 미국, 독일, 영국, 프랑스, 일본과 국민 1인당 시멘트 소비량을 간단히 정리했다. 이들 국가는 국토 면적이 넓고 인구가 많지만, 시멘트 소비량이 우리와 비교되지 않을 만큼 적다. 대한민국은 외국보다 몇 배나 많은 쓰레기 시멘트를 소비하고 있다.

외국이 시멘트 소비량이 적은 까닭

외국은 건축물의 수명이 길고 건축자재가 다양하다. 국토 면적이 넓고 인구가 많은데도 시멘트 소비량이 적은 까닭이다. 그러나 대한민국은 거의 모든 건축물이 쓰레기 시멘트로 만든 콘크리트 구조물이고, 건축물의 수명이 20~30년이다. 덕분에 시멘트 소비량이 전 세계에서 가장 많고, 국민이 유해 쓰레기 시멘트에 노출될 위험이 세계에서 가장 높다.

대한민국이 전 세계에서 쓰레기 시멘트 소비량이 가장 많은 나라라면, 대한민국의 시멘트 제품이 세계에서 가장 안전해야 한다. 대한민국이 쓰레기 시멘트 소비 전 세계 1위라면, 시멘트 공장의 쓰레기 사용 기준과 배출 가스 규제 기준이 어느 나라보다 엄격해야 한다. 시멘트 공장의 배출 가스 규제는 공장 주변 마을의 환경오염 방지와 시멘트 제품의 안전을 확보하는 수단이다. 쓰레기가 들어간 만큼 환경오염 물질이 배출되고, 시멘트의 유해성이 높아지기 때문이다.

그러나 현실은 정반대다. 쓰레기 시멘트 소비량은 전 세계 1위인데 제대로 된 시멘트 안전기준이 없다. 시멘트 공장의 배출 가스 규제 기준은 외국과 비교되지 않을 만큼 허술하다. 환경부는 시멘트 공장에 온갖 특혜를 주며 환경오염을 부추기고, 국민은 세계에서 가장 유해한 주거 환경에 노출돼 있다.

유럽은 쓰레기 시멘트 반대 시위, 소송 중

2

2019년 10월 5일, 아일랜드의 한 도시에서 수천 명이 거리로 나섰다. 시민과 기업, 정치인까지 한마음으로 시멘트 공장의 쓰레기 소각을 반대하기 위해서다. 비가 오는데도 어른, 아이 할 것 없이 시멘트 공장의 쓰레기 소각 반대를 외치며 거리를 행진했다. 이들

슬로베니아 시민들이 시멘트 공장의 쓰레기 소각을 반대하는 시위를 하고 있다.

은 소송까지 불사하며 시멘트 공장의 쓰레기 소각 허가 취소를 위해 노력했다.

2015년 7월, 슬로베니아 환경부는 라파즈시멘트에 운영 중단을 명령했다. 슬로베니아 시민이 2004년부터 10년 넘게 시멘트 공장의 쓰레기 소각을 반대하는 캠페인을 벌여온 결과다.

2014년 11월 8~9일, 이탈리아에서 '시멘트 소성로의 폐기물 소각을 반대하는 유럽인의 모임(European gathering against waste incineration in cement kilns)'이 열렸다. 시멘트 소성로의 쓰레기 소각에 따른 환경문제와 폐기물 제로를 위한 대안을 마련하려고 유럽 각국의 시

시멘트 소성로의 폐기물 소각을 반대하는 유럽인의 모임(https://zerowasteeurope.eu/2014/11/european-gathering-against-waste-incineration-in-cement-kilns/)

민 단체와 대학교수, 폐기물 전문가 등 200여 명이 이 자리에 참석했다. 이날 기조연설에서 세인트로렌스대학교 명예교수 폴 코넷(Paul Connett)은 쓰레기 시멘트로 지은 건축물이 사람과 환경에 유해하다며 시멘트 공장의 쓰레기 소각의 위험성을 강조했다.

> 시멘트 소성로에서 폐기물 소각은 폐기물 제로화에 가장 큰 장애물이다. 수은, 납, 카드뮴, 탈륨, 기타 중금속과 휘발성 물질 등 유독물을 대기 중에 방출하며, 쓰레기 시멘트로 지은 건축물은 사람과 환경에 매우 유독하고 위협적이다. 시멘트 소성로에서 폐기물 소각은 전문가가 아니라 아마추어가 하는 것이다.

국제환경의사회(International Society of Doctors for the Environment, ISDE) 로베르토 로미지(Roberto Romizi) 회장은 시멘트 공장의 폐기물 소각은 종전 소각 시설보다 훨씬 부적절하다고 강조했다. 시멘트 소성로의 오염 물질 배출량이 훨씬 많고, 소각로에서 나오면 불법이 된다고 강조했다.

이날 이탈리아 모임에는 영국, 이탈리아, 스페인, 슬로베니아 등에서 10년 넘게 시멘트 공장의 쓰레기 소각을 반대해온 유럽의 여러 단체가 경험을 나눴다. 이탈리아는 많은 지역에서 시멘트 공장의 쓰레기 소각을 반대해왔다. 스페인에서는 2010년부터 시멘트 소성로의 쓰레기 소각에 반대하는 전국 네트워크가 캠페인을 해왔고, 바르셀로나에서 온 단체는 시멘트 공장의 분진이 공중 보건에 악영향을 미치며, 해당 지역에 호흡기 질환과 조기 사춘기, 암 발병률이 높게 나타났다고 설명했다. 아일랜드에서는 시멘트 소성로의 폐타이어, 생활 폐기물 등의 소각을 반대하는 시위가 수년째 이어졌고, 슬로베니아에서도 라파즈시멘트의 폐기물 소각을 10년 넘게 반대하는 등 유럽 곳곳에서 쓰레기 시멘트 반대 시위가 벌어지고 있다.

세계의 환경 단체도 쓰레기 시멘트 반대

데이비드 브로어(David Brower)가 1969년 미국 샌프란시스코에 설립한 지구의벗(Friends of the Earth International)은 그린피스, 세계자연기금(World Wide Fund for Nature, WWF)과 함께 세계 3대 환경보호 단체로 알려졌다. 지구의벗은 〈시멘트 소성로에서 유해 폐기물 소각을 증가시키는 계획에 대하여(CONCERN OVER PLANS TO ALLOW CEMENT KILNS TO INCREASE BURNING OF HAZARDOUS WASTE)〉에 다음과 같이 밝혔다.

"쓰레기 시멘트는 유해 폐기물의 발생을 줄이는 방향으로 유인하기보다 유해 폐기물을 처리하기 쉬운 방향으로 추진하는 것으로, 폐기물 처리에 환경적으로 바람직하지 않다. 특히 시멘트 소성로에서 석탄 대신 폐기물을 소각해 이산화탄소 배출량을 줄인다고 주장하지만, 이는 염산과 황산, 카드뮴, 수은, 니켈, 벤젠, 다이옥신, 다핵방향족탄화수소(PAHs) 같은 유해 물질을 증가시킨다. 이산화탄소 배출량을 줄이는 것이 다른 유해 물질 배출량 증가를 상쇄한다고 할 수 없다. 시멘트 소성로에서 쓰레기를 소각하는 것은 폐기물을 소각하고 돈을 버는 것뿐이다."

유럽에선 친환경 시멘트로 인정한다는 시멘트 업계의 거짓말

머니투데이는 2022년 12월 23일 〈친환경 vs 쓰레기… 중금속은 '토양 수준' 착한 시멘트의 오해〉라는 기사에 "폐플라스틱, 폐타이어 등 폐기물로 만든 시멘트가 유럽 등 일부 선진국에선 친환경 시멘트로 불리며, 유해성이 낮고 폐기물 처리 비용을 아낄 수 있는 등 이른바 '착한 시멘트'다"라고 시멘트 업계의 자료를 베꼈다. 아시아경제는 2022년 2월 8일 〈놀이터 모래보다 중금속 적은데… 계속되는 '쓰레기 시멘트' 논란〉이란 기사에 "시멘트는 놀이터 모래보다 중금속 함량이 적다. 해외에서는 '그린 시멘트'라 불리는데 유독 국내에서는 '쓰레기 시멘트'라는 의혹을 사고 있다"며 유럽에서는 1970년대부터 폐기물을 시멘트에 사용해도 유해성 논란이 없는데, 유독 국내에서 유해성 논란이 끊이지 않는다는 시멘트 업계의 주장을 그대로 보도했다.

이처럼 시멘트 업계는 그동안 어용 언론을 이용해 거짓말했다. 언론도 시멘트 업계의 주장을 검증하지 않고 베끼며 국민을 속이는 일에 공범이 됐다.

머니투데이

≡ 뉴스 증권 정치 법률 유니콘팩토리 칼럼 자동차 연예 이슈 MT리포트

친환경vs쓰레기...중금속은 '토양수준' 착한 시멘트의 오해

| [기획]환경 딜레마에 빠진 자원재활용 시멘트②

[편집자주] [편집자주]시멘트는 '건설의 쌀'로 불리지만 연간 3600만톤의 온실가스를 배출한다. 시멘트 업계는 2030년까지 2018년 대비 40%의 온실가스 배출을 감축해야 하는데 화석연료 사용을 줄이는 것이 핵심이다. 쓰레기 자원의 재활용이 하나의 해법이지만 환경단체 등의 반대로 순탄치 않다.

아시아경제

기업·CEO

놀이터 모래보다 중금속 적은데..계속되는 '쓰레기 시멘트' 논란

최종수정 2022.02.08 09:53 기사입력 2022.02.08 09:53  뉴스듣기 

폐기물 사용 제조 과정서 시멘트 등급제 도입 목소리
업계 "안전성 이미 입증 환경문제 해결 효과" 반발
해외선 '그린 시멘트'로 불려

구글에 '쓰레기 시멘트 반대(protest against waste cement)'라고 입력하면 전 세계 많은 나라에서 벌어지는 쓰레기 시멘트를 반대 시위나 소송 관련 소식과 사진을 쉽게 확인할 수 있다. 시멘트 업계는 쓰레기로 돈을 벌기 위해 거짓말을 멈추지 않고 있다.

구글에 '쓰레기 시멘트 반대'로 검색한 결과

유럽은 쓰레기 시멘트 반대 시위, 소송까지 벌이건만

유럽 국가는 국토 면적이 넓고 인구도 많지만, 연간 시멘트 생산량이 우리나라보다 적다. 국민 1인당 시멘트 소비량을 계산하면 한국인의 1/3도 되지 않는다. 유럽연합(EU)은 시멘트 제조 기술이 우리보다 우수하고, 석회석 품질도 좋다. 여기에 시멘트 공장의 환경 규제가 강하다. 유럽 많은 나라에 대한민국과 비교되지 않는 안

Protest in Limerick over waste burning licence

Updated / Saturday, 5 Oct 2019 19:33

Campaigners have said they want the EPA to hold an oral hearing

시멘트 공장의 쓰레기 소각을 반대하는 시위 관련 아일랜드 언론 보도

전기준이 마련됐는데도 ① 대학교수와 의료인, 전문가가 모여 쓰레기 시멘트가 초래하는 환경의 위험성 문제를 제기하고 ② 쓰레기 시멘트를 반대하는 전문가와 시민 단체가 결합한 세계 연대 모임이 있으며 ③ 영국, 스페인, 아일랜드 등 많은 나라에서 시민들이 폐기물 소각에 반대하는 시위가 오랜 시간 벌어졌고 ④ 미국과 캐나다 등 여러 나라에서 시멘트의 폐기물 소각을 허가한 환경 당국을 대상으로 소송까지 진행해왔다.

대한민국은 쓰레기 시멘트 국민 1인당 소비량이 세계 1위다. 시멘트 공장에 대한 환경 규제는 가장 허술하다. 그런데도 쓰레기 시멘트에 문제를 제기하는 사람이 없다. 쓰레기 시멘트에 반대하는 시위를 벌이고 소송까지 하는 외국과 달리, 대한민국은 가장 유해한 주거 환경에 노출됐으면서도 침묵으로 일관하고 있다. 아파트 값에 관심이 있을 뿐, 가족의 건강을 위협하는 쓰레기 시멘트의 위험성에는 모두 침묵한다.

유럽과 대한민국의 시멘트 공장 비교해보니

3

IMF 외환 위기 이후 부도 위험에 몰린 시멘트 업계가 환경부에 시멘트를 제조하는 데 쓰레기 사용 허가를 요청했다. 쓰레기 처리 비용을 벌어 부도를 막기 위해서다. 1999년 8월, 환경부가 시멘트 공장을 쓰레기 소각 시설로 허가했다. 쓰레기로 시멘트를 만들게 됐으니 시멘트 제품에 발암물질과 중금속 등 유해 물질이 증가할 수밖에 없다. 그러나 환경부는 쓰레기 소각을 허가하면서 쓰레기 사용 기준이나 시멘트 제품 안전기준을 단 하나도 마련하지 않았다.

2006년 쓰레기로 만든 시멘트에 가득한 중금속의 인체 유해성 문제를 제기했다. 놀랍게도 환경부는 시멘트에 중금속이 없다고 했다. 시멘트에서 납, 크롬, 수은, 니켈 등 유해 중금속이 검출된 분석 결과를 내밀었다. 환경부가 이번에는 말을 바꿨다. 시멘트에 중금속이 많아도 굳으면 안 나온다는 것이다. 환경부는 이렇게 쓰레기 시멘트로 국민 주거 공간의 안전을 위협해왔다. 국민의 건강을 지킬 책임이 있는 환경부가 시멘트 공장의 이익만 대변해온 셈이다.

쓰레기 시멘트의 유해성을 계속 사회 이슈로 만들었다. 여론에 떠밀린 환경부가 2008년 쓰레기 시멘트 안전기준을 마련하기 위한 민관 협의회를 구성하고, 이듬해 쓰레기 사용 기준을 발표했다. 시멘트 제조에 들어가는 쓰레기 사용 기준을 마련했으니 이제 시멘트가 안전해졌을까? 이는 시멘트 안전을 위한 기준이 아니다. 시멘트 제조에 유독성 쓰레기 사용을 합법화하는 잘못된 기준일 뿐이다. 환경부가 만든 쓰레기 사용 기준을 살펴보자.

시멘트 소성로 폐기물 사용 기준

(단위 : mg/kg)

구분		납	구리	카드뮴	비소	수은	염소	저위발열량
대체 원료	철	<1,000	<3,000	<60	<500	<2	-	
	기타	<150	<800	<50	<50	<2	-	
대체 연료		<200	<800	<9	<13	<1.2	<2%	>4,500kcal/kg

환경부가 시멘트 제조 시 투입하는 폐기물의 납, 구리, 카드뮴, 비소, 수은, 염소, 저위발열량 등의 기준을 만들었다. 환경부가 폐기물 중 납 1000mg/kg 이하, 구리 3000mg/kg 이하, 카드뮴 60mg/kg 이하, 비소 500mg/kg 이하 등으로 기준을 정한 것은 그 이상이 되면 시멘트 제품 안전에 영향을 미치기 때문이다. 그러나 이 기준 역시 시멘트 제품에 안전한지 제대로 검증되지 않았다. 유럽 시멘트 공장의 쓰레기 사용 기준보다 높기 때문이다.

쓰레기 시멘트 소비 전 세계 1위인 대한민국은 가장 강한 규제 기준이 필요하다. 그런데 환경부는 동 제련소와 아연 제련소에서 발생하는 쓰레기를 처리하기 위해 납 7000mg/kg, 구리 1만 4000mg/kg 등 예외 조항을 추가했다. 유해 중금속 가득한 폐기물

시멘트 소성로 폐기물 사용 예외 기준

(단위 : mg/kg)

	납	구리	카드뮴	비소	수은
동 제련소 슬래그	<3,200	<10,000	<100	<900<900	<2
아연 제련소 슬래그	<7,000	<14,000			
제철소 부산물	<4,000	<100			

을 시멘트에 처리하도록 합법화한 것이다. 국민의 건강보다 쓰레기 처리에 급급한 환경부의 진면목이다.

외국 시멘트 공장의 폐기물 사용 기준과 비교해보니

환경부와 시멘트 공장은 외국도 시멘트를 만들 때 쓰레기를 넣는다며 쓰레기 시멘트를 합리화해왔다. 그러나 외국은 주거 시설에 쓰레기 시멘트를 사용하는 양이 많지 않아도 환경오염을 막고 국민의 건강을 지키기 위해 시멘트 공장의 배출 가스 규제 기준, 시멘트 제품의 안전기준이 엄격하다.

독일과 대한민국의 시멘트 소성로 투입 폐기물 중금속 기준을 비교해보자. 대한민국은 1999년 시멘트에 쓰레기 소각을 허가하고 10년 뒤에야 폐기물 사용 기준을 마련했지만, 그 기준 수치가 너무 높다.

독일과 대한민국 시멘트 제조에 사용하는 폐기물의 중금속 기준

(단위 : mg/kg)

구분	독일	대한민국
카드뮴	4	9
수은	0.6	1.2
탈륨	1	-
비소	5	13
코발트	6	-
니켈	80	-
셀렌	3	-
텔루륨	3	-
안티몬	25	-
납	190	200
크롬	125	-
구리	350	800
망간	250	-
바나듐	10	-
주석	30	-
베릴륨	25	-

EU의 배출 가스 규제 기준과 비교해보니

국내 시멘트 공장은 실시간 굴뚝자동측정기기(TeleMonitering System, TMS)가 있어 환경오염 물질을 배출하지 않는다고 주장한다. 국내 TMS 규제 항목은 더스트(Dust), 염화수소(HCl), 질소산화

물(NOx)이다. EU는 여기에 총유기탄소(TOC), 불화수소(HF), 황산화물(SOx), 수은(Hg)을 더해 7가지 항목을 30분 혹은 1일 단위로 실시간 측정한다. 더 놀라운 점은 대한민국의 시멘트 공장은 총유기탄소, 불화수소, 황산화물, 수은을 실시간이 아니라 자가 측정하고, 그 결과를 기업 정보라며 공개하지 않는다는 사실이다.

EU·독일·대한민국 시멘트 소성로 배출 가스 기준 비교

<table>
<tr><th rowspan="2">구분</th><th colspan="2">EU(mg/m³, 산소=10%)</th><th colspan="2">독일(mg/Nm³, 산소=11%)</th><th colspan="2">대한민국(ppm, 산소=13%)</th></tr>
<tr><th>농도</th><th>측정 주기</th><th>농도</th><th>측정 주기</th><th>농도</th><th>측정 주기</th></tr>
<tr><td rowspan="2">더스트</td><td rowspan="2">30</td><td rowspan="14">자동
측정
전송(일)</td><td>10</td><td rowspan="14">자동
측정
전송
(일 혹은
30분)</td><td rowspan="2">15mg/Sm³</td><td rowspan="6">자동
측정
전송
(30분)</td></tr>
<tr><td>30</td></tr>
<tr><td rowspan="2">염화수소</td><td rowspan="2">10(6ppm)</td><td>10(6ppm)</td><td rowspan="2">9ppm</td></tr>
<tr><td>60(36ppm)</td></tr>
<tr><td rowspan="2">질산화수소</td><td rowspan="2">500(243ppm)</td><td>200(97ppm)</td><td rowspan="2">270ppm</td></tr>
<tr><td>400(194ppm)</td></tr>
<tr><td rowspan="2">총유기탄소</td><td rowspan="2">10(18.6ppm)</td><td>10(18ppm)</td><td rowspan="2">60ppm</td><td rowspan="8">자가
측정
관리
(2주 간격)</td></tr>
<tr><td>20(37ppm)</td></tr>
<tr><td rowspan="2">불화수소</td><td rowspan="2">1(1ppm)</td><td>1(1ppm)</td><td rowspan="2">2ppm</td></tr>
<tr><td>4(4ppm)</td></tr>
<tr><td rowspan="2">황산화물</td><td rowspan="2">50(17.5ppm)</td><td>50(17.5ppm)</td><td rowspan="2">10ppm</td></tr>
<tr><td>200(70ppm)</td></tr>
<tr><td rowspan="2">수은</td><td rowspan="2">0.05</td><td>0.03</td><td rowspan="2">0.05mg/Sm³</td></tr>
<tr><td>0.05</td></tr>
</table>

14년 넘게 개선을 뭉개는 환경부

환경부의 시멘트 공장을 위한 특혜는 끝이 없다. EU의 시멘트 소성로 대기오염 물질의 표준 산소 농도 기준은 10%, 독일은 11%다. 일본과 중국의 시멘트 소성로도 10%다. 미국은 7%로 더 강력하다. 그러나 대한민국의 시멘트 소성로는 무려 13%라는 특혜를 누리며 환경오염 물질을 뿜어내고 있다.

환경부가 외국 시멘트 공장의 표준 산소 농도 기준을 아직 모르기 때문일까? 아니다. 지난 2009년 환경부가 국립환경과학원을 통해 작성한 〈시멘트 소성로 대기 배출 허용 기준 개선 방안 마련 연구〉 보고서는 "EU와 일본 10%, 미국 7%로 국내 시멘트 소성로의 연소 공기비의 현실화를 위해 반드시 개정해야 한다"고 강조했다.

대기 배출 허용 기준 개선 방안

표준 산소 농도에 대한 개정

국내외 배출 허용 기준 및 연소 공기비의 현실화를 위해 10%로 강화

- ▶ EU·일본 10%, 미국 7%
- ▶ 국내 시설의 운전 6~10%, 평균치 8%
- ▶ 2010년 1월 1일부터 대폭 강화된 기준으로 적용해 혼돈을 초래하지 않기 위해 현시점에서 시행하지 않으나, 차기 개정 시에는 반드시 실시해야 함.

출처 : 국립환경과학원, 〈시멘트 소성로 대기 배출 허용 기준 개선 방안 마련 연구〉, 2009

2009년 가을 국정감사에도 환경부가 일본과 유럽 시멘트 공장의 표준 산소 농도가 10%라고 보고했다. 환경부 스스로 외국 기준을 제시하며 시멘트 공장의 표준 산소 농도 기준을 최소 10%로 강화해야 한다고 밝힌 지 벌써 14년이 됐다. 그러나 2023년 1월 현재, 국내 시멘트 공장의 대기오염 물질의 표준 산소 농도 기준은 13%다. 알면서도 개선하지 않는 것은 시멘트 기업의 이익을 위해 환경오염을 조장하는 범죄다.

심지어 환경 후진국이라 생각하던 중국 시멘트 공장의 표준 산소 농도 역시 10%다. 우리는 지금 환경 기준이 중국만도 못한 국내 최대 환경오염 시설에서 만드는 쓰레기 시멘트에 갇혀 살고 있다. 국민의 건강과 환경을 지키는 것은 환경부의 기본 소명이다. 그러나 특정 기업의 이익을 위해 온갖 특혜를 베풀어온 환경부는 처벌받아야 할 범죄 집단이 됐다.

외국도 쓰레기로 시멘트를 만든다?

환경부 산하 국립환경과학원은 2009년 〈시멘트 소성로 투입 폐기물의 중금속 기준(안) 설정에 관한 연구〉에서 국내 시멘트 제조에 사용하는 비가연성 쓰레기와 가연성 쓰레기를 독일, 프랑스, 스위스 등과 비교한 결과를 제시했다. 니켈, 안티몬, 바나듐, 카드뮴, 납, 비소 등이 유럽의 기준을 초과해, 시멘트 제품에 영향을 미치는 중금속 항목 설정이 시급하다고 강조했다.

특히 스위스의 시멘트 공장 폐기물 사용 기준과 비교하면 국내 시멘트 공장이 사용하는 폐주물사, 석탄재 바닥재, 오니류, 철질에 쓰는 모든 슬래그와 슬러지 등이 카드뮴, 안티몬, 납 등에 기준치를 초과했다. 가연성 폐기물은 대한민국의 기준을 독일이나 스위스와 비교하면 폐합성수지, 폐수처리 오니 등이 비소, 니켈, 안티몬, 바나듐 등에 기준치를 초과했다.

국립환경과학원은 2015년 〈시멘트 제품 중 유해 물질 기준(안) 마련 연구〉에서 "시멘트에 사용하는 쓰레기 양에 따라 시멘트 제품의 중금속 농도가 증가하는 상관관계가 있다"며 국민 건강을 위해 시멘트 제품의 중금속 함량 기준을 마련해야 한다고 강조했다. 2009년부터 국립환경과학원의 조사 결과가 있는데도 14년이 지난 2023년 현재, 환경부는 쓰레기 사용 기준과 시멘트 제품의 중금속 함량 기준을 마련하지 않고 있다. 심지어 지난 문재인 정부는 시멘트 제조 시 유연탄의 60%까지 쓰레기를 사용해 탄소 중립을 이루겠다는 어처구니없는 계획을 발표했다. 탄소 중립이란 미명 아래 국민 건강을 위협하는 정책을 내놓은 것이다.

발 간 등 록 번 호
11-1480523-001809-01

환경부

NIER-RP2015-349

시멘트 제품 중 유해물질 기준(안) 마련 연구

환경자원연구부 자원순환연구과

시멘트 중금속 항목별 농도분포를 확인하기 위하여 히스토그램을 검토해본 결과, Figure 5에 나타낸 바와 같이 검출된 농도의 편차가 매우 심한 것으로 확인되었다. 특히 시멘트 제품 제조공정 시 투입되는 보조연료 및 대체원료는 투입량에 따라서 농도에 많은 영향을 미치는 것으로 판단된다.

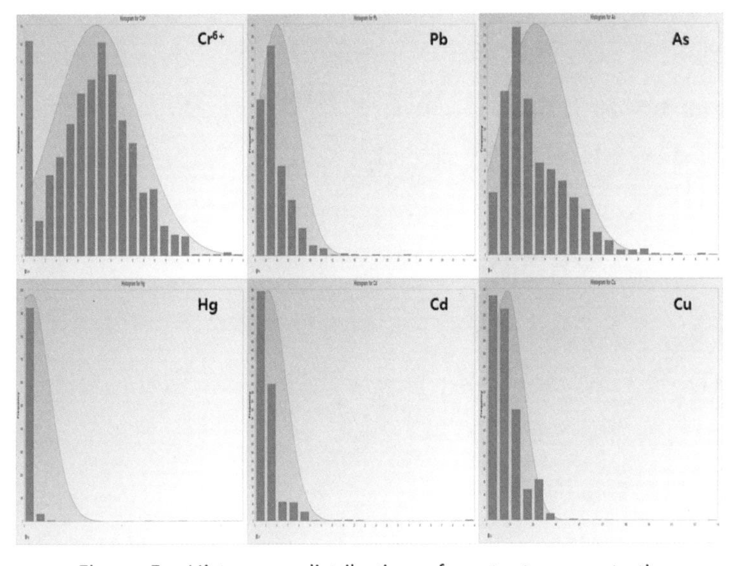

<Figure 5> Histogram distribution of content concentration

2015년 국립환경과학원을 통해 쓰레기가 시멘트에 영향을 미치며, 기준 마련이 시급하다고 해놓고도 지금까지 방치해왔다.

자원 재활용 원칙?

환경부와 시멘트 업계는 쓰레기로 시멘트를 만들면서 자원 재활용이라고 주장한다. 자원 재활용도 해야 할 곳이 있다. 시멘트는 우리 가족이 살 집을 짓는 재료다. 가족의 건강을 위해 더 깨끗하고 안전한 재료로 만들어야 한다는 것은 기본 상식이다. 쓰레기 시멘트가 자원 재활용이라는 환경부의 주장은 쓰레기를 치우려고 포장한 용어다. 결과적으로 시멘트 공장은 막대한 이득을 보고, 국민은 병들고 있다.

유럽은 2009년 11월 〈시멘트 소성로에서 유해 폐기물의 공동 처리에 관한 기술 지침 초안(Draft Technical Guidelines on Co-processing of Hazardous Waste in Cement Kilns)〉을 마련했다. 시멘트에 폐기물을 사용할 수 있는 원칙은 다음과 같다.

대한민국 환경부와 시멘트 공장은 대부분 유럽의 시멘트 소성로 폐기물 처리 원칙을 위배하고 있다. 폐타이어, 폐플라스틱, 폐합성수지 등은 열분해를 비롯해 다양한 방법으로 재활용하거나 에너지를 회수한다. 그러나 환경부는 제대로 된 재활용 방법을 외면한 채 시멘트 공장에 쓰레기를 몰아넣는다. 이는 시멘트 공장의 이득을 위해 환경부가 주는 특혜다.

유럽은 '시멘트 소성로에서 폐기물 사용으로 인해 배출되는 대기오염 물질은 폐기물이 사용되지 않는 경우보다 많아선 안 되고, 환경과 인간의 건강에 부정적인 영향을 미쳐선 안 된다'는 원칙을 지키기 위해 시멘트 공장에 쓰레기 사용 기준과 배출 가스 규제 기준이 엄격하다. 대한민국 시멘트 공장은 외국의 쓰레기 사용 기준과

시멘트 소성로에서 폐기물 처리에 관한 일반 원칙

원칙	구체적인 사항
폐기물 관리 체계를 준수해야 한다	◆ 폐기물은 생태학적·경제적으로 더 나은 회수 방법이 없을 때만 시멘트 소성로에 처리해야 한다. ◆ 폐기물 관리의 통합된 부분으로 인식해야 한다. ◆ 바젤협약, 스톡홀름협약, 다른 관련 국제환경협약과 동일 선상에 있어야 한다.
추가 배출과 인체 건강에 부정적인 영향을 피해야 한다	◆ 환경과 인간의 건강에 미치는 부정적 영향을 예방하거나 최소화해야 한다. ◆ 시멘트 소성로에서 폐기물로 인해 배출되는 대기오염 물질은 폐기물이 사용되지 않는 경우보다 통계적으로 많아선 안 된다.
시멘트 품질은 변하지 않아야 한다	◆ 제품(클링커, 시멘트, 콘크리트)이 중금속 수용체가 돼선 안 된다. ◆ 제품이 환경에 부정적 영향을 미쳐선 안 된다(침출 실험 등으로 판단). ◆ 제품 수명의 최종 단계에서 회수할 수 있도록 설계해야 한다.
연료 대체를 시행하는 기업은 해당 자격을 갖춰야 한다	◆ 모든 관계 법과 규제를 준수해야 한다. ◆ 환경과 안전기준 준수에 관한 양호한 기록이 있어야 한다. ◆ 환경과 건강, 안전을 보호하는 데 전념하는 인적 자원과 절차, 체계를 갖춰야 한다. ◆ 생산공정에 공급하는 투입을 제어할 역량이 있어야 한다. ◆ 공공·지역·국가·국제 수준의 폐기물 관리 제도에서 활동하는 기타 참여자와 원활한 관계를 유지해야 한다.
국내 상황을 고려해 실행해야 한다	◆ 해당 국가에 고유하게 적용되는 요구 조건과 필요성을 규제와 절차에 반드시 반영해야 한다. ◆ 필요한 역량을 구축하고 제도적인 틀을 수립하기 위해 점진적인 시행이 필요하다. ◆ 해당 국가의 폐기물 관리 부문에서 발생하는 다른 변화 절차와 함께 이뤄져야 한다.

배출 가스 규제 기준은 외면하며 환경오염 물질을 배출하고 있다.

유럽은 시멘트 제조에 쓰레기를 사용하더라도 '제품(클링커, 시멘트, 콘크리트)이 중금속 수용체가 돼선 안 되며, 제품이 환경에 부정적인 영향을 미쳐선 안 된다'는 원칙을 강조한다. 대한민국 환경부와 시멘트 공장은 굽으면 안 나온다는 근거 없는 주장을 하며 온갖 쓰레기로 시멘트를 만든다. 쓰레기로 만든 국내 시멘트엔 발암물질과 중금속이 가득하다.

유럽은 시멘트 공장이 폐기물을 사용하려면 '모든 관계 법과 규제를 준수해야 하며, 환경과 안전기준을 준수해야 한다'는 원칙을 제시한다. 대한민국 환경부는 시멘트 공장들이 대기오염 배출 규제 기준을 1700회 이상 위반했는데 처벌하지 않는 특혜를 베풀며 환경오염을 조장하고 있다. 쌍용C&E는 지정 폐기물인 염소바이패스더스트(Cl By-Pass Dust)를 공장 마당 곳곳에 불법 매립했다. 환경부는 유럽의 안전기준을 무시한 채, 자원 재활용이라는 미명 아래 온갖 쓰레기를 시멘트 공장에 몰아주며 시멘트 제품의 안전을 위협해왔다. 환경부는 쓰레기를 치운 게 아니라 유해 물질을 재생산해서 국민에게 돌려주고 있다.

한국인은 일본인보다 20배 튼튼한 강철 체력?

일본의 시멘트 공장은 염소 함량 1000ppm 이내 폐기물을 사용한다. 쌍용양회기술연구소와 한국지질자원연구원이 작성한 〈무기 폐기물의 시멘트 원료화 기술〉에 따르면, 일본 태평양시멘트(TCC)의 폐기물 사용 기준에 폐플라스틱과 폐유 등 가연성 폐기물의 염소 기준을 1000ppm 이하라 기록했다. 일본의 다른 시멘트 공장도 마찬가지다.

일본 태평양시멘트의 폐기물 활용 현황

<table>
<tr><th>구분</th><th colspan="2">재활용 폐기물</th><th>산업폐기물의 품질과 물성</th></tr>
<tr><td rowspan="4">원료
대체</td><td colspan="2">슬러지</td><td>수분 25% 이하 / 염기성산화물 1% 이하</td></tr>
<tr><td colspan="2">폐주물사</td><td>이산화규소 75% 이상
/ 염기성산화물 1% 이하 / 수분 10% 이하</td></tr>
<tr><td colspan="2">알루미나 슬러지
알루미나 회분</td><td>알루미나 60% 이상 / 염소 100ppm 이하 /
수분 70% 이하</td></tr>
<tr><td colspan="2">철 함유물</td><td>산화제이철 30% 이상 / 염소 100ppm 이하</td></tr>
<tr><td rowspan="5">연료
대체</td><td rowspan="2">고체연료</td><td>폐타이어</td><td>자동차 폐타이어</td></tr>
<tr><td>목재, 폐플라스틱</td><td>염소 1,000ppm 이하 / 수분 10% 이하</td></tr>
<tr><td rowspan="2">액체연료</td><td>폐유</td><td>염소 1,000pm 이하 / 수분 20% 이하 /
발열량 12.5MJ/kg</td></tr>
<tr><td>석유, 중유</td><td rowspan="2">수분 25% 이하/ 발열량 12.5MJ/kg</td></tr>
<tr><td>기체연료</td><td>나프타</td></tr>
</table>

출처 : 쌍용양회기술연구소 · 한국지질자원연구원, 〈무기 폐기물의 시멘트 원료화 기술〉, 서울대학교

대한민국은 환경부가 1999년 8월 쓰레기 시멘트를 허가하고 10년이 지나서야 시멘트에 사용하는 폐기물 기준을 만들었다. 염소 기준 2%는 2만 ppm으로 일본(1000ppm)의 무려 20배다. 환경부는 한국인이 일본인보다 환경오염에 20배나 강한 체질이라고 생각한 모양이다. 쌍용양회기술연구소와 한국지질자원연구원은 〈무기 폐기물의 시멘트 원료화 기술〉에 대한민국 시멘트 공장의 기술력이 외국의 시멘트 공장에 비해 현저히 떨어진다고 분야별로 분석했다.

국내외 관련 기술 수준 현황 비교

핵심 기술	주요 내용	국내	국외
전처리 기술	불순물 분리·정제·세정 기술	30%	80%
원료 조합 기술	산업폐기물의 성분에 따른 원료 조합 기술	70%	90%
공정 제어 기술	화학조성의 편차에 따른 제어 기술	60%	80%
분석 평가 기술	유해 물질과 미량 성분의 분석	30%	85%
특성 평가 기술	소량·미량 성분이 제조 공정과 제품의 특성에 미치는 영향성 평가 기술	25%	80%
재활용 기술	산업폐기물의 재활용 기술	20%	70%

출처 : 〈무기 폐기물의 시멘트 원료화 기술〉

대한민국 석회석은 발암물질 전환율이 일본(10~15%)의 2배(20~30%)다. 석회석 품질과 시멘트 생산 기술력이 외국보다 떨어지는데, 사용하는 염소 기준은 20배나 높다. 중금속 기준과 배출가스 규제 기준도 보잘것없다. 이렇게 만든 쓰레기 시멘트가 안전하다고 누가 장담할 수 있을까?

국내외 시멘트에 사용하는 폐기물 종류 비교

오늘 우리가 사는 집은 쓰레기 시멘트로 짓는다. 과연 시멘트 제조에 어떤 쓰레기가 들어갈까? 시멘트 공장에서 사용하는 쓰레기는 배출 가스나 시멘트 제품의 안전과 직결된다. 들어간 만큼 나오기 때문이다.

국내 시멘트 제조에 사용하는 폐기물 종류

폐흡착제, 폐주물사, 열경화성수지, 석탄재(일본산, 국내), 폐석고, 폐사, 폐백토, 폐연마제, 폐타이어 칩, 폐유, 폐수 처리 오니, 폐고무류, 폐합성수지, 폐목재류, 폐전선피(폐합성수지), 폐합성수지 단추, 폐합성수지 톱밥, 광재(슬러그), 연소재, 폐합성고분자화합물, 폐분진, 폐유, 폐합성고무, 폐타이어, 소각 잔재물(소각재, 연소재), 폐목재류, 무기성 오니, 유기성 오니, 폐합성섬유, 분진(인조대리석), 공정 오니(하이막스슬러지), 도자기 조각, 각종 고무류, 메탈 슬래그, 동 슬래그, 농업용 폐비닐, 제철소 슬래그, 탈황석고, 금속·자동차 공업사 하수처리 오니류(찌꺼기), 금속·제련 제철소 슬래그 등

외국의 시멘트 공장은 어떤 쓰레기로 시멘트를 만들까? 외국은 시멘트 소성로에 투입하는 비가연성 쓰레기와 가연성 쓰레기가 13~34종으로 국가별 차이가 크지 않다. 그러나 대한민국은 무려 88종에 이르고, 폐기물 사용 기준도 허술하다. 이는 공장에서 배출하는 환경오염 물질뿐만 아니라 시멘트 제품 역시 안전하지 않음을 의미한다.

국가별 시멘트 소성로 투입 폐기물 종류

구분	비가연성 폐기물 (대체 원료)	가연성 폐기물 (대체 연료)
일본 (18종)	연소재, 고로슬래그, 주물사, 폐백토, 비철광재, 부산석고, 석탄재, 제강 슬래그, 오니, 분진, 육골분(11종)	폐목재, 폐유, 폐타이어, 폐플라스틱, 재생유, 육골분, 폐백토(7종)
미국 (34종)	비산재, 슬래그, 주물사, 석회질 함유 모래, 불소 폐기물, 아연 폐기물, 탈황 슬러지, 적니, 부스러기, 석회석, 바닥재, 유혈암 잔재물, 철광석, 연못재, 비료, 슬러지(16종)	목재 칩, 오일, 폐타이어, 플라스틱 잔재물, 절삭 기계유, 종이·펄프, 지자체 폐기물, 솔벤트, 페인트 슬러지, 타르·아스팔트, 톱밥, 고무 잔재물, 피혁 폐기물, 영농 잔재물, 화학 산업 폐솔벤트, 청소 솔벤트, 폐촉매, 청소 찌꺼기(18종)
독일 (25종)	비산재, 슬래그, 주물사, 오일 함유 토양, 탈황석고, 석탄 잔재물, 철광·금속 산업 부산물, 수화 석회석, 소각회, 유혈암, 기타 석고, 기포콘크리트 입자, 제지회, 정수 오니, 석회 오니, 하수 오니(16종)	목재 스크랩, 폐오일, 타이어, 플라스틱, 고기·뼈·동물 사체, 종이·펄프·포장지, 지자체 폐기물, 섬유산업 폐기물, 솔벤트(9종)
프랑스 (17종)	비산재, 철질 폐기물, 폐주물사, 오염 토양, 불소 폐기물, 폐알루미늄(6종)	폐침목, 폐유, 폐타이어, 플라스틱, 폐오일, 동물 사체, 제지 폐기물·펄프, 하수 슬러지, 폐페인트, 코크스, 필터(11종)
스위스 (14종)	비산재, 알루미늄, 플라스틱, 압착 용지, 목재(5종)	숯, 폐유, 폐유기용제, 뼈·동물 사체, 폐토양, 하수 슬러지, 분진, 현상액, 담배(9종)
대한민국 (88종)	폐흡착재, 폐주물사, 석탄재, 폐석고, 폐사, 폐백토, 폐연마재, 오니(유기·무기), 광재, 소각 잔재물 폐분진, 폐흡수제, 도자기 조각, 메탈 슬래그, 동 슬래그, 탈황석고 등(63종)	폐플라스틱, 폐타이어, 폐유, 폐고무류, 폐목재류, SRF, 폐합성섬유, 농촌 폐비닐 등(25종)

출처 : 소비자주권회의

시멘트 제품의 안전을 위한 중금속 기준이 없다

시멘트 공장의 쓰레기 사용 기준도, 배출 가스 규제 기준도 외국에 비해 형편없다. 이렇게 만든 시멘트가 안전할 리 없다. 시멘트 제품의 안전기준은 있을까?

> 수은, 납, 카드뮴 등 인체에 영향을 미치는 중금속 중에 가장 독성이 강하다. 뇌, 신장, 심장근육에 축적되고 인체에 심각한 유해 영향을 미친다. 중독되면 구토, 불안감, 환각, 모발 손상이 있고 심하면 사망에 이른다. 신체 모든 조직과 장기에 독성을 일으키는 물질로 중추신경계 독성이 나타난다.

중금속 탈륨(Tl)의 독성 설명이다. 집을 짓는 시멘트에 탈륨이 있다. 시멘트를 쓰레기로 만들었기 때문이다. 탈륨은 급성호흡곤란증후군과 인후염, 흉통을 유발하고, 심하면 사망에 이르게 한다. 스위스에서는 시멘트 제품의 탈륨 함량 기준을 2mg/kg으로 관리한다. 그러나 시멘트를 온갖 쓰레기로 만드는 대한민국은 시멘트에 탈륨이 얼마나 있는지 조사조차 하지 않는다.

환경부가 2009년에야 시멘트 제품의 6가크롬 20ppm 기준을 마련했다. 1999년 8월 시멘트에 쓰레기 사용을 허가한 지 10년 만이다. 그러나 법적 강제성이 없는 시멘트 공장 자율 기준이다. 환경부가 국립환경과학원을 통해 6가크롬, 비소, 카드뮴, 구리, 수은, 납 함량을 조사 · 발표한다. 그러나 발암물질 6가크롬의 자율 기준이 있을 뿐, 중금속의 인체 안전기준이 전혀 없다.

시멘트를 온갖 산업 쓰레기로 만든다. 최근에는 많은 지자체에서 발생하는 생활 쓰레기까지 시멘트 공장으로 들어간다. 지자체가 쓰레기 처리 비용을 아끼기 위해서다. 산업폐기물은 생산공정에 따라 발생하는 폐기물의 성상이 일정해, 관리가 가능하다. 그러나 생활 쓰레기는 성상이 불규칙하다. 시멘트 공장의 배출 가스 통제도 어렵고, 시멘트 제품의 안전성을 위협한다.

국립환경과학원은 2015년 〈시멘트 제품 중 유해 물질 기준(안) 마련 연구〉에서 "시멘트 중금속 항목별 농도 분포를 확인하기 위해 히스토그램을 검토해본 결과, 검출된 농도의 편차가 매우 심한 것으로 확인됐다. 특히 시멘트 제품 제조 공정 시 투입되는 보조 연료와 대체 원료는 투입량에 따라 농도에 많은 영향을 미치는 것으로 판단된다"고 강조했다. 시멘트 제조 시 투입하는 쓰레기가 시멘트의 유해성을 높인다는 뜻이다.

대한민국은 아파트 공화국이자 쓰레기 시멘트 소비 1위 국가다. 국민이 쓰레기 시멘트의 위험성에 가장 많이 노출된다. 국민의 건강을 위해 쓰레기 시멘트 안전기준 마련이 시급하다.

현대 반전세
03동(105㎡)
올수리 계단식남향
억/160만
구현대 전세
211동(119㎡)
초역세권 올수리굿
생활편리 장기거주가능
12억
신현대 전세
102동(115㎡)
시원한씨티뷰 역세권
장기거주가능 급전세
신현대
한강뷰
117동(16
특올수리 방4
11월-12월 입주
21억
신현대아파트
127동(201㎡)
★로얄층★
65억원
신현대급매
103동 (115㎡)
★내부깔끔★
36억원
61동(115㎡)
☆정원뷰☆
신현대아
매매
112동(18
올수리
59억
-66

시멘트가 쓰레기로 만들어지면서 아이들과 가족의 건강을 위협하고 있다. 시멘트 업계는 쓰레기 시멘트가 안전하다며 다양한 근거를 제시한다. 그러나 시멘트 업계의 주장이 국민을 속이는 거짓말임을 하나하나 따져본다.

현대인은 24시간 시멘트에 갇혀 살아간다

2

건물 붕괴보다 중요한 안전

와르르 무너졌다. 2022년 1월 11일 오후 3시 46분경, 광주광역시에서 HDC현대산업개발이 신축하던 아파트가 39층부터 23층까지 줄줄이 무너지는 사고가 발생했다. 이 사고로 작업 중이던 노동자 6명이 사망했다. 사고 발생 11개월 만인 2022년 12월, 검찰은 시공사 대표이사 등 17명을 기소해 재판이 진행되고 있다.

현장 모습은 처참했다. 어떻게 39층에서 23층까지 무려 16개 층이 연속해서 무너졌을까? 붕괴가 멈춘 23층엔 무너진 콘크리트 더미가 시루떡처럼 쌓여 있었다. 층마다 허공에 매달린 철근에 놀랍게도 콘크리트가 붙은 흔적이 없었다.

국토교통부의 조사 결과를 살펴봤다. 붕괴 원인은 크게 2가지다. 첫째, 구조설계서는 모두 적정했으나 39층 바닥 슬래브의 공법을 변경하는 과정에 건축구조기술사의 구조 검토 절차가 누락되고 임의 시공으로 구조 안전성이 결여됐다. 둘째, 콘크리트 품질과 양생 관리가 미흡해 설계된 구조체 강도가 확보되지 못했다.

국토교통부의 지적처럼 조급하게 아파트를 건설하며 콘크리트 양생 시간을 지키지 않았다고 해도, 23층에서 39층까지 공사하는

동안 오랜 시간이 흘렀다. 콘크리트가 굳을 시간이 충분했다. 그러나 39층부터 16개 층이 연속해서 무너지고 철근에 콘크리트가 붙어 있지 않았다는 것은 콘크리트 품질에 가장 큰 붕괴 원인이 있다고 할 것이다.

아파트 공사 현장에는 반입되는 레미콘의 압축강도와 슬럼프를 조사해 건축물의 안전을 확보하게 돼 있다. 이 규정만 제대로 지켜도 이런 사고는 발생하지 않는다. 불량 콘크리트로 고층 아파트를 짓는 것은 공사 관계자의 묵인이 없으면 불가능하다.

그나마 아파트 공사 중에 사고가 발생해 대참사는 면했지만, 노동자 6명이 사망했다. 여기서 우리는 하나 더 생각해야 한다. '안전'이란 건축물의 구조만 의미하지 않는다. 아파트 붕괴는 일상적인 사건이 아니다. 쓰레기 시멘트로 지은 집 때문에 국민의 건강이 위협받는 것이 더 크고 중대한 안전 문제다. 그러나 환경부는 지금까지 시멘트의 안전기준을 마련하지 않고 있다.

쓰레기 시멘트를 또 다른 돈벌이 수단으로

서울의 모 신축 아파트 입주자를 위한 옵션 공급 안내서에서 놀라운 사실을 발견했다. 도배하기 전 콘크리트 면에 제주 화산송이석 가루를 바르면 새집증후군의 원인 물질과 시멘트 독성 차단에 탁월한 효과가 있다는 것이다. 문제는 비용이다. 아파트 평형에 따라 210만~260만 원을 추가 지불해야 한다.

제주 송이석 바이오

청결하고 건강한 우리집 만들기
친환경 송이석으로 지켜보세요!

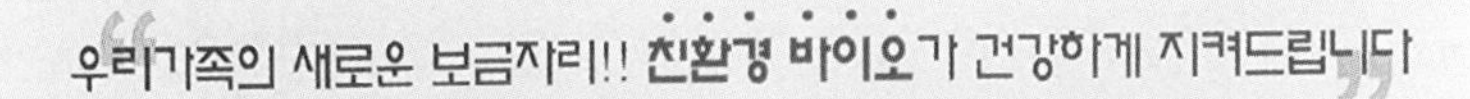

친환경바이오 Check point!!

- ☑ **천연광물질인 제주 송이석**을 주원료로 사용하며, 아파트 도배작업 전 콘크리트 면에 시공함으로써 유해물질을 원천 차단합니다.
- ☑ 새집증후군의 원인인 **포름알데히드 및 VOC의 탈취, 차단효과**가 탁월하여 오염된 공기를 정화시킵니다.
- ☑ **집먼지, 진드기, 곰팡이 등 성장을 억제**하고 항균 항곰팡이성 99.9%로 쾌적한 환경을 제공합니다.
- ☑ **중금속 흡착률이 뛰어나고 시멘트의 독성 차단**에 탁월한 효능을 가지고 있습니다.

신축 아파트에서 새집증후군 원인 물질과 시멘트 독성이 나온다는 점을 건설사도 알고 있다. 제주 화산송이석 옵션을 제시한 아파트 32평(106m²) 분양가 10억 원에서 시멘트 값은 200만 원이 되지 않는다. 시멘트가 분양가에 차지하는 비중은 0.2%다. 오늘 대한민국에서 집을 짓는 시멘트는 모두 쓰레기로 만든다. 50만 원만 추가하면 쓰레기를 넣지 않은 건강한 시멘트를 만들 수 있다.

깨끗하고 안전한 재료로 집을 짓는 것은 건설사의 책임이다. 건설사가 입주민의 건강을 위해 쓰레기 시멘트를 사용하지 않으면 이 문제는 자연스럽게 해결된다. 쓰레기를 넣지 않은 시멘트로 아파트를 지어도 건설사가 손해 볼 일이 전혀 없다. 아파트 분양가에 시멘트 값이 차지하는 비중은 미미하고, 입주민이 기꺼이 추가 지불할 수 있는 비용이기 때문이다. 그런데 발암물질과 유해 중금속이 가득한 쓰레기 시멘트로 집을 지어놓고 시멘트 독성을 차단한다며 시멘트 값보다 많은 돈을 지불하도록 선택을 강요한다. 쓰레기 시멘트를 또 다른 돈벌이 수단으로 삼고 있다.

우리 아이들은 왜 아토피로 고통에 시달릴까?

2

대한민국에 쌍용C&E와 (주)삼표시멘트를 비롯해 총 8개 시멘트 공장이 있다. 이 8개 시멘트 공장 대표가 합심해서 나를 검찰에

문화일보 제 4856 호 2007년 10월 11일 목요일

문화일보

기획 5

'쓰레기시멘트' 의 문제점

아파트에 본격사용 뒤 피부염환자 급증

■잇단 실험결과서 유해성 속속 입증

공장 인근 주민들 모발검사서 납 3~4배, 카드뮴 4~6배 검출

'새집증후군 주범' 6가크롬, 오염기준치의 6배
납은 일반토양 73배, 니켈 26배 '중금속 덩어리'
전문가들 "이타이이타이病 같은 역학조사 필요"

■지구촌 곳곳 반대 목소리

加주민들 '쓰레기 시멘트 소송' 승소 亞 수입국들 "日 폐기물 거래 중단을"

2007년 10월 11일 문화일보 기사. 쓰레기 시멘트가 아파트에 본격 사용되며 피부염 환자가 급증했다고 밝히고 있다.

고소했다. "시멘트와 아토피 피부병 사이에 아무런 인과관계가 입증된 바 없다"며 내가 허위 사실을 퍼뜨려 명예가 훼손됐다는 것이다. 국내 최고 법무법인을 동원해 집요하게 대질 조사도 요구했다. 허위 사실 운운하며 억지 부리는 시멘트 업계 관계자와 대질신문까지 했지만, 검찰의 결론은 '불기소'였다. 검찰은 다음과 같은 이유로 내 손을 들어줬다. '시멘트와 아토피 피부병 사이에 현재까지 과학적으로 아무런 인과관계가 밝혀진 바 없으므로 역으로 최병성의 주장이 완전히 허위라고 단정할 수 없다.'

쓰레기 시멘트와 아토피가 아무런 관계가 없을까?

시멘트에는 발암물질 6가크롬이 많이 함유돼 있다. 쓰레기에 있던 크롬 성분이 시멘트 소성로의 1450℃ 열을 받아 6가크롬으로 전환되기 때문이다.

2007년 8월 방송된 MBC-TV 〈뉴스후플러스〉에서 서울대학교병원 예방의학과 홍윤철 교수는 "6가크롬은 피부에 자극을 줘서 피부에 궤양을 일으키기도 하고요. 호흡기에 영향을 줍니다. 그래서 천식 같은 호흡기 질환이 생기기도 합니다. 그런데 무엇보다도 6가크롬의 문제는 발암성이 있다는 것이죠"라고 밝혔다. 동국대학교일산병원 피부과 이애영 교수는 "어린이들 같은 경우에 크롬에 알레르기가 있다고 하면 집에 있는 시멘트 같은 것이 충분히 원인이 될 수 있다"고 했고, 대구가톨릭대학교 산업보건학과 허용 교수는 "여러 가지 피부

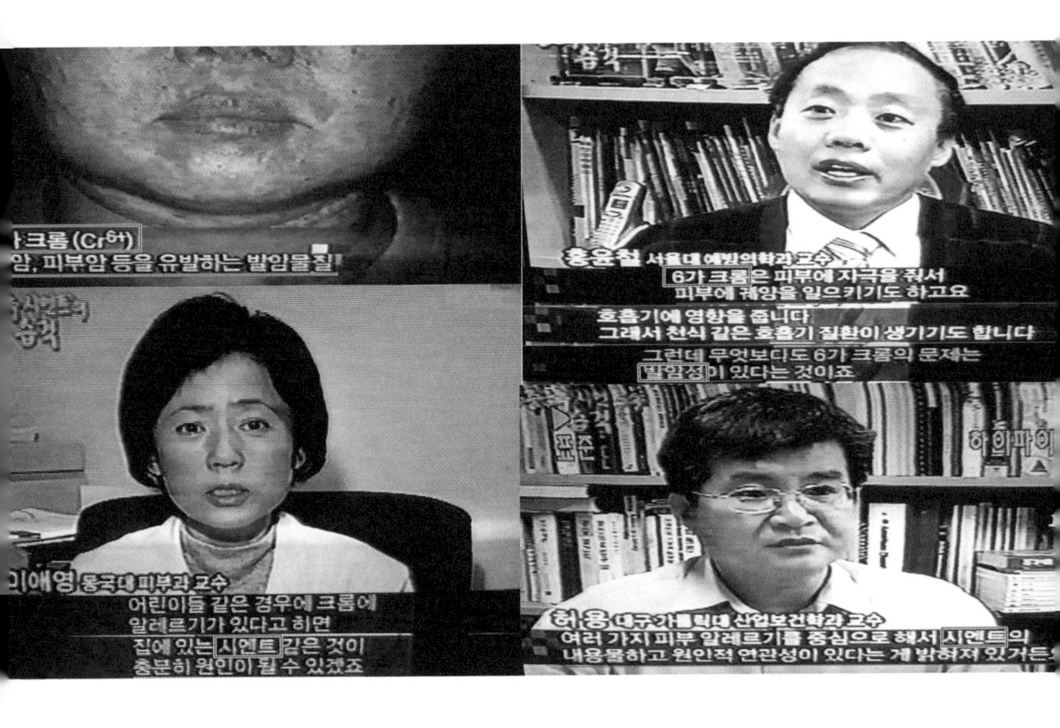

알레르기를 중심으로 해서 시멘트의 내용물하고 원인적 연관성이 밝혀져 있다"고 강조했다. 의료 전문가들이 시멘트에 포함된 크롬과 발암물질 등 유해 물질이 아토피 질환과 관계있다고 지적한다.

아토피란?

아토피는 어원이 그리스어 atopos로, '비정상적인 반응' '기묘한' '뜻을 알 수 없다'처럼 다양한 원인이 뒤엉켜 발병한다. 아토피 알레르기 질환은 알레르기 피부염, 알레르기 비염, 알레르기 결막염, 아토피성 두드러기 등이 있으며, 단독이나 여러 질환이 복합적으로 나타나기도 한다.

아토피를 앓는 사람의 가장 큰 고통은 견딜 수 없는 가려움이다. 본인 외에는 그 깊이를 가늠할 수 없다. 중앙대학교병원 피부과 이갑석 교수는 〈아토피피부염의 가려움증 : 그 발생 기전과 치료〉에서 아토피피부염의 가려움을 다음과 같이 설명한다.

> 외부 자극원(trigger)이 아토피피부염 환자의 손상된 피부 장벽을 투과하여 피부에 도달하게 되면, 알레르기 염증 반응이 일어난다. 염증 반응에 의해 만들어진 히스타민을 비롯한 여러 매개체들이 가려움을 야기시킨다. 이렇게 시작한 가려움증은 긁는 행동을 유발시키고, 긁으면서 발생한 조직 손상 등의 결과가 다시 피부 염증이 악화되면서 소위 '가려움증-긁기 악순환(itch-scratch vicious cycle)'의 고리가 완성된다.

환경부가 2012년 1월에 발간한 《아토피 질환 예방 · 관리 총람》에 따르면, 아토피피부염이나 천식, 알레르기 비염 등 아토피 질환자 수가 2010년 현재 879만 명이고, 연간 치료비 6611억 원이 쓰인다. 아토피 질환이 계속 증가하는 추세라는 점이 더 심각한 문제다. 경인지방통계청이 2019년 8월 13일에 게시한 〈2019 경기도 청소년 통계〉에 따르면, 경기도에 거주하는 청소년 중에 2018년 알레르기 질환으로 진단받은 비율은 알레르기 비염 39.7%, 아토피피부염 25.7%, 천식 9.1%다. 이는 청소년 2.5명 중 1명은 알레르기 비염, 4명 중 1

명은 아토피피부염으로 고통을 겪는 심각한 현실을 보여준다.

알레르기 질환이 급증하는 원인이 무엇일까? 하루가 다르게 증가하는 새 아파트와 연관이 없을까? 환경부는 《아토피 질환 예방 · 관리 총람》에서 아토피 질환 발생 증가 원인이 유전보다 환경에 있다며 다음과 같이 강조한다.

> 아토피 질환의 유병률 조사를 위해 어린이 · 청소년을 대상으로 1995년, 2000년, 2010년에 3회에 걸친 전국적인 역학조사를 실시하였다. 이 결과에 따르면 지난 15년간 천식, 알레르기 비염, 아토피피부염 등의 질환 유병률이 증가하였음을 알 수 있다. 아토피 질환의 발생에 유전적 요인과 환경적 요인이 관여하고 있음을 감안할 때 지난 20년간 급격한 유전자 변화가 발생했을 가능성이 거의 없으므로 아마도 환경적 변화가 아토피 질환의 발생 증가에 주로 기여했으리라 추정된다. 이러한 사실은 앞으로 아토피 질환을 줄이기 위해서는 관련 환경요인을 규명하고 관리하는 데 초점을 맞추어야 함을 보여주고 있다.

시골집에 가면 아토피 증세가 사라졌다가도 새 아파트로 돌아오면 다시 발병한다는 증언은 유전적인 요인보다 환경의 중요성을 증명하기에 충분하다. 유전에 따라 발생하는 아토피 질환은 개인에 관계된 일이지만, 환경요인에 따라 발생하는 아토피 질환은 예방할 수 있다. 우리 아이들이 아토피 질환으로 겪는 처절한 고통을 생각한다면, 아토피를 유발하는 환경요인을 제거하기 위해 국가가 노력해야 한다.

안전 실험을 해본 적 없다

환경부와 시멘트 업계는 굳으면 안전하다는 허접한 논리로 쓰레기 시멘트를 합리화한다. 그러나 쓰레기로 만들어 발암물질과 유해 물질이 가득한 쓰레기 시멘트가 굳으면 우리 아이들에게 안전하다는 사실을 조사해본 적이 없다. 국토교통부는 2016년 10월에 발행한《혼화재를 혼입한 콘크리트의 수화 가스 발생 특성과 예측 및 모델화를 통한 유해성 평가에 관한 연구 최종 보고서》에서 쓰레기로 만든 시멘트가 얼마나 위험한지 다음과 같이 지적한다.

> 건축물을 구축할 때 가장 많이 사용되는 콘크리트가 실내 거주환경에 미치는 영향에 대한 연구는 거의 이루어지지 않

고 있으며 이에 대한 유해성 평가도 이루어지지 않고 있다. 건축물의 구조 재료로 사용되는 콘크리트는 안전이 검증된 가장 기본적인 건축 재료로 인식되어왔기 때문이며, 지금껏 콘크리트에 관련한 연구가 대부분 강도 증진, 시공성 향상 등 재료의 물리적 특성에 주된 관심을 보여왔고, 환경에 미치는 영향은 큰 관심을 두지 않았기 때문으로 판단된다.

시멘트 모르타르 및 콘크리트의 수화 과정에서 발생하는 수화 가스에 대한 객관적 분석과 재령에 따른 발생량 등에 관한 그동안 어떠한 평가도 이뤄지지 않았다. 시멘트는 물과 반응하는 수화 반응 시 열과 함께 많은 가스 생성물도 방출되어 콘크리트 특유의 냄새를 발생시키며, 이러한 가스와 냄새를 체험한 사람들에 의해 방출 가스를 시멘트 독 등으로 묘사하고 있으나 기술적인 어려움과 콘크리트에 대한 과도한 신뢰 등으로 아직까지 구체적으로 시멘트 수화 과정 및 콘크리트에서 방출 가스의 메커니즘 규명과 그 발생량에 관한 결과는 보고되지 않았다.

국내의 경우 원자재 및 유가 상승으로 인하여 국내 대부분의 시멘트 업계는 기존의 시멘트 원료나 연료를 대체하여 폐기물 사용을 확대하고 있으며, 1999년 환경부가 시멘트 소성로를 '소각 시설'로 인정한 이후 제철소의 폐주물사, 제련 부산물인 슬래그, 하수 및 정수 슬러지 및 각종 소각재 등을 시멘트 원료로 사용하는 실정이다. 원료 명목으로 점토와 규석을 대신하여 들어가는 산업 쓰레기 이외에 폐타이어, 폐전선, 폐고무, 우레탄 등 생활 주변에 발생되는 거의 모든 쓰레기들 또한 소성로의 연료로 사용하여 국내 시멘트 업체의 폐기물 재활용 양은 지속적으로 증가하고 있는 추세다. 시멘트 업계에서는 치밀한 관리 과정을 거쳐 폐기물을 사용함으로써 일정한 품질의 시멘트를 생산하고 있고, 1200℃ 이상의 소성로를 통과하기 때문에 거의 대부분의 폐기물이 분해 또는 산화되어 다이옥신류 등의 유해 물질이 발생되지 않는다고 하나, 콘크리트 제조 시 시멘트의 수화 과정에서 발생할 수 있는 수화 가스와 그 유해성 평가에 대한 어떠한 연구 결과도 보고되지 않고 있다.

학제 간 공동 연구 진행의 어려움 등으로 국내외적으로 콘크리트 수화 가스에 대한 모델 평가에 관한 연구는 전무한 실정이며, 콘크리트 재료적 특성에 대한 재령별 객관적 가스 방출 평가와 이에 대한 각종 시뮬레이션 및 프로그램을 통하여 시멘트 콘크리트 수화 가스 발생에 대한 종합적이고 객관적인 연구가 시급하다.

이 보고서 내용을 보면 국토교통부와 환경부의 역할이 바뀐 것을 알 수 있다. 국민의 건강한 주거 공간을 위해 시멘트의 안전성 조사를 해야 할 곳은 환경부다. 그런데 환경부는 쓰레기 시멘트를 허가하고 지금까지 쓰레기 시멘트의 인체 안전성 조사를 하지 않았다. 심지어 시멘트 공장에 수십억 원씩 몰아주고 쓰레기로 시멘트를 만드는 연구 용역을 지원하면서, 쓰레기 시멘트가 국민 건강에 미치는 영향은 외면하고 있다.

환경부는 2018~2019년 〈폐플라스틱 등을 활용한 시멘트 제조

공정 연소 시스템 개발 및 복합 오염 물질 저감 실증〉 연구 명목으로 성신양회(주)에 7억 원을 지원했다. 2020~2021년에는 〈오염 방지와 폐플라스틱 소각 후 남은 폐기물 처리〉 연구에 25억 원을

환경산업선진화기술개발 사업 제1차 연도 최종보고서

R&D / RE201809036

폐플라스틱 등을 활용한 시멘트 제조공정 연소시스템 개발 및 복합오염물질 저감실증 최종보고서

2020 . 05. 06.

주관연구기관 / 성신양회(주)
참여연구기관 / 삼호환경기술주식회사
위탁연구기관 / (재)철원플라즈마산업기술연구원

환경부

한국환경산업기술원

'환경 산업 선진화 기술 개발'이라는 미명 아래 환경부가 시멘트 제조에 폐플라스틱 사용을 연구하도록 예산을 지원했다.

지원했다. 심지어 2019년 4월부터 2020년 말까지 1급 발암물질 폐석면을 시멘트 소성로에서 처리하는 실험을 위해 10억 원 가까운 연구비를 지원했다. 환경부가 2018~2021년 성신양회(주)에 연구개발비로 지원한 금액이 40억 원이 넘는다. 쓰레기 시멘트가 인체에 안전한지 조사해본 적 없는 환경부가 온갖 유해 쓰레기로 시멘트를 만드는 일에는 수십억 원씩 아낌없이 지원하고 있다.

쓰레기 시멘트는 가습기 살균제 사건과 다르지 않다

우리는 가습기 살균제 사건을 기억한다. 가습기 살균제 때문에 발생한 호흡곤란과 기침, 급속한 폐 섬유화 등으로 영·유아, 어린이, 임신부, 노인 등이 사망했고, 지금도 후유증으로 고통에 시달리는 이가 많다.

검찰은 가습기 살균제 사건 발생 5년이 지난 2016년에야 전담 수사팀을 구성해 본격적으로 수사를 시작했다. 가습기 살균제 제조사인 옥시와 롯데마트, 홈플러스의 대표와 관계자 21명을 업무상 과실치사 등 혐의로 기소했고, 2018년 대법원이 최대 가해 업체 대표에게 징역 6년을 선고했다. 가습기 제조사 관계자 재판 판결문을 살펴봤다. 법원의 판결 요지는 다음과 같다.

> 화학물질에 기본적으로 용량 상관적인 독성이 있다는 점을 고려할 때 소비자가 옥시싹싹가습기당번의 살균제 성분

에 계속적 · 반복적으로 노출될 경우, 그 살균제 성분이 체내에서 독성 반응을 일으켜 이를 사용한 사람이 호흡기 등에 상해를 입을 수 있고, 심각한 경우 사망에 이를 수도 있다는 점까지도 예견할 수 있었다. 가습기는 병원이나 아이가 있는 방에서 주로 사용하기 때문에 인체에 대한 안전성, 특히 흡입 독성의 문제를 고려하지 않을 수 없다는 점을 충분히 알고 있었고, 이 제품이 인체에 안전하다는 점을 객관적으로 입증할 수 있는 어떠한 자료도 존재하지 않는 점 또한 알고 있었다.

피고인들은 옥시싹싹가습기당번이 인체에 안전하다고 표시하려면 안전성이 충분히 확보될 정도로 그 위험이 제거 · 최소화됐음을 객관적인 자료에 의해 확인했어야 한다. 그러나 피고인들은 인체에 흡입될 우려가 있거나 흡입되어도 안전한 성분인지에 관하여 전혀 확인해본 바가 없다. 출시 이전에 흡입 독성 실험 등을 직접 미리 시행하거나 다른 기관에 이를 의뢰하지도 않았다. 피고인들은 인체에 대한 안전성에 관한 검증 절차 없이 단지 PHMG의 수용액이 MSDS상 흡입 독성 이외에 다른 독성 수치가 비교적 높지 않다는 등의 사정만으로 PHMG의 흡입 독성도 높지 않을 것이라고 안일하게 생각하고 결함 있는 옥시싹싹가습기당번을 출시하기에 이르렀다.

피고인들은 옥시싹싹가습기당번과 같은 화학제품을 아이들에게 사용했을 경우의 안전성을 객관적으로 평가할 수 있는 기준조차 없었던 것으로 보인다. 아이들에게도 안심하고 사용할 수 있는 것인지 확인하기 위해 별도의 검증 절차나 실험을 거치지도 않았다. 이들은 별다른 근거도 없이 아무 문제 없을 것이라고 단정하고 어떠한 조치도 취하지 않았다.

법원의 판결을 한마디로 요약하면 '충분한 안전성 검증 없이 제품을 출시해 업무상 과실을 범했다'는 것이다. 쓰레기 시멘트도 가습기 살균제 사건과 다르지 않다. 쓰레기로 만든 시멘트의 유해 물질이 우리 아이들의 건강에 미치는 영향을 조사한 적 없기 때문이다.

쓰레기 시멘트에서 아토피를 유발하는 암모니아가 발생한다

대구가톨릭대학교 보건안전학과 허용 교수와 가톨릭대학교 예방의학교실 김형아 교수는 최근 〈악취 유발 대표 화학물질들의 흡입 노출 시 실험동물 생쥐의 면역 기능 저하에 대한 연구〉를 발표했다. 이 논문은 독성·산업 보건 분야 국제 학술지 《Toxicology and Industrial Health》 37권 4호(2021년 6월호)에 게재됐다. 논문에서는 대표적인 악취 유발 물질인 암모니아와 이황화메틸, 메틸인돌, 프로피온산 등이 면역 세포 수를 줄이고, 면역 체계의 핵심 세포인 T 림프구의 성장 분화를 억제하며, 특히 암모니아가 아토피를 유발할 수 있음을 강조했다.

암모니아는 아토피와 새집증후군의 원인 물질이라고 많은 보고서에서 지적하고 있다. 문제는 우리가 생활하는 실내에서 아토피

생활 주거 환경과 시멘트 · 콘크리트

최 상 흘 김태현 정혜문
<한양대학교> <(주)디오> <한국도로공사 도로교통기술원>

최근 고층 건물 주거 공간의 증가와 함께, 실내 공간의 고 기밀화와, 화학 물질을 방산하는 내장재 사용의 증가, 환기량 부족 등으로 실내 공기질의 문제가 자주 화두에 오르고 있다.

실내 공기를 오염시키는 인자중 시멘트 · 콘크리트와 관련이 있는 것부터 살펴 보자.

먼저, 암모니아의 발생이다. 콘크리트에서 발생하는 암모니아의 농도는 100~200 ppb 정도로, 사람이 인지하는 농도 (1 ppm) 보다 훨신 적어 보통 사람은 느끼지 못하므로 문제가 되지 않으나, 박물관의 문화재나 미술관 그림 등의 보관, 또는 반도체와 같은 첨단재료를 취급하는 곳에서는 문제가 발생한다.

<그림 4>에 콘크리트로부터 암모니아가 발생하는 메카니즘을 모식도로 나타내었다. 암모니아는 질소화합물이 수화시 발생하는 알칼리에 의하여 가수분해 되어 수용성 아민화합물이나 암모늄 이온이 발생하고, 이것이 표면으로 이동, 표면에서 수분은 증발하고 pH가 높아져, 아민화합물이 분해되어 암모니아로 변화하여 대기중으로 방출된다고 알려져 있다[3]. 함수량이 많으면 발생량도 증가한다. 원인물질로는 시멘트 구성재료(산업 폐부산물 등) 및 골재표면의 부착물, 첨가물 등이다.

대책으로는 암모니아 유발성분을 갖는 물질의 혼입을 적게 하고, 골재를 전처리하는 것 등을

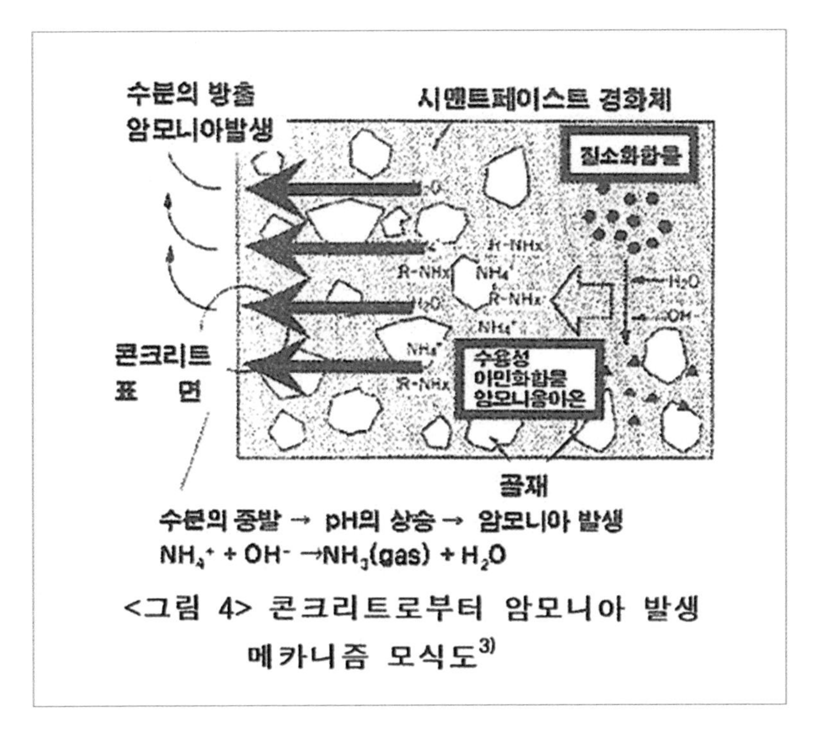

<그림 4> 콘크리트로부터 암모니아 발생 메카니즘 모식도[3]

쓰레기로 만든 시멘트에서 아토피 유발 물질인 암모니아가 발생한다.

쌍용C&E 공장에 쌓인 쓰레기.
시멘트 소성로가 고온이라고 쓰레기의
유해성이 사라지지 않는다.

질환을 유발하는 암모니아가 발생한다는 사실이다. 시멘트는 물을 만나면 다양한 화학반응이 일어나고, 이 시멘트가 굳는 수화 과정에 암모니아가 발생한다.

대전대학교 김선태 교수는 〈시멘트에서 발생하는 암모니아의 평가 방법 연구〉에서 시멘트 종류에 따라 암모니아 발생량이 다름을 밝혔다. 한양대학교 최상흘 교수는 〈생활 주거 환경과 시멘트·콘크리트〉에서 "암모니아가 실내 공기를 오염하는 물질이고, 콘크리트 내 수분이 증발하면서 암모니아가 발생한다. 시멘트 제조에 사용하는 산업폐기물, 골재 표면의 부착물과 첨가물 등이 암모니아 원인 물질"이라고 강조했다. 쓰레기를 많이 넣어 만든 시멘트가 암모니아를 발생시킨다는 것이다.

장홍석은 2013년 박사 논문 〈시멘트 콘크리트 수화 가스 분석 및 실험동물 노출 유해성 평가〉에서 시멘트의 아토피 유발 가능성을 지적했다. 실험 결과 "콘크리트 수화 과정에 암모니아와 휘발성 유기물질이 발생하고, 시멘트 모르타르에 노출된 쥐 실험에서 호흡기에 미약한 병리학적 변화를 확인했으며, 염증 반응과 알레르기를 유발하고, 폐에 염증 반응을 일으킬 수 있다"고 밝혔다. 전북대학교 건축공학과 소승영 교수는 "시멘트는 제조 당시 원료가 무엇이냐에 따라 실내 환경을 심각하게 위협하는 물질로 돌변할 수 있다는 사실을 간과해선 안 된다"며 쓰레기로 만드는 시멘트의 위험성을 지적했다.

시멘트는 아토피를 유발하는 암모니아를 뿜어내는 생명체와 같다. 콘크리트가 실내의 수분을 흡수했다가 건조되는 수화 과정을 반복하면서 암모니아를 계속 배출하기 때문이다.

인체 가장 유해한 건축재, 시멘트

2005년 3월 KBS-1TV 〈환경스페셜-콘크리트, 생명을 위협하다〉에서 일본의 한 초등학교를 소개했다. 이 학교는 콘크리트 건물을 목조건물로 바꾼 뒤 학생들의 결석률과 폭력성, 산만성이 낮아지고, 학습 집중도가 높아졌다. 특히 콘크리트 건물에서 목조건물보다 두통 16배, 정서 불안 7배, 복통 5배나 많이 발생했다.

주거용 건축재는 흙과 나무, 시멘트 등을 사용한다. 이 가운데 시

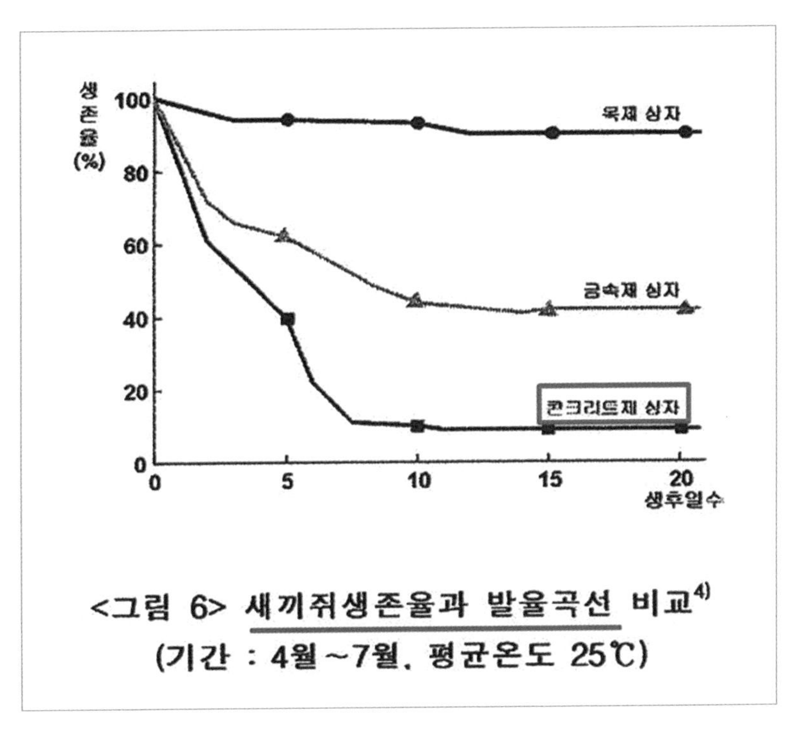

나무·금속·콘크리트 상자에서 새끼 쥐 생존율 실험 결과(출처 : 〈생활 주거 환경과 시멘트·콘크리트〉)

멘트가 인체에 가장 유해하지만, 값싸고 견고해 고층 건물을 짓는 데 가장 많이 쓴다. 최상훈 교수는 〈생활 주거 환경과 시멘트 · 콘크리트〉에 일본 시즈오카대학에서 진행한 실험을 제시했다. 콘크리트와 금속, 나무로 만든 상자에 각각 실험용 쥐를 넣고 같은 환경(온도, 습도)에서 관찰했다. 실험 결과 쥐의 생존율은 콘크리트 상자 7%, 금속 상자 41%, 나무 상자 85%였다. 시멘트 자체도 인체에 가장 유해한데, 시멘트를 온갖 산업 쓰레기로 만들어 주거 공간의 안전을 위협하고 있다.

쓰레기 시멘트가 놀이터 모래보다 안전하다는 거짓말

3

폐타이어가 산더미처럼 쌓였다. 타이어 공장일까? 아니다. 시멘트 공장이다. 시멘트 만들 때 넣으려고 전국에서 가져온 폐타이어다. 공장 밖 야적장에도 폐타이어와 폐고무, 폐전선 등 다양한 폐기물이 산을 이룬다. 이렇게 시멘트를 각종 쓰레기로 만든 결과, 우리나라 시멘트에는 발암물질과 중금속이 많다.

그동안 시멘트 업계는 “시멘트를 쓰레기로 만들어도 시멘트의 중금속 함량이 어린이 놀이터의 모래와 일반 토양보다 적다”며 쓰레기 시멘트가 안전하다고 주장해왔다. 아시아경제는 2022년 2월 8일 〈놀이터 모래보다 중금속 적은데… 계속되는 ‘쓰레기 시멘트’ 논란〉이라는 기사에서 “시멘트는 놀이터 모래보다 중금속 함량이 적다”고 했고, 머니투데이는 2022년 12월 23일 〈친환경 vs 쓰레기… 중금속은 ‘토양 수준’ 착한 시멘트의 오해〉라는 기사에서 “쓰레기 시멘트가 토양 수준의 착한 시멘트”라고 보도했다.

이 주장이 사실일까? 아니다. 쓰레기 시멘트에는 놀이터 모래와 토양의 수백 배가 넘는 인체 유해 중금속이 가득하다.

폐타이어가 산더미처럼 쌓인 쌍용C&E 영월공장

시멘트 중금속 함량이 놀이터 모래보다 적다?

쓰레기 시멘트에 든 중금속 함량부터 확인해보자. 더불어민주당 노웅래 의원이 2021년 가을 국립환경과학원에 국내 8개 시멘트 공장의 시멘트를 분석 의뢰했다. 쓰레기를 거의 사용하지 않아 발암물질이 검출되지 않는 (주)유니온 제품을 제외하고 국내 모든 시멘트에는 발암물질 6가크롬부터 인체 유해 물질 비소와 구리, 납, 크롬, 니켈, 아연까지 중금속이 가득했다.

어린이 놀이터 모래의 중금속 함량을 확인하기 위해 다양한 조사 보고서를 찾았다. 먼저 2016년 《서울도시연구》 17권 1호에 실

국내 시멘트 중 발암물질과 중금속 함량

(단위 : ppm)

	6가크롬	비소	구리	납	아연	크롬	니켈
현대(단양)	13.55	4.494	93.035	25.936	795.35	58.13	19.17
아세아	11.46	8.824	190.211	67.947	702.23	61.89	18.38
삼표(삼척)	18.79	10.724	184.561	42.12	486.23	97.55	26.37
쌍용(동해)	15.69	6.54	176.934	25.327	461.92	59.81	21.58
성신(단양)	4.72	3.583	38.022	16.943	449.29	26.11	11.39
한일(단양)	6.3	7.149	62.947	0	848.58	57.91	106.48
한라(옥계)	13.79	11.283	232.141	63.859	690.68	38.75	23.18
합	84.3	52.147	977.851	242.132	4434.24	400.15	236.55
평균	12.04	7.449	139.693	34.59	633.46	57.16	32.36

출처 : 노웅래 의원이 국내 시멘트 유해 물질 분석을 의뢰한 결과(국립환경과학원)

린 〈서울시 용도지역에 따른 어린이 놀이터와 주변 지역 토양의 중금속 오염 평가〉는 주거지역(S1, S2, S3)뿐만 아니라 상대적으로 오염도가 높은 공업지역(K1, K2, K3)과 상업지역(G1, G2, G3) 등 총 18곳의 놀이터와 토양을 비교 조사한 보고서다. 특별한 오염 사건이 발생하지 않는 한, 몇 년이 흐른다고 어린이 놀이터와 토양의 중금속 함량에 급격한 변화가 생기지 않는다.

노웅래 의원이 국내 시멘트 제품을 분석한 결과와 〈서울시 용도지역에 따른 어린이 놀이터와 주변 지역 토양의 중금속 오염 평가〉를 비교해봤다. 쓰레기 시멘트의 발암물질 6가크롬은 4.72~18.79ppm이고, 서울시 18곳의 어린이 놀이터와 주변 토양의 6가크롬은 0.048~0.082ppm으로 최대 391배나 차이가 났다. 납은

서울시 용도지역에 따른 어린이 놀이터와 주변지역 토양의 중금속 오염 평가

주진희* · 박지연** · 최은영*** · 윤용한****

Assessment of Heavy Metals Contamination in Children's Playground and Surrounding Area Soils Depending on Land Use Types in Seoul

〈표 2〉 서울시 용도지역에 따른 어린이 놀이터와 주변지역 토양 내 중금속 검출량

분류	지점	납 (mg·kg⁻¹)		카드뮴 (mg·kg⁻¹)		6가 크롬 (mg·kg⁻¹)		구리 (mg·kg⁻¹)	
		어린이 놀이터	주변지역	어린이 놀이터	주변지역	어린이 놀이터	주변지역	어린이 놀이터	주변지역
주거지역 (n=15)	S_1	0.401	0.333	0.052	0.048	0.073	0.064	0.272	0.538
	S_2	0.295	0.332	0.050	0.038	0.076	0.062	0.251	0.538
	S_3	0.250	0.472	0.049	0.040	0.066	0.076	0.165	0.807
	Mean	0.315	0.376	0.05	0.042	0.071	0.067	0.229	0.628
	S.E.	0.045	0.047	0.001	0.003	0.003	0.004	0.033	0.09
공업지역 (n=15)	K_1	0.324	0.526	0.052	0.049	0.073	0.076	0.263	1.096
	K_2	0.363	0.835	0.051	0.044	0.075	0.082	0.282	0.852
	K_3	0.356	0.386	0.053	0.036	0.077	0.062	0.329	0.432
	Mean	0.348	0.582	0.052	0.043	0.075	0.073	0.291	0.793
	S.E.	0.021	0.133	0.001	0.004	0.001	0.006	0.019	0.194
상업지역 (n=15)	G_1	0.729	0.221	0.030	0.027	0.058	0.048	0.738	0.236
	G_2	0.326	1.425	0.029	0.045	0.059	0.082	0.274	1.544
	G_3	0.582	1.300	0.032	0.064	0.064	0.072	0.616	1.541
	Mean	0.546	0.662	0.03	0.045	0.06	0.067	0.543	1.107
	S.E.	0.118	0.382	0.001	0.011	0.002	0.01	0.139	0.436

서울시 용도지역별 놀이터 모래와 주변 지역 토양의 중금속 함량

쓰레기 시멘트는 최대 67.947ppm인데 놀이터 모래는 상업지역 G1 0.729ppm(93.2배), 주변 토양은 상업지역 G2 1.425ppm(47.67배)이 최대치다. 구리는 쓰레기 시멘트에서 38.022~232.141ppm이 검출됐다. 놀이터 모래 중 구리 최댓값은 0.738ppm(상업지역 G1)으로 무려 314.5배, 주변 토양은 1.544ppm(상업지역 G2)으로 150.3배 차이가 났다. 쓰레기 시멘트와 서울시 놀이터 모래 · 주변 토양의 중금속 함량 평균을 표로 정리했다.

국내 시멘트와 서울시 놀이터 모래·토양 중금속 함량 비교

(단위 : ppm)

			6가크롬	납	구리
노웅래 의원 국립환경과학원 시멘트 분석			12.04	34.59	139.693
서울시 용도지역에 따른 어린이 놀이터 중금속 오염 평가	주거지역	어린이 놀이터	0.071 (169.5배)	0.315 (109.8배)	0.229 (610배)
		주변 토양	0.067 (179.7배)	0.376 (91.9배)	0.628 (222배)
	공업지역	어린이 놀이터	0.075 (160.5배)	0.348 (99.4배)	0.291 (480배)
		주변 토양	0.073 (164.9배)	0.582 (59.4배)	0.793 (176.1배)
	상업지역	어린이 놀이터	0.06 (200.6배)	0.546 (63.3배)	0.543 (257배)
		주변 토양	0.067 (179.7배)	0.662 (52.2배)	1.107 (126.1배)

비교 결과는 놀라웠다. 시멘트의 중금속 함량이 놀이터 모래보다 낮다는 언론 보도는 왜곡이었다. 6가크롬은 160.5~200.6배나 차이가 났다. 납은 최대 109.8배, 구리는 610배까지 차이가 날 만큼 시멘트의 유해성이 심각했다.

시멘트는 국민의 집을 짓는 건축재다. 놀이터 모래와 쓰레기 시멘트의 유해성은 비교되지 않을 만큼 차이가 크다. 그런데 어떻게 시멘트를 쓰레기로 만들어도 놀이터 모래와 주변 토양보다 안전하다는 거짓말을 할 수 있을까?

다른 조사를 봐도 쓰레기 시멘트는 유해

다른 조사 보고서도 찾아봤다. 2001년《한국환경보건학회지》27권 3호에 실린 〈I시 어린이 놀이터의 토양 중 중금속 오염에 관한 연구〉는 주거지역 12곳, 공업지역 4곳을 선정해 지점마다 놀이터 모래와 주변 토양 등 32곳의 중금속을 조사했다. 오래전이지만 주

*I*시 어린이 놀이터의 토양 중 중금속 오염에 관한 연구

이충대 · 이윤진 · 조남영 *
건국대학교 환경공학과
* 재능대학 환경공업과

Evaluation of Heavy Metal Pollution in Soil on the Playgrounds for Children in *I* area

Table 1. Analytical results of heavy metals of sand and soil on playground for the residential area (unit : mg/kg)

Site	Pb		Cu		As		Hg		Cd		Zn	
	sand	soil	sand	soil	sand	soil	sand	soil	sand	soil	sand	soil
S_1	2.434	6.654	3.339	4.122	0.031	0.089	ND	0.0854	0.003	0.008	7.404	14.540
S_2	17.372	22.959	4.168	96.389	0.032	0.028	0.0940	0.1218	0.008	0.038	12.029	22.650
S_3	2.969	3.332	1.472	2.364	0.061	0.011	0.0008	0.0025	ND	0.009	4.461	7.950
S_4	6.697	10.433	4.395	3.740	0.031	0.031	ND	0.0558	0.031	0.019	8.965	8.687
S_5	4.108	7.840	3.035	3.269	0.036	0.033	0.0300	0.2295	0.002	0.042	9.523	9.644
S_6	2.043	4.532	1.167	5.957	0.037	0.073	ND	0.0502	0.002	0.039	1.893	11.390
S_7	2.879	3.351	2.538	1.459	0.045	0.023	ND	0.0594	ND	0.011	4.169	2.368
S_8	3.582	4.495	1.374	2.288	0.038	0.050	0.0008	0.1047	0.015	0.034	8.608	7.896
S_9	2.681	2.881	2.034	2.721	0.026	0.107	ND	0.0259	0.005	0.009	3.073	3.578
S_{10}	1.448	6.672	2.355	1.980	0.053	0.109	ND	0.0180	0.010	0.022	3.970	5.194
S_{11}	1.120	0.698	0.954	0.501	0.029	0.035	ND	ND	0.009	0.003	2.445	0.989
S_{12}	6.572	2.876	2.242	2.009	0.042	0.033	0.0200	0.0598	0.024	0.019	9.078	5.222
Mean	4.492	6.394	2.423	10.567	0.038	0.052	0.012	0.068	0.009	0.021	6.302	8.342
±S.D	±4.42	±5.845	±1.132	±27.06	±0.010	±0.034	±0.028	±0.064	±0.01	±0.014	±3.339	±5.930

Table 2. Analytical results of heavy metals of sand and soil on playground for the industrial area

Site	Pb		Cu		As		Hg		Cd		Zn	
	sand	soil	sand	soil	sand	soil	sand	soil	sand	soil	sand	soil
S_{13}	1.875	4.937	1.330	3.444	0.023	0.011	0.0446	0.0746	ND	0.028	2.292	6.922
S_{14}	10.886	19.497	2.607	9.327	0.051	0.036	0.0153	0.1449	0.039	0.102	23.780	28.579
S_{15}	4.731	3.238	3.183	4.336	0.032	0.032	0.0083	0.3381	0.019	0.116	14.707	27.295
S_{16}	9.718	10.459	6.621	12.133	0.035	0.029	0.0193	0.1469	0.067	0.113	35.534	90.626
Mean	6.803	9.533	3.435	7.310	0.035	0.027	0.022	0.176	0.031	0.090	19.107	38.356
±S.D	±4.233	±7.323	±2.261	±4.128	±0.012	±0.011	±0.016	±0.113	±0.029	±0.042	±14.061	±36.232

주거지역과 공입지역 놀이터와 주변 토양 중금속 함량

거지역과 공업지역의 놀이터 모래와 주변 토양을 비교 조사했고, 조사 지점이 총 32곳으로 조사 결과에 신뢰성이 높다.

I시 놀이터와 주변 토양의 중금속 평균값과 노웅래 의원실이 분석한 시멘트의 중금속 평균값을 표로 정리했다. 납은 주택가 놀이터 모래와 주변 토양이 평균 4.492ppm과 6.394ppm인데, 시멘트는 34.59ppm이다. 구리는 주택가 놀이터 모래와 주변 토양이 평균 2.423ppm과 10.567ppm인데, 시멘트는 139.693ppm이다. 비소는 주택가 놀이터 모래와 주변 토양이 0.038ppm과 0.052ppm인데, 쓰레기 시멘트는 7.449ppm으로 무려 143.2~196배나 많다.

국내 시멘트와 I시 주거지역과 공업지역 놀이터 모래와 주변 토양의 중금속 함량

			납	구리	비소	아연
노웅래 의원 국립환경과학원 시멘트 분석			34.59	139.693	7.449	633.46
I시 어린이 놀이터의 토양 중 중금속 오염에 관한 연구	주거지역	놀이터 모래	4.492 (7.7배)	2.423 (57.6배)	0.038 (196배)	6.302 (100.5배)
		주변 토양	6.394 (5.4배)	10.567 (13.2배)	0.052 (143.2배)	8.342 (75.9배)
	공업지역	놀이터 모래	6.803 (5.08배)	3.435 (40.6배)	0.035 (212.8배)	19.107 (33.1배)
		주변 토양	9.533 (3.6배)	7.310 (19.1배)	0.027 (275.8배)	38.356 (16.5배)

출처 : 노웅래 의원실 시멘트 분석, 〈I시 어린이 놀이터의 토양 중 중금속 오염에 관한 연구〉, 《한국환경보건학회지》, 27권 3호, 2001

시멘트 업계는 시멘트를 쓰레기로 만들어도 중금속 함량이 토양 정도에 불과하다고 주장해왔다. 이 또한 국민을 기만하는 거짓이다. 토양의 중금속을 분석한 자료를 찾았다. 2010년《환경정책연

도시녹지의 이산화탄소 및 중금속 저감1)

박주영[1] · 주진희[2] · 윤용한[3]*

Mitigation of Carbon Dioxide and Heavy Metals by Urban Greenspace

3. 가로수 식재지 토양의 중금속 농도

표 7 청주시 용도지역별 가로수 식재지 토양의 중금속 농도(단위 : mg/kg)

용도 지역	가로수 식재지	Zn	Cu	Pb	Cr	Cd	Ni	As
공업 지역	플라타너스	8.42	2.18	2.19	0.11	0.03	0.42	0.11
	느티나무	23.79	8.60	7.03	0.22	0.10	0.47	0.22
	은행나무	22.97	4.56	3.70	0.26	0.07	0.31	0.20
상업 지역	플라타너스	16.88	5.04	4.15	0.27	0.06	0.44	0.23
	느티나무	12.25	5.04	7.63	0.16	0.08	0.56	0.25
	은행나무	24.60	8.19	3.95	0.48	0.08	1.05	0.43
주거 지역	플라타너스	12.38	4.39	2.38	1.86	0.04	0.43	0.11
	느티나무	16.75	6.67	3.31	1.29	0.04	0.51	0.10
	은행나무	9.88	3.48	2.43	0.71	0.06	0.54	0.19
녹지 지역	플라타너스	8.16	1.40	1.89	0.19	0.02	0.35	0.20
	느티나무	3.19	0.74	2.23	0.06	0.04	0.26	0.20
	은행나무	20.53	1.11	1.77	0.16	0.06	0.44	0.13

표 8 충주시 용도지역별 가로수 식재지 토양의 중금속 농도(단위 : mg/kg)

용도 지역	가로수 식재지	Zn	Cu	Pb	Cr	Cd	Ni	As
상업 지역	플라타너스	18.86	5.64	3.49	0.22	0.07	0.41	0.15
	느티나무	34.20	4.47	4.16	0.29	0.10	0.79	0.13
	은행나무	9.88	2.17	1.91	0.17	0.03	0.36	0.16
주거 지역	플라타너스	41.35	2.14	6.36	0.49	0.10	0.75	0.28
	느티나무	5.51	1.81	2.56	0.05	0.03	0.20	0.22
	은행나무	4.18	2.33	1.43	0.06	0.02	0.19	0.04
녹지 지역	플라타너스	30.26	2.91	3.95	0.32	0.14	0.62	0.21
	느티나무	13.77	1.54	1.95	0.31	0.08	0.47	0.15
	은행나무	12.50	1.55	1.24	0.18	0.06	0.29	0.23

청주시와 충주시 가로수 주변 토양 중금속

시멘트와 청주시·충주시 가로수 주변 토양 중금속 함량

구분			아연	구리	납	크롬	니켈	비소
노웅래 의원 시멘트 분석			633.46	139.693	34.59	57.16	32.36	7.449
도시녹지의 이산화탄소 및 중금속 저감	청주시	공업지역	18.4 (34.4배)	5.11 (27.3배)	4.30 (8.04배)	0.19 (300.8배)	0.4 (80.9배)	0.17 (43.8배)
		상업지역	17.9 (35.4배)	6.09 (22.9배)	5.24 (6.6배)	0.30 (190배)	0.68 (47.6배)	0.30 (24.8배)
		주거지역	13.0 (48.7배)	4.84 (28.8배)	2.70 (12.8배)	1.28 (44.6배)	0.49 (66배)	0.13 (57.3배)
		녹지지역	10.6 (59.7배)	1.08 (139배)	1.96 (17.6배)	0.13 (439배)	0.35 (92.4배)	0.17 (43.8배)
	충주시	상업지역	20.98 (30.2배)	4.09 (34.1배)	3.18 (10.8배)	0.22 (259배)	0.52 (62.2배)	0.14 (53.2배)
		주거지역	17.01 (37.2배)	2.09 (66.8배)	3.45 (10배)	0.2 (285.8배)	0.38 (85배)	0.18 (41.3배)
		녹지지역	20.84 (30.4배)	2.0 (69.8배)	3.53 (9.8배)	0.27 (211.7배)	0.46 (70.3배)	0.10 (74.5배)

출처 : 국립환경과학원, 〈도시녹지의 이산화탄소 및 중금속 저감〉, 《환경정책연구》, 9권 1호, 2010

구》 9권 1호에 실린 〈도시녹지의 이산화탄소 및 중금속 저감〉은 청주시와 충주시의 공업지역, 상업지역, 주거지역, 녹지지역의 가로수 주변 토양 21곳을 조사했다. 이 보고서 역시 차량이 오가는 가로수 주변 토양인데도 시멘트처럼 유해 중금속이 많지 않음을 보여준다.

국립환경과학원이 분석한 쓰레기 시멘트의 중금속과 가로수 주변 토양 중금속의 평균값을 표로 정리했다. 아연은 가로수 주변 토양보다 시멘트가 최대 59.7배, 구리는 139배, 납은 17.6배 많았다.

크롬은 가로수 주변 토양보다 쓰레기 시멘트가 무려 439배 많았으며, 니켈은 92.4배, 비소는 74.5배 많은 유해 중금속이 검출됐다. 쓰레기 시멘트의 유해 성분이 얼마나 심각한지 알 수 있다.

시멘트 공장의 이익을 대변하는 환경부가 주범이다

어린이 놀이터 모래는 중금속 함량이 적어도 사회적 논란이 돼왔다. 그만큼 중금속이 인체에 미치는 영향이 크기 때문이다. 같은 농도에 노출돼도 유아나 어린아이에게 더 큰 영향을 미친다. 쓰레기 시멘트에는 놀이터 모래와 주변 토양보다 수십~수백 배에 이르는 발암물질과 중금속이 들었다. 우리 아이들이 유해 물질 가득한 쓰레기 시멘트로 지은 집에서 24시간 살아가는데, 환경부는 시멘트 중금속 함량 기준조차 마련하지 않고 있다.

환경부는 쓰레기 시멘트를 자원 재활용이라고 주장하지만, 이는 새로운 유해 물질을 재생산해서 국민의 안방으로 돌려준 것에 불과하다. 중금속의 인체 유해성을 가장 잘 알면서도 시멘트 공장의 이익을 위해 시멘트에 유해 물질을 늘리는 주범이 환경부다. 이는 국민에게 고통이요, 후손에게 재앙이다. 이제 국민이 환경부의 잘못에 책임을 묻고, 관계자를 처벌할 때다.

휘발성유기물질이 완전 분해된다는 거짓말

4

국민 4명 중 1명이 아토피 질환으로 고통을 겪고 있다. 2005년 3월 KBS-1TV 〈환경스페셜-콘크리트, 생명을 위협하다〉에서 대한민국과 일본의 건축물 실내 휘발성유기물질을 비교한 결과, 대한민국이 5배나 많았다.

한국시멘트협회는《시멘트에 대한 오해와 진실》이란 홍보 책자에서 "새집증후군을 발생시키는 오염원은 건축 내장재와 페인트, 접착제, 광택제 등의 휘발성유기화합물을 꼽을 수 있지만, 무기물로 이루어진 시멘트는 새집증후군에 직접적인 영향이나 상관관계가 없다"며 시멘트에 휘발성유기물질이 존재하지 않는다고 주장했다. 쌍용C&E가 제작한 홍보지 〈자원 순환형 사회에 있어서의 시멘트 산업의 역할〉에도 "새집증후군은 실내 건축 재료 중 유기물질인 접착제, 페인트 등이 원인이다. 무기물인 시멘트와는 연관성이 없다"고 주장했다. 2008년 방송된 SBS-TV 〈그것이 알고 싶다-당신의 집은 안전합니까? : '쓰레기' 시멘트 유해성 논란〉에서도 시멘트 업계 관계자들은 "시멘트는 무기물이며, 1450℃ 시멘트 소성로에서 쓰레기의 유해물질이 다 분해되어 시멘트에는 휘발성유기물질이 없다"고 했다.

시멘트 공장에서 연기가 펑펑 하늘로 솟아오른다.

시멘트 소성로에서 쓰레기 유해성이 다 태워져 휘발성유기화합물이 나오지 않는다고 강조하는 시멘트 공장 관계자들(출처 : SBS-TV 〈그것이 알고 싶다—당신의 집은 안전합니까? : '쓰레기' 시멘트 유해성 논란〉)

시멘트 업계의 주장처럼 쓰레기 시멘트가 아토피와 새집증후군을 유발하는 휘발성유기물질이 전혀 없는 완전한 무기물일까? 시멘트 제조 시 엄청난 쓰레기를 투입한다. 쓰레기의 유해 물질이 시멘트 소성로에서 완전 분해된다면 굴뚝으로 휘발성유기물질이 배출되지 않아야 한다. 환경부와 국립환경과학원, 연세대학교 환경에너지공학부가 공동으로 조사한 〈시멘트 소성로에서의 유해 물질 배출특성〉 보고서에서 시멘트 공장의 문제를 다음과 같이 지적한다.

> 시멘트 소성로는 폐기물 소각 시설로 인정한 이후, 시멘트 소성로에서 많은 양의 가연성 폐기물이 처리되어왔다. 그러나 오염 물질 배출에 의한 시멘트 공장 인근 주민들의 민원이 빈번하게 일어나고 있고, 소각재가 시멘트에 포함되어 시멘트 완제품에 유해 물질 함유 등의 문제점이 발생하고 있다. 특히 기존의 소각로에서 폐기물 소각 시 폐기물 소각 시설의 대기 배출 허용 기준에 적용받지 않고 소성로에 적용되는 완화된 배출 기준을 적용받음으로써 형평성의 문제가 거론되고 있는 실정이다.

이 보고서에는 3개 시멘트 소성로를 조사한 결과, 휘발성유기화합물(VOCs)인 아크릴로니트릴 212.78$\mu g/m^3$, 벤젠 327.83$\mu g/m^3$, 톨루엔 43.00$\mu g/m^3$가 검출됐으며, 그 원인이 시멘트 제조 시 폐합성수지, 재생유 등 폐기물을 투입했기 때문이라고 강조했다. 시멘트 소성로가 고온이라 사용하는 쓰레기의 유해 물질이 완전 분해된다는 시멘트 업계의 주장은 거짓이다.

검출된 휘발성유기화합물	아크릴로니트릴	벤젠	톨루엔
검출량	212.78$\mu g/m^3$	327.83$\mu g/m^3$	43.00$\mu g/m^3$

시멘트 공장 창고에 쌓인 폐합성수지 가연성 쓰레기. 이런 쓰레기 소각이 시멘트에 아토피 유발 물질이 잔류하는 원인이 된다.

산업안전보건법에 아크릴로니트릴은 사람에게 암을 유발할 수 있는 'A2 물질'로 분류되며, 국제암연구기관(IARC)을 비롯해 외국 여러 기관이 인체 발암 의심 물질 혹은 동물 발암물질로 분류한다. 아크릴로니트릴에 노출되면 심한 경우 질식이나 경련, 호흡곤란, 혈액 장애를 일으킬 수 있다. 장기간 노출되면 혈액 장애와 암이 발생할 위험이 있다. 아크릴로니트릴은 주로 피부를 통해 흡수되는데, 동통을 수반한 발적이나 수포가 일어나고, 반복 노출되면 알레르기 피부염을 일으키는 유해 물질이다.

벤젠은 호흡을 통해 흡입하며 혈액 이상을 만드는 독성을 나타낸다. 벤젠에 노출되면 마취된 것과 같은 증상, 호흡곤란이나 맥박이 불규칙하거나 졸린 증상 등이 나타날 수 있다. 낮은 농도라도 지속적으로 노출되면 혈액에 문제가 생겨 빈혈이나 암의 일종인 백

	발암성	인체 유해 특징
아크릴로니트릴	암을 유발할 수 있는 'A2 물질'	가려움과 구토, 설사, 위통, 두통, 졸음, 현기증을 유발하고, 피부가 푸른색으로 변하며, 심한 경우 질식이나 경련, 호흡곤란, 혈액 장애를 일으킬 수 있다. 장기간 노출되면 생식계에 영향을 미치고, 혈액 장애와 암이 발생할 위험이 있다. 주로 피부를 통해 흡수되는데, 동통을 수반한 발적이나 수포가 일어나고, 반복 노출되면 알레르기 피부염을 일으킨다.
벤젠	사람에게 암을 일으키는 '발암성 등급 1군(Group 1)'	마취된 것과 같은 증상, 호흡곤란이나 맥박이 불규칙하거나 졸린 증상 등이 나타날 수 있다. 호흡을 통해 흡입한다. 호흡이나 소변, 담즙으로 일부가 배출되고 남은 벤젠은 생체 내에서 변환돼 혈액 이상을 만드는 독성을 나타낸다.
톨루엔		피부와 눈에 자극을 줄 수 있다. 눈가가 떨리고 운동 능력에 문제가 생기거나 두통, 어지럼증, 기억력 장애, 환각 증세 등 신경계에도 해로운 영향을 미칠 수 있다.

혈병에 걸릴 위험이 있다. 국제암연구기관은 벤젠을 사람에게 암을 일으키는 '발암성 등급 1군(Group 1)'으로 분류한다.

톨루엔은 피부와 눈에 자극을 줄 수 있다. 눈가가 떨리고 운동 능력에 문제가 생기거나 두통, 어지럼증, 기억력 장애, 환각 증세 등 신경계에도 해로운 영향을 미칠 수 있다.

2007년《한국대기환경학회지》23권 2호에 실린 〈폐기물 소각 시설의 유해 대기오염 물질 배출 특성 연구〉에 따르면, 시멘트 소성로에서 다핵방향족탄화수소 16종을 조사한 결과 나프탈렌을 비롯해 다양한 유해 물질이 배출되고 있다. 나프탈렌은 맹독성 발암물질이다. 나프탈렌에 노출되면 후두암, 위암, 대장암 등이 발병한다. 나프탈렌은 신생아와 유아를 포함한 어린아이에게 적혈구가 파괴되는 용혈빈혈을 일으킨 사례가 있으며, 임산부가 나프탈렌을 흡입하면 혈액을 통해 태아에게 독성이 전해질 수 있다. 나프탈렌은 미량이라도 지속적으로 노출되면 인체에 미치는 위해성이 높아진다.

국제암연구기관은 다핵방향족탄화수소 16종 가운데 벤조(b)플로란센과 벤조(k)플로란센은 인체 '발암물질(Group 2A)'로, 벤조(a)피렌과 크리센, 플로렌 등은 '발암 가능 물질(Group 2B)'로 구분한다. 미국환경보호청(EPA)은 벤조(a)피렌, 벤즈(a)안트라센, 크리센, 벤조(b)플로란센, 벤조(k)플로란센, 디벤즈(a,h)안트라센, 인데노(1,2,3-cd)피렌 등 다핵방향족탄화수소 7종을 인체 '발암 가능 물질'로 분류한다.

다핵방향족탄화수소는 벤젠고리 2개나 그 이상이 융합된 유기화합물로, 탄소와 수소를 함유한 유기물질의 불완전연소로 발생한다. 시멘트 공장 굴뚝에서 다핵방향족탄화수소가 발생한다는 것은

시멘트 공장을 국내 최대 소각장으로 만든 환경부

시멘트 제조에 투입하는 쓰레기가 불완전연소 된다는 증거다. 시멘트 소성로가 1450℃ 고온이라 쓰레기의 유해 물질이 완전 분해된다며 시멘트 제조에 엄청난 쓰레기를 투입하는 것은 잘못이다.

〈폐기물 소각 시설의 유해 대기오염 물질 배출 특성 연구〉에 따르면, 다른 소각 시설은 방지 시설 전단에서는 다핵방향족탄화수소 발생량이 많아도 대부분 방지 시설에서 제거돼 굴뚝으로 배출되는 양이 미미함을 알 수 있다. 그러나 시멘트 소성로는 다른 소각 시설보다 다핵방향족탄화수소 배출량이 많다.

이는 방지 시설 과정의 차이에서 쉽게 확인된다. 시멘트 공장의 방지 시설은 '소성로(SNCR)→세정탑→집진기→굴뚝'에 불과하지만, 폐기물 소각 전문 시설은 '소각로(SNCR)→반건식 반응 시설→건식 반응 시설→집진기→촉매 환원 탈질 시설→세정탑→굴뚝'으로 좀 더 세분화된다. 백 필터에 불과한 시멘트 소성로의 방지 시설이 소각 전문 시설보다 다핵방향족탄화수소가 제대로 제거되지 않음을 보여준다.

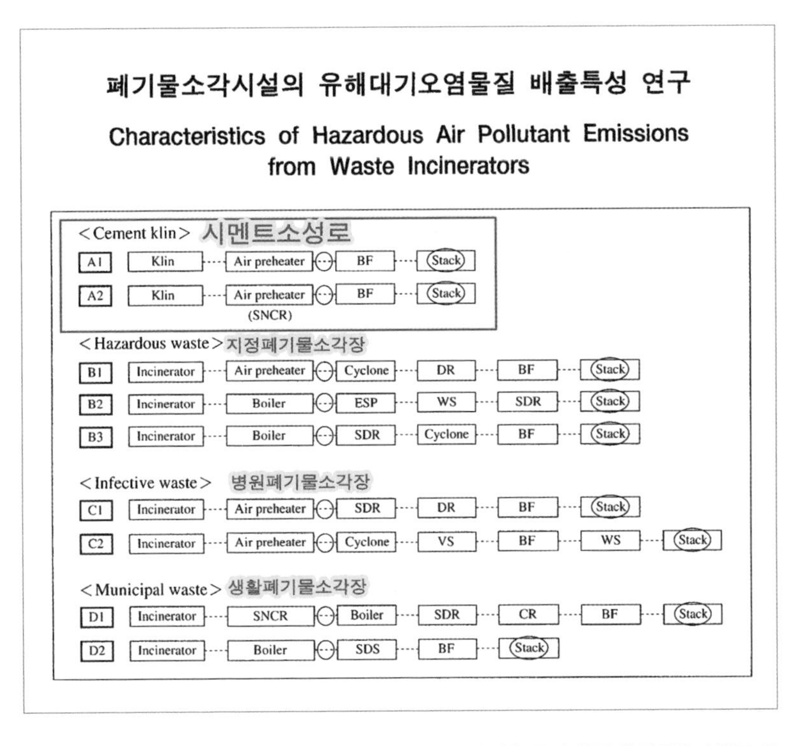

국립환경과학원의 〈폐기물 소각 시설의 유해 대기오염 물질 배출 특성 연구〉에 따르면, 시멘트 공장의 방지 시설이 가장 미흡하다.

구분	방지 시설 구조
시멘트 공장	소성로(SNCR) → 세정탑 → 집진기 → 굴뚝
폐기물 소각 전문 시설	소각로(SNCR) → 반건식 반응 시설 → 건식 반응 시설 → 집진기 → 촉매 환원 탈질 시설 → 세정탑 → 굴뚝

시멘트에서 포름알데히드가 검출됐다고?

시멘트 공장 굴뚝에서 휘발성유기물질과 다핵방향족탄화수소가 배출된다는 것은 시멘트 소성로에 투입된 쓰레기가 불완전연소 되며, 시멘트에도 휘발성유기물질을 비롯한 인체 유해 물질이 잔류한다는 뜻이다. 국립환경과학원의 〈실내 공기 질 방출 오염원 실태조사 및 관리 방안 연구〉에 따르면, 무기물인 시멘트에서 총휘발성유기화합물(TVOC)과 톨루엔, 포름알데히드가 검출됐다. 시멘트가 무기물이며 쓰레기가 완전 분해돼 휘발성유기물질이 없다던 시멘트 업계의 주장은 거짓이다.

국립환경과학원은 시멘트에서 총휘발성유기화합물과 톨루엔, 포름알데히드가 검출됐지만, 실내공기질관리법상 건축자재의 오염 물질 방출 기준 이내라고 했다. 그러나 쓰레기 시멘트에서 검출된 휘발성유기물질이 기준치 이내라도 국민 건강에 위해를 주는 심각한 문제가 될 수 있다. 그 까닭은 다음과 같다.

첫째, 그동안 시멘트가 무기물이라 휘발성유기물질이 없다고 주장해온 시멘트 업계가 국민을 속인 사실이 입증됐다.

무기물인 시멘트에서 휘발성유기물질이 검출되는 자체가 문제다.

둘째, 조사 샘플에 문제가 있다. 국립환경과학원이 시멘트에서 휘발성유기물질 방출을 조사한 샘플이 가로세로 6×6cm 크기에 두께 2mm에 불과하다. 겨우 이 정도 크기의 시멘트 조사 결과가 사방이 시멘트로 둘러싸인 실내 공간을 대표할 수 없다.

셋째, 시멘트는 투입되는 쓰레기에 따라 제품의 성분과 배출 가스가 다르다. 국립환경과학원 조사에서도 한 제품에서 포름알데히드가 실내공기질관리법상 건축자재의 오염 물질 방출 기준(0.02mg/m^2·h)을 초과한 0.034mg/m^2·h 검출됐다.

소각한 재와 분진, 하수 슬러지 등 비가연성 쓰레기를 섞어 시멘트를 만든다. 그때그때 시멘트에 발암물질과 중금속 함량이 다른 이유다.

쓰레기 시멘트에서 언제든 유해 물질이 기준치 이상 배출될 수 있음을 뜻한다. 시멘트 공장마다 쓰레기 사용량이 다르고 사용하는 쓰레기 종류도 다르기 때문이다.

	포름알데히드 유해성
흡입	· 후각을 상실할 수 있음. · 상기도에 통증, 화상, 염증을 동반한 심각한 자극을 일으킴. · 일부 사람에게 호흡기 자극을 유발할 수 있음. · 폐 손상의 원인이 될 수 있음. · 고농도 물질 흡입은 폐부종을 유발할 수 있음.
피부	· 반복 노출되면 피부 알레르기 반응이나 피부 과민성을 유발할 수 있음. · 두드러기를 유발할 수 있음. · 심각한 피부 자극과 화상까지 가능. · 분진과 접촉하면 피부가 건조하고 갈라지거나 벗겨질 수 있음. · 장기간이나 반복 노출되면 심각한 피부 자극, 접촉성 피부 홍조, 부종, 수포, 피부가 벗겨지거나 두꺼워지는 증상을 유발할 수 있음. · 반복 노출 시 심각한 궤양을 유발할 수 있음. · 규칙적인 피부 접촉은 햇볕에 그을린 것처럼 갈색으로 변하고, 피부가 갈라져 경화를 유발하며, 피부염이 뒤따를 수 있음. · 종전 피부염 증상을 악화시킬 수 있음.
안구	· 각막 손상을 일으킬 수 있음. · 눈에 심한 자극과 화상을 일으킴. · 일부 사람에게 눈의 자극을 일으키고, 점안 24시간 이후 눈 손상을 일으킬 수 있음. · 통증을 수반하는 심한 염증이 일어날 수 있음. · 바로 응급처치 하지 않으면 시력을 잃을 수 있음. · 반복 노출되면 결막염이 일어날 수 있음.
경구	· 두통, 흥분, 피로, 구역질, 구토, 무감각, 혼수 증상이 발생할 수 있음. · 전신 독성이 일어날 수 있음. · 복통, 구역질, 구토, 설사를 동반한 심한 위장 자극이 일어날 수 있음. · 동물실험 결과 150g 이하를 섭취하면 치명적이고, 건강에 심각한 손상을 일으킬 수 있음.

포름알데히드는 발암물질이다. 시멘트에 포름알데히드가 존재하는 까닭은 쓰레기로 시멘트를 만들었고, 쓰레기가 1450℃에서도 완전 분해되지 않기 때문이다. 환경부는 화학물질안전원 화학물질종합정보시스템에 포름알데히드의 인체 유해성을 다음과 같이 정리했다.

무기물인 시멘트 제품에서 휘발성유기물질이 발생하는 것은 시멘트 소성로에 다량 투입한 폐기물의 불완전연소로 유해 물질이 완전 분해되지 않기 때문이다. 휘발성유기물질은 미량이라도 지속적으로 노출되면 인체에 심각한 위협이 될 수 있다.

시멘트 등급제가 해결책이다

5

발암물질 없는 시멘트도 있다

산업 쓰레기를 실은 녹색 차량이 줄지어 공장 안으로 들어간다. 그런데 쓰레기 운반 차량이 들어간 곳에 성신양회라고 쓰여 있다. 충북 단양에 있는 시멘트 공장이다. 산업 쓰레기를 실은 차량이 왜 쓰레기 소각장이 아니라 시멘트 공장으로 들어갈까?

산업 쓰레기를 실은 녹색 트럭이 성신양회(주) 단양공장으로 들어가고 있다.

또 다른 시멘트 공장을 살펴보자. 충북 제천에 있는 아세아시멘트(주)다. 공장 안 창고 앞에 쓰레기를 실은 대형 트럭이 줄줄이 대기 중이다. 차례대로 창고 안에 쓰레기를 하역하고 나온다. 저 트럭에는 전국에서 모은 온갖 쓰레기가 섞여 있다.

대한민국의 모든 시멘트 공장은 석회석에 각종 쓰레기를 넣고 소각해 시멘트를 만든다. 그 결과 시멘트 제품에 발암물질과 인체 유해 중금속이 다량 함유된다. 한국시멘트협회 홈페이지 회원사 명단에 따르면 (주)삼표시멘트, 쌍용C&E, 한일시멘트(주), 한일현대시멘트(주), 아세아시멘트(주), 성신양회(주), 한라시멘트(주), 한국C&T, (주)유니온이 있다. 이 가운데 발암물질이 없는 시멘트를 생산하는 유일한 회사가 (주)유니온이다. 발암물질 6가크롬뿐만 아니다. 인체 유해 중금속도 거의 없거나 다른 회사 시멘트보다 적다.

사실을 확인하기 위해 성신양회(주)와 (주)유니온의 시멘트 제품을 한국세라믹기술원에 분석 의뢰했다. 발암물질과 중금속 차이가 확실했다. (주)유니온 제품은 발암물질 6가크롬이 '불검출'이었다. 불검출은 발암물질이 없다는 뜻과 같다. 그러나 쓰레기 운반 차량이 줄줄이 들어간 성신양회(주)의 제품은 6가크롬이 15.3ppm 검출됐다.

중금속 크롬 함량을 비교하면 그 차이를 쉽게 알 수 있다. (주)유니온 제품에 크롬은 5.71ppm이지만, 성신양회(주) 제품에는 무려 46.5ppm이었다. 인체 유해 중금속인 구리 역시 (주)유니온 제품은 불검출인데, 성신양회(주) 제품은 104ppm이나 됐다.

시 험 성 적 서

한 국 세 라 믹 기 술 원 우14502 경기도 부천시 원미구 송내대로388(약대동) (Tel : 032-210-5110 , Fax : 032-210-5115)	성적서번호 : 2020-3253-1 페이지 (1)/(총 1)	KICET

1. 의 뢰 자
   - 기관명/성명 : 최병성 / 최병성
   - 주　　　소 : 경기도 용인시 기흥구
   - 의 뢰 일 자 : 2020년 10월 06일
2. 시험성적서의 용도 : 품질관리
3. 시험 시료명/물질 : 시멘트 1
4. 시험기간 : 2020년 10월 06일 ~ 2020년 10월 13일
5. 시험장소 : ▣ 고정시험실 □ 현장시험
6. 시험방법 : KS C IEC 62321:2014, 습식분석 및 기기분석
7. 시험환경
   - 온도 : (23 ± 2) ℃ , 습도 : (40 ± 5) % R.H.
8. 시험결과

시료명	시험분석항목	시험분석결과	시험분석방법	비고
시멘트 1	Pb (mg/kg)	불검출	KS C IEC 62321:2014, 습식분석 및 기기분석	
	Cu (mg/kg)	불검출		
	Cr (mg/kg)	5.71		
	Cr^{6+} (mg/kg)	불검출		

참고) 1. 상기 분석에 사용된 ICP-OES는 Perkin Elmer사의 Optima 5300 DV임.

(주)유니온 제품 분석 결과. 6가크롬이 불검출이고, 유해 중금속 함량도 적다.

시 험 성 적 서

한 국 세 라 믹 기 술 원 우14502 경기도 부천시 원미구 송내대로388(약대동) (Tel : 032-210-5110 , Fax : 032-210-5115)	성적서번호 : 2020-3253-2 페이지 (1)/(총 1)	KICET

1. 의 뢰 자
   - 기관명/성명 : 최병성 / 최병성
   - 주　　　소 : 경기도 용인시 기흥구
   - 의 뢰 일 자 : 2020년 10월 06일
2. 시험성적서의 용도 : 품질관리
3. 시험 시료명/물질 : 시멘트 2
4. 시험기간 : 2020년 10월 06일 ~ 2020년 10월 13일
5. 시험장소 : ▣ 고정시험실 □ 현장시험
6. 시험방법 : KS C IEC 62321:2014, 습식분석 및 기기분석
7. 시험환경
   - 온도 : (23 ± 2) ℃ , 습도 : (40 ± 5) % R.H.
8. 시험결과

시료명	시험분석항목	시험분석결과	시험분석방법	비고
시멘트 2	Pb (mg/kg)	불검출	KS C IEC 62321:2014, 습식분석 및 기기분석	
	Cu (mg/kg)	104		
	Cr (mg/kg)	46.5		
	Cr^{6+} (mg/kg)	15.3		

참고) 1. 상기 분석에 사용된 ICP-OES는 Perkin Elmer사의 Optima 5300 DV임.

성신양회(주) 제품 분석 결과. 쓰레기가 들어간 만큼 발암물질과 중금속 함량이 많다.

국립환경과학원 조사 결과에서도

환경부는 2009년부터 현재까지 국립환경과학원을 통해 매달 국내 모든 시멘트 제품의 유해 물질을 분석·발표하고 있다. 이 자료에서도 많은 시멘트 제품 중에 (주)유니온만 6가크롬과 인체 유해

국내 · 외 시멘트 중금속 분석결과 (2021년 12월)

[단위 : mg/kg, Bq/g]

항목 / 업체	Cr(Ⅵ) 6가크롬	As 비소	Cd 카드뮴	Cu 구리	Hg 수은	Pb 납	^{134}Cs	^{137}Cs	^{131}I	비고
현대(영월)	4.70	3.225	불검출	118.893	불검출	불검출	결정준위 미만	결정준위 미만	결정준위 미만	국내산
현대(단양)	5.28	3.705	불검출	166.766	불검출	불검출	결정준위 미만	결정준위 미만	결정준위 미만	
아세아(제천)	1.81	18.954	불검출	271.790	불검출	95.78	결정준위 미만	결정준위 미만	결정준위 미만	
삼표(삼척)	18.13	19.082	불검출	214.086	0.0715	61.85	결정준위 미만	결정준위 미만	결정준위 미만	
쌍용(동해)	7.15	15.117	불검출	245.350	0.0741	37.00	결정준위 미만	결정준위 미만	결정준위 미만	
쌍용(영월)	7.44	14.818	불검출	175.684	불검출	20.85	결정준위 미만	결정준위 미만	결정준위 미만	
성신(단양)	7.22	3.930	불검출	68.079	불검출	27.07	결정준위 미만	결정준위 미만	결정준위 미만	
한일(단양)	5.82	5.592	불검출	38.332	불검출	24.30	결정준위 미만	결정준위 미만	결정준위 미만	
한라(옥계)	8.22	11.469	불검출	229.054	0.0936	66.13	결정준위 미만	결정준위 미만	결정준위 미만	
고려(장성)	2.97	22.540	불검출	24.603	불검출	불검출	결정준위 미만	결정준위 미만	결정준위 미만	
유니온(청주)	불검출	5.031	불검출	불검출	불검출	불검출	결정준위 미만	결정준위 미만	결정준위 미만	
Sumitomo Osaka	5.01	5.754	불검출	135.903	불검출	40.14	결정준위 미만	결정준위 미만	결정준위 미만	수입산 (일본)

※ Cr(Ⅵ)의 자율협약기준은 2009년부터 20 mg/kg임(일본의 시멘트업계 자율관리기준 : 20 mg/kg)
※ 정량한계 이하는 "불검출"로 표기하였음

국립환경과학원 조사 결과, (주)유니온 제품만 6가크롬과 구리, 수은, 납 등이 불검출이다. 쓰레기를 거의 사용하지 않았기 때문이다.

쌍용마을 주민들이 쌍용양회(현 쌍용C&E) 영월공장 앞에 건 현수막

중금속이 대부분 불검출이다. 왜 (주)유니온 제품만 발암물질이 불검출일까? 원인은 기술 차이가 아니다. 시멘트 제조에 쓰레기 투입 여부에 따라 시멘트 제품에 발암물질과 중금속 차이가 크게 나타난 것이다.

6가크롬은 시멘트 제품에 반드시 존재하는 물질이 아니다. 시멘트 제조 시 투입한 쓰레기 안에 함유된 크롬 때문에 6가크롬이 발생한다. 시멘트 소성로에서 고온의 열을 가하면 쓰레기 안에 있던 크롬이 발암물질로 바뀐다. 쓰레기에 크롬이 없으면 시멘트에 6가 크롬도 없다. 시멘트 소성로의 내화벽돌에서 6가크롬이 발생하기도 한다. 그러나 발암물질이 없는 (주)유니온 제품과 중국 시멘트에서 보듯, 내화벽돌로 발생하는 6가크롬은 그 양이 미미하다.

국립환경과학원의 시멘트 유해성 분석 결과 발표 자료에 특이점이 하나 더 있다. 같은 회사의 시멘트인데 매달 발암물질과 중금속 함량이 크게 차이가 난다. 그날 어느 공장에서 온 쓰레기를 시멘트에 투입했느냐에 따라 시멘트 제품의 발암물질과 중금속 함량이 달라지는 것이다.

쌍용양회(최근 쌍용C&E로 개명했다.) 공장 정문 앞에 '경축 쌍용양회! 폐기물 소각! 전국 1위'라는 현수막이 붙었다. 쌍용양회의 쓰레기 소각으로 악취와 분진에 시달리는 주민들이 건 현수막이다. 시멘트 공장은 건축재인 시멘트를 생산하는 공장이다. 그러나 소성로 온도가 높다는 이유 하나로 온갖 쓰레기를 소각해 시멘트를 만든다. 당연히 시멘트 공장 주변 마을은 환경오염에 시달리고, 쓰레기 시멘트에 발암물질과 중금속 함량이 많다.

국내 시멘트 중 왜 (주)유니온 제품만 발암물질이 불검출일까? (주)유니온에 반입되는 쓰레기는 도자기 제조업체에서 발생한 도자기 제조용 틀과 정유 회사에서 발생한 폐촉매, 타일 공장의 오니와 폐내화물 정도다. 시멘트 제조에 투입하는 쓰레기 종류와 양이 적으니, 발암물질이 없고 유해 중금속이 적은 건강한 시멘트를 만드는 것이다.

서울 강남대로 신논현역 인근에 독특한 빌딩이 있다. 동그란 구멍이 연결된 모양의 콘크리트 구조물이다. 이 빌딩에는 놀라운 장점이 있다. 발암물질이 없는 (주)유니온 제품으로 지었다. 발암물질 없는 시멘트로 빌딩 건축이 가능한 것처럼, 발암물질 없는 시멘트로 건강한 아파트 건축도 가능하다. 시멘트 제조에 쓰레기를 넣지 않으면 간단히 해결되기 때문이다. 우리는 비싼 돈을 내고 발암물질과 중금속이 가득한 시멘트로 지은 집에 산다. 모든 게 환경부 때문이다.

(주)유니온 홈페이지에 자사 시멘트로 건축한 빌딩을 소개한다. (주)유니온 제품은 발암물질이 없고, 인체 유해 중금속도 미량인 대한민국에서 가장 안전한 시멘트라 할 수 있다.

32평 아파트 시멘트 값 200만 원

최근 시멘트 값이 인상되고 있다. 인상된 시멘트 값으로 계산해도 32평(106m²) 아파트에 드는 비용은 200만 원이 되지 않는다. 5억 원짜리 아파트라면 시멘트가 차지하는 비중은 0.4%에 불과하다. 쓰레기를 넣지 않은 시멘트로 아파트를 건설해도 시멘트가 차

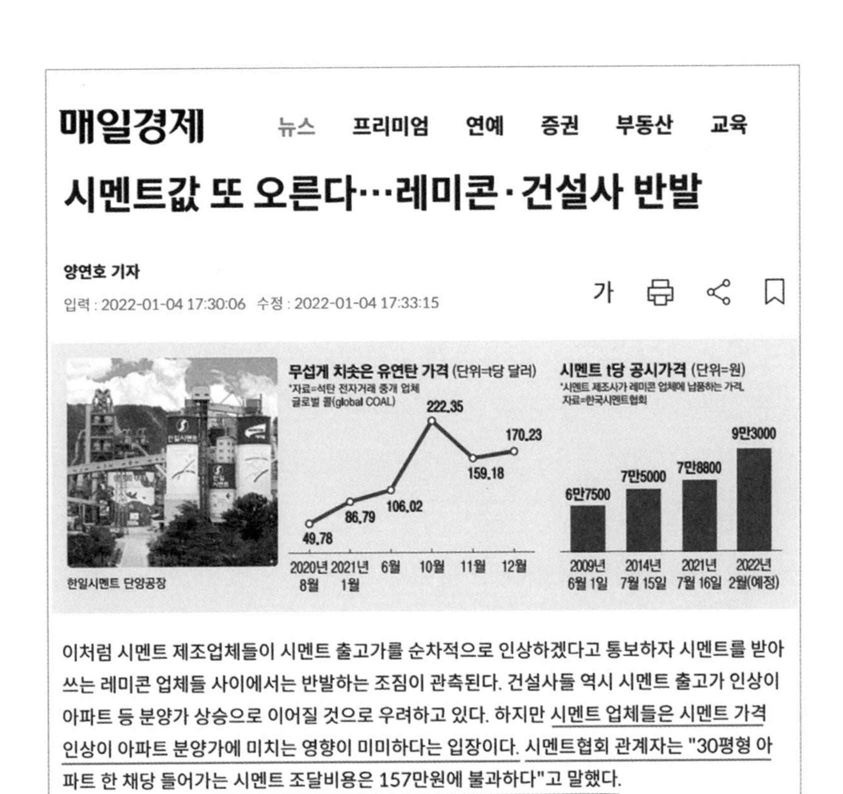

매일경제 뉴스 프리미엄 연예 증권 부동산 교육

시멘트값 또 오른다…레미콘·건설사 반발

양연호 기자

입력 : 2022-01-04 17:30:06 수정 : 2022-01-04 17:33:15

이처럼 시멘트 제조업체들이 시멘트 출고가를 순차적으로 인상하겠다고 통보하자 시멘트를 받아 쓰는 레미콘 업체들 사이에서는 반발하는 조짐이 관측된다. 건설사들 역시 시멘트 출고가 인상이 아파트 등 분양가 상승으로 이어질 것으로 우려하고 있다. 하지만 시멘트 업체들은 시멘트 가격 인상이 아파트 분양가에 미치는 영향이 미미하다는 입장이다. 시멘트협회 관계자는 "30평형 아파트 한 채당 들어가는 시멘트 조달비용은 157만원에 불과하다"고 말했다.

30평 아파트 한 채에 들어가는 총 시멘트 값이 157만 원으로, 시멘트 값을 인상해도 분양가에 영향이 미미하다는 시멘트 업체의 고백

지하는 비중은 0.5%가 되지 않는다.

레미콘 업계와 건설사가 시멘트 값 인상은 아파트 분양가 상승으로 이어진다며 반발했다. 이에 2022년 1월 4일 매일경제는 〈시멘트 값 또 오른다… 레미콘·건설사 반발〉이란 기사에 한국시멘트협회 관계자가 "30평(99m²) 아파트 한 채당 들어가는 시멘트 비용이 157만 원에 불과하여 시멘트 값 인상이 아파트 분양가에 미치는 영향이 미미하다"고 강조했다고 보도했다.

여론조사 해보니

쓰레기 시멘트 해결책을 찾기 위해 지난 2022년 1월 한국사회여론연구소(KSOI)가 조사했다. 쓰레기 시멘트 해결 방법으로 유해 물질을 표시하는 시멘트 제품 성분 표시제 도입에 대해 86.7%가 '필요하다'고 답했다. 산업 쓰레기가 들어가지 않은 시멘트와 쓰레기로 만든 시멘트를 구분할 수 있도록 시멘트 등급제 필요성에 대한 질문에 90.5%가 '필요하다'고 답했다. 등급제가 '필요 없다'는 응답자는 겨우 4.6%였다. 이는 국민이 시멘트 등급제를 통해 시멘트를 선택할 권리를 원하고 있음을 뜻한다.

가정용 건축재에는 깨끗한 시멘트를 사용하고, 쓰레기로 만든 시멘트는 도로나 항만 건설 등에 사용하도록 시멘트 등급에 따라 사용처를 지정하는 법을 만드는 것에 대해 88.2%가 '필요하다'고 답했나. 쓰레기를 넣지 않은 깨끗한 시멘트를 위해 추가 비용을 부

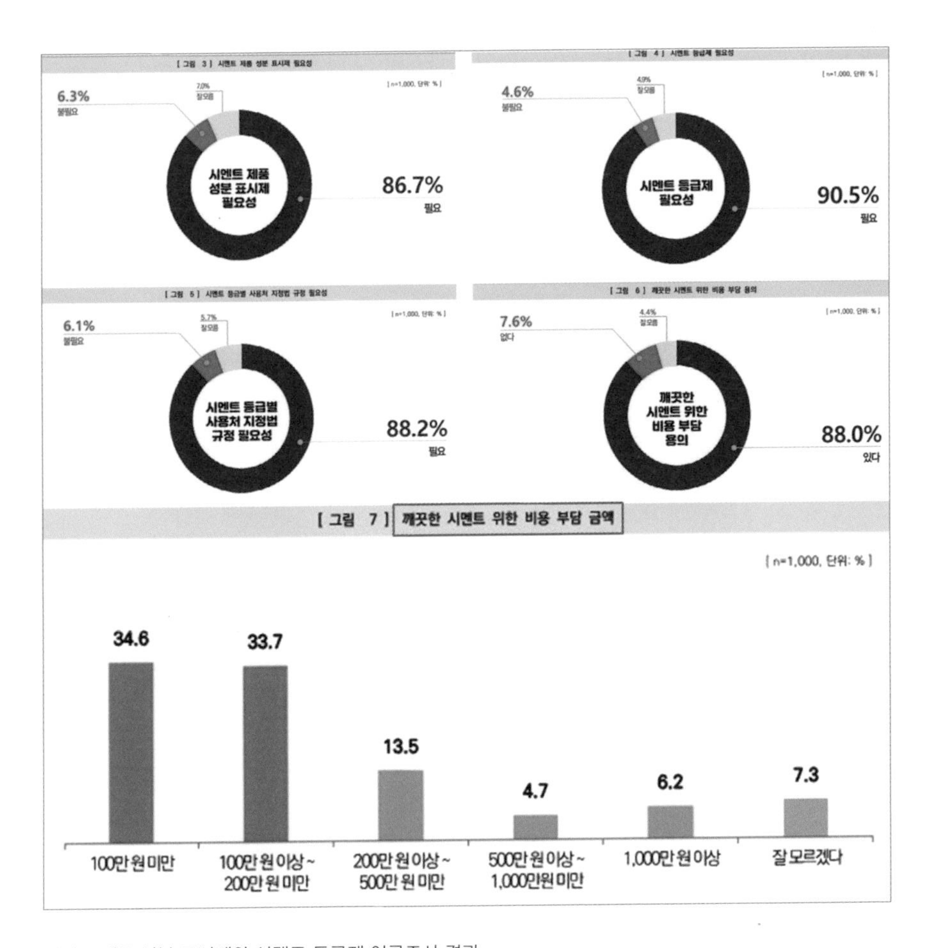

시멘트 제품 성분 표시제와 시멘트 등급제 여론조사 결과

담할 용의가 있냐는 질문에는 88%가 '있다'고 했다. 산업 쓰레기를 넣지 않은 깨끗한 시멘트로 지은 집에 살기 위해 얼마까지 부담할 수 있는지 구체적인 액수에 대해 100만 원 미만(34.6%), 100만 원 이상~200만 원 미만(33.7%), 200만 원 이상~500만 원 미만(13.5%)이라고 답했다. 그리고 6.2%는 지금 32평 아파트 시멘트 비용 150

만 원의 약 7배에 이르는 1000만 원 이상을 부담하더라도 깨끗한 시멘트로 지은 집에 살고 싶다고 했다.

시멘트 등급제가 해결책이다

지난 2022년 4월 12일, 국회에서 시멘트 등급제가 입법 발의됐다. 노웅래 의원은 국민 안전과 건강을 확보하기 위해서라며 시멘트 등급제와 사용처 제한을 입법 제안한 이유를 '시멘트 입법 발의안'에 자세히 설명했다.

환경부의 잘못된 쓰레기 재활용 정책으로 우리 아이들이 발암물질과 중금속 가득한 쓰레기 시멘트로 지은 집에 살고 있다. 국민은 쓰레기를 넣지 않은 깨끗하고 건강한 시멘트를 원한다. 환경부는 시멘트 공장에 쓰레기 시멘트 제조를 허가하면서 국민에게 단 한 번도 이해를 구하거나 의견을 묻지 않았다. 쓰레기 시멘트는 쓰레기 치우기에 급급한 환경부의 편의주의와 시멘트 공장의 돈벌이를 위한 야합으로 탄생한 잘못된 정책이다. 해결 방법은 간단하다. 시멘트 등급제를 도입해 사용처를 법으로 규정하면 된다. 여론조사 결과에서 보듯, 국민은 이것을 원한다.

폐기물관리법 일부개정법률안
(노웅래의원 대표발의)

의 안 번 호	15203

발의연월일 : 2022. 4. 12.

발 의 자 : 노웅래・고영인・김병기 김정호・김주영・서삼석 양기대・윤준병・이해식 전용기 의원(10인)

제안이유 및 주요내용

시민들이 생활하는 아파트 및 건물, 빌딩 등은 대부분 발암물질과 중금속 등이 가득한 각종 폐기물을 투입해 생산된 시멘트로 신축되고 있음. 시멘트 생산업체들은 생산과정에서 위해성분을 제거했다고 하지만, 방사능과 발암물질, 각종 중금속은 제거되지 않고 남아 있음.

중금속이 함유된 시멘트로 지어진 아파트나 주택 건물에 입주해 몇 년씩 생활하는 경우 아도피성 피부염, 가려움증, 알레르기, 두통, 신경증상 등이 나타날 수 있음. 그러나 국민들은 폐기물 시멘트로 지어진 공간에 살면서도 시멘트에 어떤 폐기물이 포함됐는지, 중금속 성분은 무엇이고, 인체에 어떤 영향을 미치는지 전혀 모르고 있음.

이에 시멘트 포대에 시멘트 제조 시 사용된 폐기물의 종류와 원산지, 사용량, 함량 성분 등을 표시하도록 해 관련 정보를 국민에게 알리고, 주택용 시멘트와 산업용 시멘트를 분리 생산, 판매를 위한 규정을 마련하여 국민 안전과 건강을 확보하려는 것임(안 제13조의5제6항 후단 및 제13조의6 신설 등).

시멘트 입법 발의안

국민의 건강보다 시멘트 기업의 이익을 대변해 온 이상한 환경부를 살펴본다.

쓰레기 시멘트에는 발암물질 6가크롬이 존재한다

3

쓰레기 시멘트, 이렇게 만든다

1

우리는 오늘 쓰레기 시멘트로 지은 집에 산다. 쓰레기 시멘트 만드는 과정을 살펴보자. 한국시멘트협회가 작성한 〈시멘트 산업 공정 특성과 순환 자원 재활용〉이란 자료에 쓰레기 시멘트 제조 과정이 나온다.

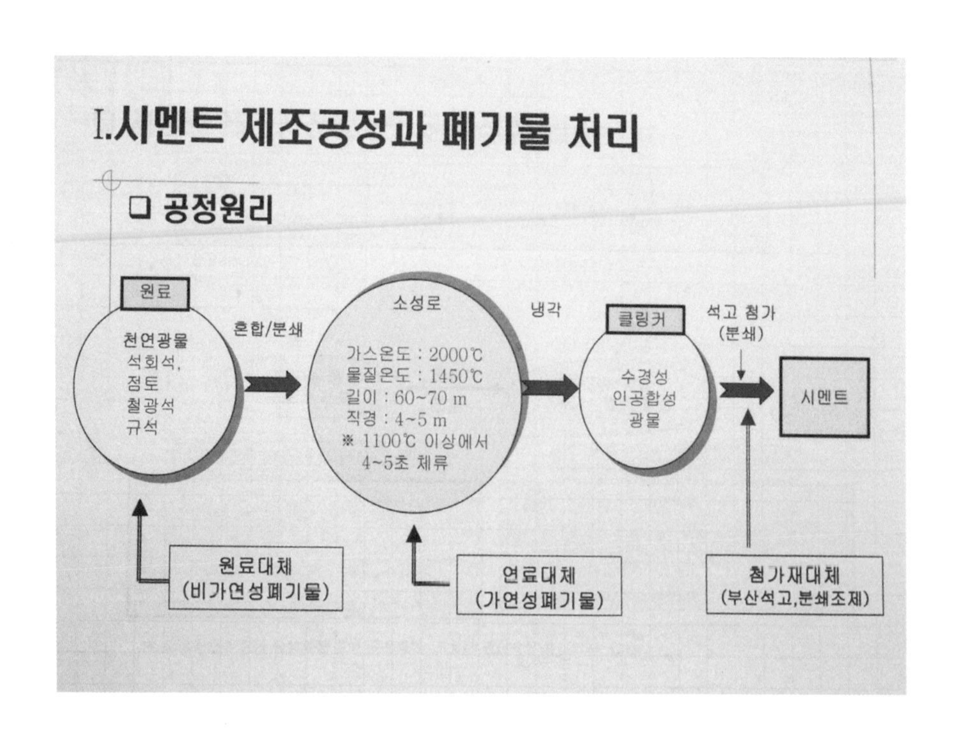

석회석에 점토와 철광석, 규석을 섞고 유연탄을 연료 삼아 1450℃로 태우면 클링커가 된다. 이 클링커에 석고를 넣고 분쇄한 게 시멘트다. 클링커만 분쇄하면 금방 굳어 공사 현장에서 쓸 수 없기에, 응결 지연제로 석고를 첨가하는 것이다.

지금도 시멘트 만드는 과정은 변함이 없으나, 석회석을 뺀 나머지 재료를 쓰레기로 대체한다. 〈시멘트 산업 공정 특성과 순환 자원 재활용〉에서 보듯, '원료 대체'라는 이름으로 점토와 철광석, 규석 대신 하수 슬러지와 공정 오니, 석탄재, 소각한 재, 철 슬래그 등 비가연성 폐기물을 사용한다. 또 '연료 대체'라는 이름으로 유연탄 대신 폐타이어, 폐고무, 폐합성수지, 폐플라스틱, 폐유, 폐목재 등 온갖 가연성 폐기물을 사용한다. 이렇게 각종 쓰레기를 재활용이라

쌍용C&E 영월공장에서 시멘트 응결 지연제로 쓰기 위해 전국에서 가져온 폐부동액이 하천으로 유출되는 사고가 발생했다.

는 명목으로 시멘트 제조에 투입해 시멘트의 유해성이 높아진다.

이게 전부가 아니다. '첨가제 대체'라는 이름으로 석고 대신 각종 폐기물을 응결 지연제로 사용한다. 발전소에서 나오는 탈황석고, 인산비료를 만들고 생긴 라돈이 함유된 인산석고, 자동차와 항공기의 폐부동액과 대형 건물의 폐냉매도 응결 지연제로 사용한다. 첨가제는 소성로를 거쳐서 나온 클링커를 분쇄하는 과정에 사용하기에 폐기물의 유해성이 시멘트에 그대로 남는다.

2007년 2월 25일 쌍용C&E 영월공장 인근 하천이 초록으로 물든 사건이 발생했다. 전국에서 쌍용C&E 공장에 가져온 폐부동액이 하천으로 유출된 것이다. 한국시멘트협회는 1450℃ 소성로에서 악취와 유해 물질이 완전 분해된다고 주장한다. 그러나 각종 쓰레기로 만들어 발암물질과 인체 유해 중금속 범벅이 된 시멘트다. 2022년 9월 4일 KBS-1TV에서 〈시사멘터리 추적-발암물질 범벅 시멘트, 폐기물 관리 '구멍'〉을 방송했다.

KBS-1TV 〈시사벤터리 추적-발암물질 범벅 시멘트, 폐기물 관리 '구멍'〉

쓰레기 시멘트 탄생의 비밀

우리 아이들에게 고통을 주는 쓰레기 시멘트는 왜 생겼을까? 환경부와 시멘트 업계는 쓰레기 시멘트를 '자원 재활용'이라고 주장한다. 아니다. 환경부와 시멘트 업계가 필요와 이익을 위해 만든 재앙일 뿐이다. 2007년 8월 25일 방송한 MBC-TV 〈뉴스후-'중금속 시멘트'의 습격 그 후〉에서 환경부 산업폐기물과 김용진 과장은 쓰레기 시멘트의 비밀을 다음과 같이 고백했다.

> 정부에서 폐기물 처리의 어려움, 양회협회의 연료 확보의 어려움, 에너지 확보의 어려움, 이런 것들이 양쪽의 의사가 합해져서 이루어졌다 이렇게 보시면 됩니다.

환경부는 산적한 쓰레기를 처리해야 했고, 시멘트 업계는 쓰레기 처리 비용을 받아 부도 위기를 모면해야 했다. 이 둘의 필요에 따라 쓰레기 시멘트가 생겼다. 이후 환경부가 국민을 속이기 위한 포장 용어로 '자원 재활용'을 붙였다. 그래서 쓰레기 사용 기준이나 시멘트 안전기준 하나 없이 시멘트 공장에 쓰레기 시멘트 제조를 허가했다.

쓰레기를 소각한 재도 시멘트에 넣는다

2

시멘트 공장에 하수 슬러지, 공장의 오니, 석탄재, 소각한 재 등 온갖 비가연성 쓰레기가 쌓여 있다. 쓰레기 중에 회색 가루가 눈에 띈다. 화력발전소에서 가져온 석탄재다. 중간중간에 검은 덩어리는 화력발전소의 열기에도 타지 않은 석탄 덩어리다. 이렇게 불에 타지 않고 남은 것을 미연탄분이라고 한다.

석탄재는 레미콘 공장에서도 많이 사용한다. 시멘트처럼 입자가 고와 시멘트 사용량을 줄일 수 있기 때문이다. 그러나 미연탄분이 섞인 석탄재를 사용하면 건축물에 안전 문제가 발생한다. 미연탄분은 탄소 함량이 많아 철근을 부식시키기 때문이다. 〈미연탄소분이 플라이애시시멘트 모르타르 내 철근의 부식에 미치는 영향(Effect on the Corrosion of Steel by Unburnt Carbon in Fly Ash Cement Mortar)〉이라는 논문에 따르면, 미연탄분과 황을 포함한 플라이애시시멘트는 철근의 부식을 가속하므로 미연탄분의 함량을 억제할 필요가 있다. 조사 결과는 오른쪽 박스와 같다.

유연탄을 원료로 사용하는 화력발전소 석탄재에 완전연소 되지 않은 미연탄분이 있다. 그렇다면 온갖 쓰레기로 만든 시멘트에도

미연탄분의 탄소 함량이 증가한 결과

1. 플라이애시시멘트 내 탄소 함량이 증가하면 시멘트에 매설된 철근이 심한 부식의 영향을 받았다.
2. 탄소 함량이 증가했을 때 시멘트는 고유의 색상을 잃었다.
3. 노출 기간 1년에 탄소 함량이 8% 증가하면 60%가 넘는 영역에서 부식이 발생했다.

출처 : 〈미연탄소분이 플라이애시시멘트 모르타르 내 철근의 부식에 미치는 영향〉

미연탄분이 존재하지 않을까? 그동안 시멘트 공장은 소성로가 고온이라 완전 분해되는 소각 시설이라며 온갖 산업 쓰레기로 시멘트를 만들었다. 그러나 시멘트 소성로에서도 타지 않은 재가 발생한다. 이를 '강열 감량'이라고 부른다. 강열 감량은 '타지 않고 남은 재'라고도 할 수 있다.

시멘트 KS 규격에 강열 감량은 5%다. 성신양회(주)의 자체 시멘트 분석 결과표를 살펴보니 강열 감량 3.05%다. 2020년 국내 시멘트 총 생산량이 4751만 8187t이다. 성신양회(주)의 강열 감량 3.05%를 적용하면 2020년 생산한 시멘트에 타지 않고 남은 재가 무려 144만 9304t이다. 쓰레기가 타지 않고 남은 재 144만 9304t이 시멘트에 섞여 우리 안방에 돌아오는 셈이다.

그동안 시멘트 공장은 시멘트를 엄청난 쓰레기로 만들어도 매립할 2차 부산물이 남지 않는다고 자랑해왔다. 그런데 쓰레기가 완벽하게 타서가 아니라, 남은 재를 시멘트에 섞기 때문이다. 연간 타지 않은 재 144만 9304t을 시멘트에 섞어 집을 지어온 것이다.

온갖 비가연성 쓰레기가 시멘트 공장 창고에 가득하다.

SSANGYONG C&E

SUSTAINABILITY REPORT 2020

시멘트 제품 정보(KS규격)

규격		포틀랜드					고로슬래그
		보통 (1종)	중용열 (2종)	조강 (3종)	저열 (4종)	내황산염 (5종)	(2종)
슬래그함유량(%)		-	-	-	-	-	30 초과 60 이하
화학성분							
산화마그네슘(MgO)(%)		5.0 이하	5.0 이하	5.0 이하	5.0 이하	5.0 이하	6.0 이하
삼산화황(SO_3)(%)		3.5 이하	3.0 이하	4.5 이하	3.5 이하	3.0 이하	4.0 이하
강열감량(%)		5.0 이하	5.0 이하	5.0 이하	5.0 이하	5.0 이하	3.0 이하
C_3S(%)		-	50 이하	-	-	-	-
C_2S(%)		-	-	-	40 이상	-	-
C_3A(%)		-	8.0 이하	-	6.0 이하	4.0 이하	-
물리성능							
분말도(cm_2/g)		2,800 이상	2,800 이상	3,300 이상	2,800 이상	2,800 이상	3,000 이상
안정도	오토클레이브 팽창도(%)	0.8 이하	0.8 이하	0.8 이하	0.8 이하	0.8 이하	0.2 이하
	르샤틀리에(mm)	10 이하	10 이하	10 이하	10 이하	10 이하	10 이하
응결시간 비카시험	초결(분)	60 이상	60 이상	45 이상	60 이상	60 이상	60 이상
	종결(시간)	10 이하	10 이하	10 이하	10 이하	10 이하	10 이하
수화열(J/g)	7일	-	290 이하	-	250 이하	-	-
	28일	-	340 이하	-	290 이하	-	-
압축강도 MPa(N/mm_2)	1일	-	-	10.0 이상	-	-	-
	3일	12.5 이상	7.5 이상	20.0 이상	-	10.0 이상	10.0 이상
	7일	22.5 이상	15.0 이상	32.5 이상	7.5 이상	20.0 이상	17.5 이상
	28일	42.5 이상	32.5 이상	47.5 이상	22.5 이상	40.0 이상	42.5 이상

〈2020 쌍용C&E 지속가능경영보고서〉에 쌍용C&E가 자사 시멘트의 강열 감량이 5.0% 이하라고 밝혔다.

SUNGSHIN 성신양회주식회사	주 간 품 질 현 황	2018년 12월 4주

1. 시멘트 품질 현황

구 분				전 주	금 주	10월 평균	비 고
화학성분	산화마그네슘(MgO)		%	2.46	2.47	2.53	
	삼산화황(SO_3)		%	2.31	2.32	2.28	
	강열감량(Ig-Loss)		%	3.37	3.43	3.38	
물리성능	분 말 도	Blaine	㎠/g	3 630	3 680	3 605	
		45㎛ R	%	9.9	11.3	9.9	
	응결시간	초 결	(분)	220	237	214	
		종 결	(시간)	5:05	5:36	5:00	
	압축강도 MPa	3일		30.4	29.5	32.2	
		7일		41.6	40.1	41.9	
		28일		54.8	55.1	53.6	

성신양회(주) 제품의 강열 감량이 3.43%라고 주간 품질 현황을 밝히고 있다.

문제는 여기에 있다. 시멘트 소성로에서 발생한 미연탄분은 시멘트에 필요한 성분이 아니라 쓰레기를 소각하고 유해 물질이 농축된 재다. 화력발전소 석탄재의 미연탄분이 철근을 부식시켜 건축물의 안전을 위협하는 것처럼, 시멘트 공장의 미연탄분은 국민 건강에 위해가 된다. 나는 분명히 말할 수 있다. "쓰레기 시멘트는 결코 안전하지 않다."

쓰레기가 시멘트에 영향을 끼치지 않는다는 거짓말

3

한일시멘트(주) 공장 인근에 '죽여라'라고 쓰여 있다. 시멘트 공장의 환경오염으로 고통을 겪는 주민들의 애처로운 절규다.

'일반 토양과 광물에도 중금속이 존재하며, 시멘트를 쓰레기로 만들어도 광물로 만든 시멘트의 중금속과 큰 차이가 없다.' 그동안 시멘트 업계가 시멘트를 온갖 산업 쓰레기로 만들며 합리화해온 주장이다. 쓰레기로 만든 시멘트와 쓰레기를 넣지 않은 시멘트의 유해 물질에 차이가 없다는 주장이 사실일까?

쓰레기가 시멘트 제품의 유해성에 미치는 영향을 쉽게 확인할 방법이 있다. 폐기물을 소각한 재의 성분을 보면 된다. 질량보존의 법칙에 따라 쓰레기의 유해 물질은 시멘트 공장 굴뚝으로 배출되거나 시멘트에 잔류한다. 쓰레기를 소각한 재의 유해 성분이 시멘트의 유해성을 높이는 결과를 초래한다.

쓰레기를 태우면 유해 물질이 이만큼 남는다

시멘트 공장이 시멘트 제조에 많이 투입하는 폐합성수지, 폐플라스틱, 폐타이어, 하수 슬러지 등이 타고 남은 재에 어떤 중금속이 있는지 살펴보자. 〈폐기물 유형에 따른 소각재의 중금속 용출 특성 연구〉에 다양한 폐기물을 소각한 뒤 발생한 재의 중금속 함량 조사 결과를 자세히 소개한다.

폐기물을 소각한 재는 바닥재와 비산재로 나뉜다. 바닥재에는 끓는점이 높은 중금속류가 많이 남고, 비산재에는 납과 수은처럼 끓는점이 낮아 휘발성이 강한 중금속류가 많이 남는다. 시멘트 공장에서 쓰레기를 많이 소각할수록 시멘트 제품에 인체 유해 중금속 함량이 많고, 시멘트 공장 주변 지역 주민은 굴뚝으로 배출되는 유해 중금속 피해를 보는 것이다.

먼저 생활 쓰레기를 소각한 재의 성분을 살펴보자. 요즘 시멘트 공장에 지자체의 생활 쓰레기를 반입한다. 우리가 일상적으로 버리는 폐비닐 같은 쓰레기는 중금속처럼 유해성이 크지 않다고 생각하지만, 성분이 일정한 산업 쓰레기보다 생활 쓰레기가 시멘트에 미치는 위험성이 높다. 생활 쓰레기처럼 종류가 일정하지 않은 폐기물을 사용하면 배출 가스 통제가 어렵고, 시멘트 제품에도 많은 영향을 끼친다.

우리가 버리는 도시 생활 쓰레기를 소각한 재에 놀랍게도 바닥재에 구리 3838.9mg/kg, 비산재에는 아연 1만 259.8mg/kg,

소각한 재의 중금속 함량 분석 결과

(단위 : mg/kg)

		구리	아연	납	니켈	크롬	카드뮴
도시 생활 쓰레기	바닥재	3,838.9	3,809.7	949.4	139.0	78.3	24.5
	비산재	659.4	10,259.8	4,153.3	10.5	17.1	398.9
폐합성수지	바닥재	3,768.9	2,069.0	4,473.3	243.8	238.7	4.0
	비산재	2,792.4	8,480.0	6,532.2	152.8	112.7	124.1
폐타이어	바닥재	92.1	15,821.7	34.7	3.2	8.0	0.8
	비산재	155.3	115,025.2	504.1	3.2	1.9	17.0
폐수 슬러지	바닥재	57.7	411.7	22.3	217.3	35.3	불검출
	비산재	269.9	3,935.8	73.0	1,773.3	77.1	2.2
석탄재	바닥재	20.2	26.4	16.0	16.7	8.3	0.6
	비산재	27.5	22.6	16.3	21.5	11.9	0.4

출처 : 〈폐기물 유형에 따른 소각재의 중금속 용출 특성 연구〉, 충청남도보건환경연구원, 2005

납 4153.3mg/kg이 잔류한다. 아무렇지 않게 버리는 생활 쓰레기를 소각한 재에 납과 아연, 구리, 카드뮴 등 유해 물질이 엄청나다. 쓰레기를 사용한 만큼 시멘트에 유해 물질이 증가할 수밖에 없음은 상식이다. 폐비닐류를 비롯한 폐합성수지는 바닥재에 구리 3768.9mg/kg, 비산재에 아연 8480mg/kg, 납 6532.2mg/kg, 크롬과 니켈도 다량 함유됐다. 폐타이어는 비산재에 아연 11만 5025.2mg/kg, 폐수 슬러지는 비산재에 니켈 1773.3mg/kg이 잔류한다. 시멘트에 넣어도 안전한 쓰레기는 없다. 타고 남은 재는 유해 중금속 덩어리이기 때문에 시멘트 제품 안전에 영향을 끼친다.

시멘트 공장에 폐비닐, 폐플라스틱, 폐목재 등 온갖 쓰레기가 쌓여 있다.

시멘트 소성로는 발암물질 제조기다

4

쌍용C&E 동해공장 시멘트 소성로. 가운데 가로로 길게 놓인 것이 소성로, 오른쪽에 수직으로 있는 것이 예열기다.

그동안 시멘트 업계는 시멘트 제조에 쓰레기를 사용하기 위해 1450℃ 시멘트 소성로를 자랑해왔다. 그러나 환경부가 작성한 〈폐기물 소각시설의 통합오염방지 및 관리를 위한 최적가용기법 기준서 2016〉에 따르면, 소성로 1300℃ 이상 고온에서 질소산화물이 급격히 발생함을 확인할 수 있다. 질소산화물은 발암물질인 초미세먼지로 전환되는 심각한 환경 유해 물질이며, 국내에서 발생하는 질소산화물의 32%가 시멘트 공장에서 배출된다. 시멘트 업계는 시멘트 소성로가 1450℃이기에 질소산화물을 다량 배출한다는 사실을 감춰온 것이다.

시멘트 업계가 자랑하는 1450℃ 시멘트 소성로는 발암물질 제조

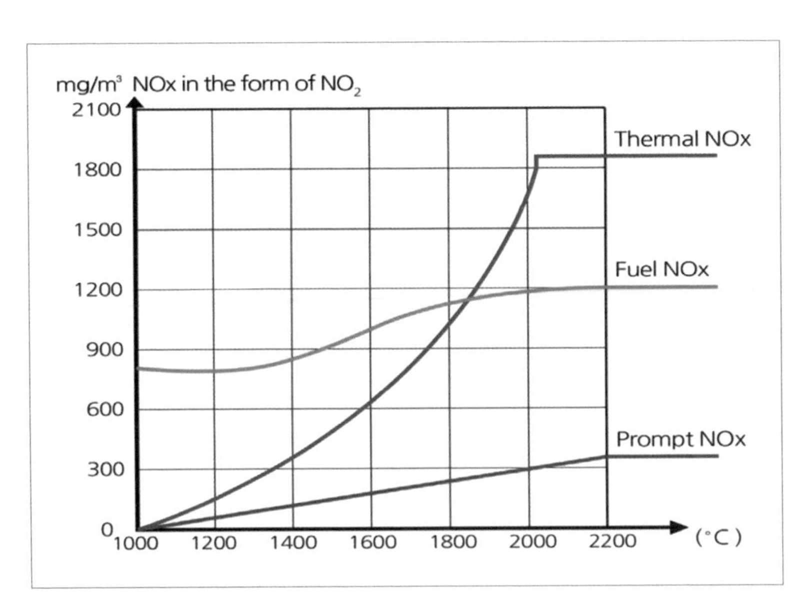

온도에 따른 질소산화물 생성 반응. 환경부 자료에 따르면, 1300℃ 이상으로 올라갈수록 초미세먼지의 원인 물질인 질소산화물이 급격히 증가한다.

기라는 놀라운 특성이 있다. 쌍용양회기술연구소와 한국지질자원연구원이 2003년 환경부와 과학기술부에서 25억 6600만 원을 지원받아 〈철강 산업 슬러지의 복합 처리에 의한 실용화 기술 개발〉을 작성했다. 이 보고서에 있는 '소성 온도별 6가크롬으로의 전환 특성 실험 결과'에 따르면, 열을 가하기 전에는 6가크롬이 없으나 온도가 높아질수록 6가크롬 함량이 급증한다.

시료 구분	온도(℃)	6가크롬(ppm)
제철 슬래그 2% 첨가	소성 전	0
	1,100	5
	1,200	10
	1,300	45
	1,400	102
	1,500	159

출처 : 쌍용양회기술연구소 · 한국지질자원연구원, '소성 온도별 6가크롬으로의 전환 특성 실험 결과', 〈철강 산업 슬러지의 복합 처리에 의한 실용화 기술 개발〉, 2003

6가크롬은 자연 상태에 없는 물질이다. 쓰레기에 들어 있는 크롬이 1000℃ 이상의 열을 받으면 6가크롬으로 전환된다. 특히 1000℃ 이상으로 올라갈수록 6가크롬으로 전환되는 비율이 증가한다. 그동안 시멘트 업계는 시멘트 소성로 온도를 최대 장점으로 자랑해왔다. 고온이기에 쓰레기 유해성이 완전히 분해되는 소각 시설이라는 것이다. 그러나 1450℃ 시멘트 소성로는 '발암물질 제조기'다.

시멘트는 우리 가족의 집을 짓는 가장 중요한 건축재다. 쓰레기를 넣지 않으면 발암물질과 인체 유해 중금속이 없는 건강한 시멘트가 될 수 있다. 시멘트를 쓰레기로 만드는 것은 우리가 살아가는 집을 쓰레기 처리장으로 만든 것과 같다. 비싸게 산 아파트가 더는 발암물질과 중금속 범벅인 쓰레기 처리장으로 전락해선 안 된다.

시멘트 숟가락으론 밥을 먹을 수 없다

5

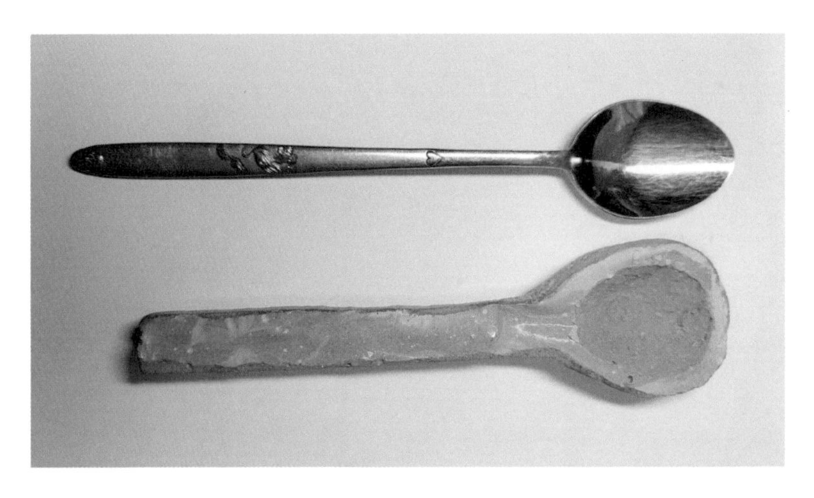

쓰레기 시멘트로 숟가락을 만들었다.

'우리가 밥 먹을 때 사용하는 숟가락을 인체에 유해한 크롬과 니켈로 만들지만 굳으면 안전한 것처럼, 쓰레기 시멘트에 중금속이 많아도 굳으면 안전하다.' 이 비유는 환경부가 쓰레기 시멘트를 합리화하기 위해 찾아낸 묘수다. 과연 쓰레기 시멘트가 인체에 아무 영향을 미치지 않을까?

크롬 숟가락은 완전 물질이다. 부서지거나 가루가 발생하거나 물을 흡수하지 않는다. 이 때문에 밥숟가락으로 이용한다. 시멘트는 불완전 물질이다. 단단하게 굳은 듯 보여도 가루가 손에 묻고, 작은 충격에도 쉽게 부서지며, 물을 흡수한다. 시멘트는 습기를 흡수하고 마르는 수화작용을 끊임없이 반복하며, 이 과정에 암모니아와 휘발성유기물질 등 유해 물질을 내뿜는다.

쓰레기 시멘트가 크롬 숟가락처럼 굳으면 안전하다는 환경부의

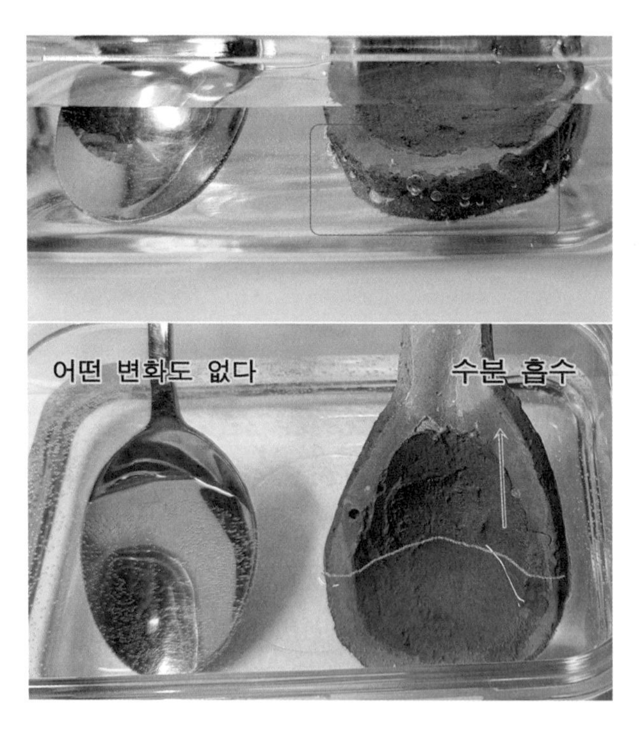

크롬 숟가락은 이상이 없으나, 시멘트 숟가락은 수분을 쭉쭉 빨아들인다.

주장을 박살 낼 아이디어가 떠올랐다. 쓰레기 시멘트로 숟가락을 만들고 오래 말렸다. 크롬 숟가락과 시멘트 숟가락을 물에 담갔다. 크롬 숟가락은 아무리 오래 지나도 물 한 방울 흡수하지 않았다. 크롬 숟가락을 꺼내 물기를 터니 멀쩡했다. 시멘트 숟가락은 담그자마자 색이 달라지기 시작했다. 오랜 시간 말려서 딱딱하게 굳었는데도 물을 흡수한 부분이 수면보다 점점 높아졌다. 시멘트는 한 귀퉁이만 물에 담가도 수분이 전체로 이동한다.

크롬 숟가락과 시멘트 숟가락은 이처럼 비교 자체가 불가능하다. 그런데 쓰레기 시멘트가 안전하다는 논리로 환경부가 내세운 게 겨우 크롬 숟가락 비유다. 위해성에 대한 검증 없이 쓰레기 시멘트를 허가한 잘못을 은폐하기 위해 궤변을 늘어놔야 했다. 대한민국 환경과 국민 건강을 책임지는 환경부의 실체다. 국민의 건강은 생각지 않고 쓰레기를 치워주는 시멘트 업계의 이익만 대변해온 것이 대한민국 환경부다.

망치질 한 방에 날려버린 거짓말

시멘트 숟가락은 쓰레기 시멘트가 안전하다는 환경부와 시멘트 업계의 주장을 반박하기 위한 묘수였다. 몇 번 실패한 뒤 시멘트 숟가락을 완성했다. 거칠고 볼품없지만, 국민을 기만하는 환경부의 헛소리를 잠재우기엔 충분했다.

밥 먹을 때 사용하던 크롬 숟가락과 시멘트 숟가락, 쇠망치를 가

방에 넣고 쓰레기 시멘트 토론회에 발표자로 참석했다. 이 자리에 환경부와 시멘트 업계 관계자도 있었다. 드디어 내가 발언할 순서가 됐다. 가방에서 두 가지 숟가락과 쇠망치를 꺼냈다. 시멘트 숟가락을 들어 보이며 환경부와 시멘트 업계 관계자에게 물었다. "내가 쓰레기 시멘트로 숟가락을 만들었는데 이걸로 밥 먹을래요?" 그들은 한마디도 대답하지 못했다.

쇠망치로 크롬 숟가락을 세게 내리쳤다. 쇠망치의 굉음이 토론장에 가득했지만, 크롬 숟가락은 멀쩡했다. 두 번 세 번 내리쳐도 어느 한 귀퉁이 깨지지 않았다. 쇠망치로 시멘트 숟가락을 내리쳤다. 한 방에 박살 났다. 시멘트 가루가 바로 옆에 앉은 환경부 과장과 토론장 맨 앞줄에 앉은 한국시멘트협회 관계자에게 흩어졌다. 쓰레기 시멘트가 안전하다고 목소리 높이던 이들이 조용해졌다.

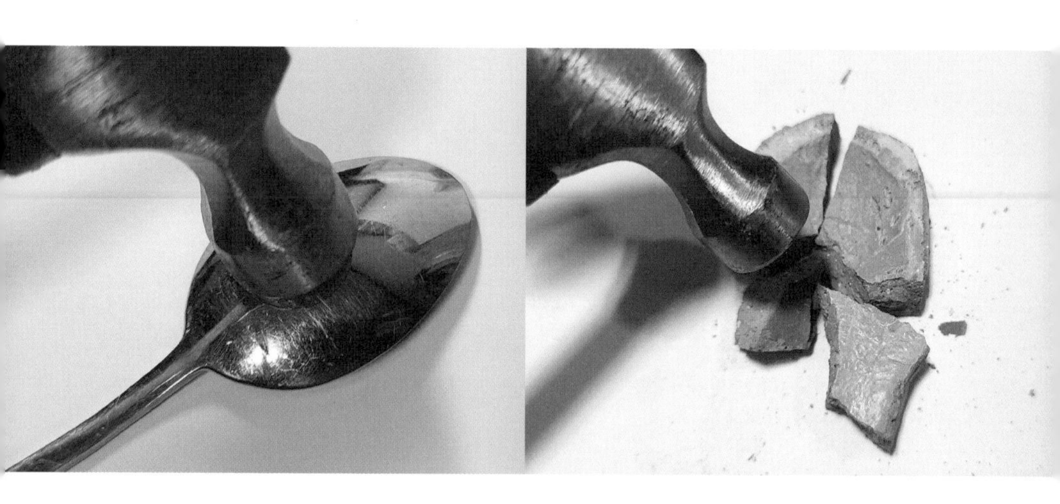

한 방에 박살 난 시멘트 숟가락

쓰레기 시멘트가 안전하다는 거짓말

6

거대한 산을 이루는 인천 수도권 매립지 모습. 매립이 종료됐으나 쓰레기 침출수가 계속 발생한다. 용출시험은 쓰레기의 매립 여부를 판단하는 기준이다.

환경부와 시멘트 업계는 "시멘트 용출시험 결과 6가크롬 외에 중금속이 검출되지 않아 안전하다"며 쓰레기 시멘트를 합리화해왔다. 용출시험 결과 중금속이 검출되지 않으면 지금처럼 시멘트를 쓰레기로 만들어도 국민 건강에 아무 문제가 없을까?

환경부는 용출시험을 쓰레기 시멘트의 안전 여부를 판단하는 기준으로 삼고 있다. 용출은 빗물 침투수나 지하수에 의해 폐기물에서 유해 물질이 용해되거나 입자상 물질이 떨어져 나오는 것을 말한다. 폐기물관리법에 규정하는 용출시험은 '폐기물의 잠재적인 위해성을 사전에 판단해 더 안전하고 적절한 방법으로 폐기물을 처리하기 위한 사전 평가 방법'이다. 용출시험을 통해 폐기물의 지정 폐기물 판정 여부와 매립 방법 등을 결정한다. 지정 폐기물 판정 여부에 따라 폐기물의 처리 방법과 비용이 크게 달라지므로, 용출시험이 폐기물을 배출하는 사업자에게 미치는 영향이 매우 크다.

그러나 실제 매립지에서 용출은 지형적 특성에 좌우되며, 용출시험은 '이상적 조건'에서 진행하므로 현장 상황을 반영하지 못한다. 유해 폐기물의 오염 유발 가능성을 확인하는 데 도움이 되는 제한적인 방법일 뿐이다. 시멘트는 매립 여부를 판단해야 하는 폐기물이 아니라, 집을 짓는 재료다. 쓰레기 시멘트가 우리 아이들에게 미치는 위해성 판단은 시멘트에서 용출된 물을 마시는 문제가 아니다. 환경부는 용출시험을 핑계로 쓰레기 시멘트의 위해성을 은폐해왔다.

시멘트는 부서져 가루가 날리기 쉽고, 습기를 흡수하고 건조하기를 반복하는 불완전 물질이다. 시멘트 가루에 포함된 유해 물질이 인체에 영향을 미치며, 수분을 흡수하고 건조하는 수화 과정에 암모니아와 휘발성유기물질 등을 내뿜는다. 시멘트는 다양한 경로로 인체에 노출되는 위해 가능성이 있기에 시멘트 제품을 안전하게 만들어야 한다. 환경부가 주장하는 시멘트 용출시험이 필요한 부분은 콘크리트 수조에 해당한다. 용출시험 결과 중금속이 검출되지 않아 안전하다는 환경부와 시멘트 업계의 주장은 쓰레기 시멘트의 본질을 왜곡한 것이다. 발암물질과 중금속 가득한 쓰레기 시멘트를 만든 자신들의 잘못을 감추려는 거짓말이다.

지정 폐기물보다 유독한 쓰레기 시멘트

우리 집을 짓는 쓰레기 시멘트로 용출시험을 하면 어떤 결과가 나올까? 환경부 주장처럼 아무것도 나오지 않아 안전할까?

충격적인 용출시험 결과가 있다. 2006년 한국시멘트협회가 요업기술원(현 한국세라믹기술원)에 의뢰해 국내 10개 시멘트 제품을 한국토양오염공정시험법, 일본시멘트협회 시험법, 유럽 용출시험법 등 다양한 방법으로 분석했다. 지정 폐기물 여부를 판단하는

시멘트 용출시험 결과

	1	2	3	4	5	6	7	8	9	10
한국폐기물용출시험	2.17	2.66	2.33	0.97	2.98	2.76	4.44	0.58	1.04	1.03

출처 : 요업기술원, 〈시멘트 중 중금속 함량 조사 연구〉, 2006

한국폐기물용출시험도 실시했다. 6가크롬의 지정 폐기물 기준은 1.5mg/ℓ인데, 국내 시멘트 10개 제품 중 6개가 기준을 초과했다.

현대인은 하루를 대부분 쓰레기 시멘트로 지은 건물에서 지낸다. 그런데 건축재인 시멘트가 매립해야 할 유독성 지정 폐기물보다 발암물질이 많다는 사실을 어떻게 받아들여야 할까? 환경부의 무책임한 쓰레기 처리 정책 탓에 국민이 쓰레기 시멘트로 지은 집에서 사는 인체 실험 대상자가 된 셈이다.

시멘트에서 유독성 지정 폐기물 기준보다 많은 발암물질이 검출됐다. 그러나 환경부와 시멘트 업계는 아직 한 번도 사과하지 않았다.

환경부의 용출 주장은 시멘트 유해성을 은폐하는 수단이다

환경부와 과학기술부가 무려 25억 6600만 원을 지원하고, 쌍용양회기술연구소와 한국지질자원연구원이 작성한 〈철강 산업 슬러지의 복합 처리에 의한 실용화 기술 개발〉 보고서에 따르면, 용출 시험은 시멘트의 유해성을 판단하는 증거가 될 수 없다. 이 보고서는 제철 중화 케이크, 제철 슬래그, 압연 종말 슬러지 등 다양한 철강 슬러지의 중금속 함량과 용출시험 결과 유해성 기준 이하라고 강조했다.

> 폐기물공정시험법에 의거 중금속 용출시험을 실시한 결과, 폐기물의 중금속 용출량은 모두 유해성 판단 기준값 이

슬래그 종류	분석 방법	크롬	구리	아연	비소	카드뮴	납
제철 중화 케이크	중금속 함량 검사	41,831	1,812	485	101	8	795
	중금속 용출 검사	Tr	Tr	Tr	Tr	Tr	0.79
제철 슬래그	중금속 함량 검사	80,211	210	89	47	Tr	2
	중금속 용출 검사	0.4	0.2	0.14	Tr	Tr	Tr
압연 종말 슬러지	중금속 함량 검사	2,633	6,711	5,303	62	Tr	263
	중금속 용출 검사	Tr	0.03	Tr	Tr	Tr	Tr
냉연 슬러지	중금속 함량 검사	570	869	725	63	Tr	5
	중금속 용출 검사	Tr	0.02	0.12	Tr	Tr	Tr

출처 : 쌍용양회기술연구소 · 한국지질자원연구원, 〈철강 산업 슬러지의 복합 처리에 의한 실용화 기술 개발〉, 2003

하(Tr)로 검출되어 본 연구 대상 제철 폐기물 모두가 일반폐기물임을 알 수 있다.

크롬, 구리, 아연, 비소 등 인체 유해 중금속 함량이 최대 수만 ppm인데 용출량은 미미하거나 모두 유해성 판단 기준값 이하였다. 중금속은 물에 잘 녹지 않는 특성 때문이다. 인체 유해 중금속이 수천수만 ppm이어도 용출량은 대부분 불검출이다. 이처럼 쓰레기 시멘트에 중금속이 아무리 많아도 용출시험에서는 불검출이 될 수밖에 없다. 중금속이 용출되지 않았다고 쓰레기 시멘트가 국민 건강에 안전하다는 보장이 없다.

시멘트를 쓰레기로 만들지 않으면 시멘트 제품에 발암물질과 중금속이 거의 없다. 온갖 쓰레기로 유해 물질 가득한 시멘트를 만들어놓고, 용출시험 결과 안전하다는 환경부의 주장은 거짓말이다.

환경부가 국민을 속여왔다

7

환경부가 쓰레기 시멘트를 정식 허가한 때가 1999년 8월이다. 그러나 환경부는 쓰레기 사용 기준, 시멘트 안전기준 하나 없이 쓰레기 시멘트를 허가했다. 2005년 3월 KBS-1TV 〈환경스페셜-콘크리트, 생명을 위협하다〉에서 시멘트의 발암물질 6가크롬 문제를 지적했다. 2006년 9월, 궁지에 몰린 환경부가 시멘트 제품의 6가크롬을 2008년부터 30mg/kg, 2009년부터 20mg/kg 자율 기준을 설정 · 관리하겠다고 발표했다. 쓰레기 시멘트를 허가한 지 10년이 돼서야 기준을 마련한 것이다.

EU는 6가크롬 2mg/kg이 넘는 시멘트는 시중에 판매할 수 없도록 강제 규정을 시행하고 있다. 환경부는 EU의 2mg/kg 대신 일본의 자율 기준 20mg/kg을 적용했다. 동일 시료에 대한 분석 값을 비교한 결과, 일본의 자율 기준이 다소 강화된 기준으로 판단된다는 이유였다. 이후 환경부는 국립환경과학원을 통해 매달 국내 모든 시멘트 제품을 분석한 결과, 기준치인 20mg/kg 이내로 안전하다고 지금까지 16년째 발표하고 있다. 그러나 이는 거짓말임이 최근 밝혀졌다.

환경부	보도 참고자료		
	□ '06. 9. 배포	담당부서	환경부 환경정책실 유해물질과
	□ 사진 없음	담 당 자	김영훈 과장/ 조규석 사무관
	□ 총 4 쪽	연 락 처	02-2110-7961/ choks@me.go.kr

시멘트의 크로뮴(6+) 관리방안 발표

◇ 크로뮴(6+) 함유기준 단계별 20㎎/㎏ 이하로 설정·관리

- 2008년 30㎎/㎏, 2009년 20㎎/㎏ 이하로 설정

5. 외국의 시멘트 기준

국가별	기 준 (mg/kg)	시 험 법	규제일자	법 령
EU	2	시멘트 (EN 196-10) Determination of the water-soluble chromium (VI)content of cement	2005.1.17	EUROPEAN DIRECTIVE 2003/53/EU (2003. 2. 20)
일본	20	일본시멘트협회 표준시험 방법(JCAS I-51-1981)	1989. 9	자율규정

※ EU와 일본이 크로뮴(6+) 함량기준을 각각 2, 20㎎/㎏으로 정하고 있으나 동일 시료에 대한 분석값을 비교한 결과 일본기준이 다소 강화된 기준인 것으로 판단됨(유럽용출시험법으로 시험결과 크로뮴(6+)함량 1.6, 0.88㎎/㎏은 일본 시멘트협회시험법으로는 각각 35.8, 28.2㎎/㎏으로 나타남)

환경부가 EU와 일본 기준을 비교한 결과, 일본 기준이 강화된 기준이라고 발표했다.

환경부	보 도 자 료		보도시점	자료배포일	매수
					4매 (사진없음)
	담당 부서	자원순환국 산업폐기물과	최종원 과장 / 02-2110-6927		
		국립환경과학원 자원순환센터	오길종 센터장 / 이정희 연구관 032-560-7911		

국산 시멘트 제품 6가크롬 자율기준 이내로 나타나

◇ '09.7월 출하 국내 시판 9개사 11개 공장 시멘트의 6가 크롬 분석결과, 모두 자율기준(20㎎/㎏) 이내

환경부는 시멘트 분석 결과 모두 자율 기준 20mg/kg 이내라고 지속적으로 보도 자료를 배포하며 발암 시멘트를 합리화해왔다.

2022년 6월, 노웅래 의원이 국립환경과학원에 (주)삼표시멘트, 쌍용C&E, 한라시멘트(주) 제품을 일본과 EU의 시험법으로 비교 분석을 의뢰했다. 결과는 충격적이었다. EU 기준 2mg/kg보다 일본 자율 기준 20mg/kg이 강하다는 환경부의 주장이 거짓임이 밝혀진 것이다. 비교 분석을 의뢰한 3개 시멘트 제품 모두 일본 자율 기준 20mg/kg 이내지만, EU 기준 2mg/kg을 초과했다. (주)삼표시멘트 제품은 9.02mg/kg으로 EU 기준의 4.5배가 넘었다. 쌍용C&E 제품은 4.96mg/kg, 한라시멘트(주) 제품은 4.91mg/kg으로 EU 기준의 2배 이상 검출됐다.

EU 기준에 따르면 대한민국의 시멘트는 시중에 유통돼선 안 되는 유독물이다. 환경부가 시멘트 기업의 돈벌이를 위해 16년 넘게 국민을 속여온 것이다. 우리는 환경부 때문에 발암물질 가득한 시멘트로 지은 아파트에 살고 있다.

6가크롬 분석 결과 비교

(단위 : mg/kg)

구분	대한민국 시험법 (KS L 5221)	EU 시험법 (EN196-10:2006)
(주)삼표시멘트	17.66	9.02
쌍용C&E	7.36	4.96
한라시멘트(주)	10.79	4.91
기준값	20.00(자율 협약)	2.00(법적 기준)

출처 : 노웅래 의원, 〈친환경 시멘트라더니… 발암물질 유럽의 4배〉

건축재가 아니라 유독물이다

중국산 시멘트와 국내 시멘트 제품을 분석했다. 중국산 시멘트는 6가크롬이 불검출인데, 국내 시멘트는 110mg/kg 검출됐다. 환경부가 믿을 수 없다고 억지를 부렸다. 환경부가 공인하는 한국세라믹기술원과 한국화학융합시험연구원에 다시 분석을 의뢰했다. 77mg/kg과 73mg/kg이 검출됐다. 환경부 안전기준 20mg/kg을 훨씬 초과하는 결과다.

6가크롬 77mg/kg과 73mg/kg을 EU 기준 2mg/kg으로 환산하면 39.32mg/kg과 37.28mg/kg으로 18.6~19.6배에 이른다. 이는 건축재가 아니라 국민을 죽이는 유독물이다. 그런데도 환경부와 시멘트 업계는 지금까지 사과 한마디 없이 더 많은 쓰레기를 사용하기 위한 꼼수만 부리고 있다.

6가크롬 분석 결과 비교

(단위 : mg/kg)

구분	한국 시험법 (KS L 5221)	EU 시험법 (EN196-10:2006)
한국세라믹기술원	77	39.32(19.6배)
한국화학융합시험연구원	73	37.28(18.6배)
기준값	20.00(자율 협약)	2.00(법적 기준)

국민을 병들게 하는 환경부의 이상한 기준

8

어디서 나온 쓰레기를 시멘트 공장에 가져왔을까? 시멘트를 온갖 비가연성 쓰레기로 만들며 발암 물질이 함량이 늘고 있다.

수질환경보전법, 대기환경보전법 등 국내 다양한 법에 6가크롬 허용 기준이 있다. 6가크롬이 시멘트에만 존재하는 것이 아니기 때문이다. 각종 법에 따른 6가크롬 기준을 살펴보자. 환경정책기본법과 수도법의 6가크롬 안전기준은 0.05mg/ℓ 이하다. 6가크롬의 인체 위해성이 크기 때문에 수치가 낮게 책정된 것이다. 폐기물관리법에 지정 폐기물 유해 물질 함유 기준이 1.5mg/ℓ 이하, 토양환경보전법에 토양오염 우려 기준이 1지역 4mg/kg, 2지역 12mg/kg으로 구분된다.

각종 법령의 6가크롬 허용 기준

법령	허용 기준	6가크롬 기준
환경정책기본법	수질 환경 기준	0.05mg/ℓ 이하(하천, 호수)
대기환경보전법	배출 허용 기준	크롬 화합물 1.0mg/m³ 이하
수질환경보전법	배출 허용 기준	-청정 지역 : 0.1mg/ℓ 이하 -1·2지역 : 0.5mg/ℓ 이하
폐기물관리법	지정 폐기물 유해 물질 함유 기준	1.5mg/ℓ 이하
유해화학물질관리법	유독물 지정 기준	크롬산 염류와 이를 0.1% 이상 함유한 혼합 물질
토양환경보전법	토양오염 우려 기준	1지역 4mg/kg, 2지역 12mg/kg
수도법	음용수 수질 기준	0.05mg/ℓ 이하
먹는물관리법	먹는 물·먹는 샘물 수질 기준	0.05mg/ℓ 이하
지하수법	지하수 수질 기준	0.05mg/ℓ 이하(생활용수)
산업안전보건법	작업환경 유해 물질 허용 농도	0.05mg/m³

출처 : 환경부, 〈시멘트의 크롬(6+) 관리 방안 발표〉

우리 아이들이 24시간 살아가는 집을 짓는 시멘트의 6가크롬 기준은 가장 높은 20mg/kg이다. 건축재인 시멘트의 안전기준이 토양오염 우려 기준보다 높다. 다시 말해 오염된 토양보다 유해성 높은 시멘트로 지은 집에 사는 셈이다.

시멘트의 6가크롬 기준 20mg/kg이 정말 우리 아이들에게 아무 위해를 가하지 않는 기준일까? 아니다. 환경부는 시멘트의 6가크롬이 어떤 피해를 주는지 조사해본 적이 없다. 환경부는 쓰레기를 소각해 시멘트를 만드는 일이 재활용이라고 주장한다. 시멘트 공장에서 쓰레기를 많이 사용할수록 환경부의 재활용 실적이 올라간다. 환경부가 국내 최대 환경 유해 시설에 온갖 쓰레기를 떠넘기는 이유다. 쓰레기를 넣지 않으면 6가크롬 없는 안전한 시멘트가 될 수 있음을 기억해야 한다.

세계는 6가크롬의 위해성을 강조한다

6가크롬은 얼마나 해로운 물질일까? 《생활 속의 유해 물질 사전》을 보니 6가크롬은 호흡이나 섭취, 피부 등 다양한 경로를 통해 체내로 들어오며, 인체 위해성이 크다. 특히 손상된 피부를 통해 흡수가 증가한다. 적혈구를 통과한 6가크롬은 비장과 간, 골수 등에 저장되며, 태반과 모유를 통해 태아와 영아에게 영향을 미친다.

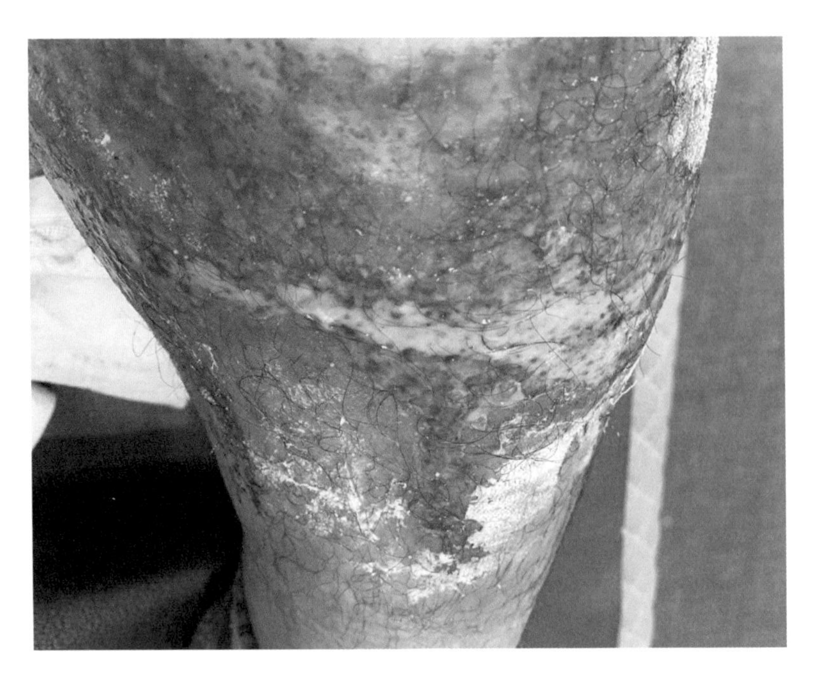

콘크리트 작업을 하다 강알칼리인 시멘트로 인해 다리에 심각한 화상을 당했다. 물에 젖은 시멘트는 피부에 화상을 일으키는 독성 물질이며, 6가크롬이 손상된 피부로 흡수된다.

벽돌 제조 작업장 노동자들이 마스크도 없이 발암물질이 든 시멘트 가루를 마시고 있다. 매일 시멘트 가루를 마시는 노동자의 건강을 위해서도 시멘트 안전기준이 시급하다.

단체명	6가크롬 발암 특성 규정
미국환경보호청(EPA)	흡입에 의한 발암물질(carcinogen Group A)
국제암연구기관(IARC)	인체 발암성이 있는 물질(carcinogenic to human, Group 1)
미국직업안전위생국(OSHA)	인체 발암물질
미국국립산업안전보건연구원(NIOSH)	인체 발암물질
미국산업위생전문가협회(ACGIH)	인간에게 폐암을 증가시키는 발암물질(A1)
대한민국 고용노동부	사람에게 충분한 발암 증거 있는 물질(1A)

미국환경보호청과 국제암연구기관은 6가크롬을 '인체 위해한 발암물질'로 규정한다. 고용노동부는 노동자에게 암 발생을 최소화하기 위한 기준으로 하루 평균 8시간 근무할 때 시간가중평균농도(Time Weighted Average, TWA)로 수용성 6가크롬 화합물의 노출 기준을 0.05mg/m³로 설정하고 있다. 그러나 미국직업안전위생국은 2006년 6가크롬 기준을 0.05mg/m³에서 0.005mg/m³으로 10배 강화했고, 미국국립산업안전보건연구원도 6가크롬 권고 기준을 2013년 0.001mg/m³에서 0.0002mg/m³으로 5배 강화했다. 6가크롬 노출 기준을 강화하는 것은 크롬의 화학적 상태에 따라 인체의 건강에 미치는 영향이 크기 때문이다. 세계는 6가크롬의 인체 위해성을 인식하고 규제 기준을 강화하는데, 환경부는 시멘트가 굳으면 유해 물질이 나오지 않는다는 거짓말로 국민을 속여왔다.

6가크롬이 위험한 까닭

9

국민의 건강을 위협하는 쓰레기 시멘트를 퇴출시켜야 하는 이유가 있다. 시멘트에 있는 6가크롬은 수용성이다. 이는 6가크롬이 콘

실제 구조물에서 채취한 콘크리트의 6가크롬 용출 농도

구조물	사용 연수	6가크롬 농도(mg/ℓ)		
		표면에서 거리 1~10mm	표면에서 거리 1~20mm	내부
1	1년	0.036	-	0.022
		0.036		
2	약 30년	0.032	0.027	0.027
3	25년	0.020	-	0.002
4	약 30년	0.027	0.013	-
		0.027		
5		0.027	-	0.032
		0.020		
6		0.020	-	0.019
		0.032		

출처 : 《콘크리트와 환경》, 사단법인 한국콘크리트학회, 2016

크리트 표면 쪽에 위치해 언제든 겉으로 드러나고, 국민 건강에 위해를 가할 확률이 높다는 의미다.

(사)한국콘크리트학회가 2016년에 발간한 《콘크리트와 환경》 2판에서 군산대학교 이승헌 교수는 콘크리트 내부보다 표면에 6가크롬 함량이 높다는 조사 결과를 밝혔다. 이 교수는 1년, 25년, 30년 된 콘크리트 시료를 채취해 표면부터 거리상 6가크롬의 농도를 측정했다. 25년 된 건축물 표면인 1~10mm에는 6가크롬이 0.020mg/ℓ인데, 내부에는 1/10에 불과한 0.002mg/ℓ가 검출됐다. 다른 콘크리트 시료도 내부보다 표면에 6가크롬 함량이 많았다.

쓰레기를 더 많이 넣으라는 환경부

10

한일시멘트(주) 단양공장에 쓰레기를 가득 실은 트럭이 줄줄이 대기 중이다.

환경부가 시멘트를 쓰레기로 만들기 위해 국민 혈세를 퍼부어 시멘트 업체에 용역을 의뢰한 예를 찾아봤다. 쓰레기 시멘트 허가 이전에 최소한의 안전기준 마련은 물론이요, 쓰레기 시멘트의 인체 위해성 조사는 당연한 일이다. 그러나 환경부는 쓰레기 시멘트를 허가한 지 23년이 지난 지금까지 제대로 조사하지 않았다. 대신 시멘트 제조에 더 많은 쓰레기를 사용하는 방법을 찾기 위한 용역에 수십억 원을 내줬다.

쓰레기 시멘트의 유해성을 지적하는 보고서를 찾아냈다. 《혼화재를 혼입한 콘크리트의 수화 가스 발생 특성과 예측 및 모델화를 통한 유해성 평가에 관한 연구 최종 보고서》다. 그런데 이 용역 발주처는 국토교통부다. 용역 비용도 1억 원이다. 〈디스크 이동식 폐타이어 열분해 실증 공정 개발〉이란 보고서는 열분해 방식으로 폐타이어를 다시 기름으로 만드는 내용이다. 이 용역 발주처는 지식경제부다. 환경부가 쓰레기로 시멘트 만드는 방법에 골몰하는 동안, 국토교통부와 지식경제부는 쓰레기 시멘트의 위험성과 폐기물의 친환경적인 재활용 방법을 찾고 있었다. 환경부가 존재 이유를 잃어버린 것이다.

환경부 시멘트 업계 용역 보고서	용역 비용	발주처
철강 산업 슬러지의 복합 처리에 의한 실용화 기술 개발	25억 6,600만 원	환경부, 과학기술부
폐플라스틱 등을 활용한 시멘트 제조 공정 연소 시스템 개발 및 복합 오염 물질 저감 실증	7억 원	환경부
오염 방지와 폐플라스틱 소각 후 남은 폐기물 처리	25억 원	환경부
석면 함유 폐슬레이트 유해 물질 저감	10억 원	환경부

발 간 등 록 번 호
11-1613000-001583-01

국토교통기술촉진연구사업

14CTAP-C078857-01

혼화재를 혼입한 콘크리트의 수화가스 발생특성과 예측 및 모델화를 통한 유해성 평가에 관한 연구 최종보고서

2016. 10. 12

주관연구기관 / 전북대학교

국 토 교 통 부
국토교통과학기술진흥원

디스크 이동식 폐타이어 열분해 실증 공정 개발

Study on Wate Tire Pyrolysis Demonstration Plant with Moving Disks inTube Reactor System

(주)동성에코어
한국에너지기술연구원

지식경제부

보고서 요약서

과제고유번호	14CTAP-C 078857-01	해 당 단 계 연 구 기 간	14.08.27 ~ 16.08.26	단 계 구 분	14.08.27 ~ 16.08.26	
연 구 사 업 명	국토교통기술촉진연구사업					
연 구 과 제 명	최 상 위 과 제 명	혼화재를 혼입한 콘크리트의 수화가스 발생특성과 예측 및 모델화를 통한 유해성 평가				
	단위과제명					
연 구 책 임 자	장홍석	총연구기간 참 여 연구원수	총 : 8 명 내부 : 8 명	총연구비	정부:100,000천원 계 :100,000천원	
연구기관명 및 소 속 부 서 명	전북대학교 산학협력단		참여기업명			
국제공동연구	상대국명 :			상대국연구기관명 :		
요약(연구결과를 중심으로 개조식 500자 이내)				보고서면수	84	
본 연구는 혼화재료를 혼입한 콘크리트의 수화과정에서 방출되는 가스의 분석프로세서 구성 및 재령별 그 방출 특성을 분석하며, 그 분석 데이터를 컴퓨터 및 소프트웨어공학과 연계하여 Artificial Neural Network 알고리즘 모델에 적용 및 평가분석한 종합적 연구임. 특히, 콘크리트 수화가스 분석 프로세서 적립과 분석, 각종 혼화재료의 재료혼입별, 재령별 가스종류 및 발생량 평가, 다양한 변수와 수화가스 발생특성 관계 S/W 적용 및 평가모델 도출, 재료화학 및 병리학적 자료를 통한 모델의 유해성 실태 평가 등의 연구수행을 통하여 혼화재료의 혼입에 따른 수화가스 특성, Artificial Neural Network 모델을 활용한 평가 등을 진행하였음. 본 연구를 통하여 혼화재를 혼입한 다양한 콘크리트에서 발생하는 암모니아, 휘발성유기화합물, 라돈 등의 분석 프로세서를 적립하였고 수화가스 발생량을 측정하여 ANN 모델의 다양한 알고리즘에 적용하여 평가 분석 결론을 도출하였음. 이는 콘크리트 실내 환경 개선 분야의 선도적인 연구 성과로 기대되며, 콘크리트 수화가스의 인체에 대한 영향을 재료화학 및 병리하적 자료를 근거로 유해성 실태 평가를 통하여 콘크리트 제품에 대한 환경적 기준을 제시함과 동시에 주거환경 개선과 국민 건강 확보에 기여하고자 할 수 있을 것으로 기대됨.						
색 인 어 (각 5개 이상)	한 글	콘크리트 수화가스, 실내공기, 혼화재료, 평가 및 모델링,유해성				
	영 어	Concrete hydration gas, Indoor air, Admixture, Assessment and Modeling, Risk				

신 · 재생에너지기술개발사업 최종보고서 초록

(분야명 : 폐기물)

연구관리번호		2006-N-WA02-P-01	과제구분	(프로젝트형, 일반 과제)			
과제명	국 문	디스크 이동식 폐타이어 열분해 실증공정 개발					
	영 문	Study on Wate Tire Pyrolysis Demonstration Plant with Moving Disks inTube Reactor System					
사업주관기관		(주)동성에코어	수행책임자	소속	(주)동성에코어	전화번호	
				성명	김기경	fax	
						e-mail	
참 여 기 업		-	위탁기관	한국 에너지 기술 연구원			
사 업 기 간		2006 년 8 월 1 일 ~ 2009 년 7 월 31 일 (3년)					
사업비	구 분	1차년 (2007)	2차년 (2008)	3차년 (2009)	4차년( )	5차년( )	계
	정부출연	1,296,000천원	661,000천원	471,000천원	천원	천원	2,428,000천원
	민간부담	450,000천원	260,000천원	190,000천원	천원	천원	900,000천원
	현금	190,000천원	120,000천원	85,000천원	천원	천원	395,000천원
	현물	260,000천원	140,000천원	105,000천원	천원	천원	505,000천원
	계	1,746,000천원	921,000천원	661,000천원	천원	천원	3,328,000천원
보고서 내용의 KEY WORDS (한글/영문)	한글	폐타이어, 열분해, 실증설비, 시운전, 카본블랙, 재생오일, 비응축가스					
	영어	Waste tire, Pyrolysis, Demonstration plant, Commissioning, Carbon black, Recovered oil, Non condensing gas					
연구결과요약 분석 (연구결과 중심으로 개조식 700자이내)		폐타이어는 9,000kcal/kg 가량의 열량을 보유한 유용한 신재생에너지원임에도 불구하고 현재 재활용 방법이 단순 소각에만 편중되어 있어 고급 에너지로의 전환이 필요하다. 그동안 폐타이어 열분해에 관한 많은 연구가 이루어졌지만, 반응기 내 코킹 문제와 경제성으로 인해 상용화 개발은 어려운 실정이다. 이에 따라 본 연구에서는 디스크 이동식 폐타이어 열분해 실증 설비(10톤/일)를 개발함으로써 폐타이어 열분해 상용화에 한발 나아갔다. 본 연구에서는 10톤/일 규모의 디스크 이동식 폐타이어 열분해 설비를 설계, 제작하였으며, 시운전을 통하여 폐타이어 열분해의 안정적인 연속 운전이 가능함을 확인하였다. 시운전 결과 반응기 내부 온도는 500~600℃, 내부 압력은 -80~-100mmHg, 체류시간은 60~90min 범위에서 안정적인 열분해가 일어났으며, 폐타이어 열분해 최종 생성물인 오일, NC 가스, 열분해 카본블랙의 분석도 수행하였다. 또한 이번 과제 수행을 통해 NC 가스의 연소기를 개발 적용하여 NC 가스의 열분해 열원으로 사용 가능성을 확인하였으며, NC 가스 연소 시 대기 측정을 통하여 규제치도 만족함을 확인할 수 있었다. 그리고 반응기 표면을 개조하여 열분해 시 코크가 잘 증착되지 않는 기술을 개발하였으며, 폐타이어 열분해 최종 생성물의 부가가치를 향상시키기 위하여 산세척,						

용역 보고서	용역 비용	발주처
혼화재를 혼입한 콘크리트의 수화 가스 발생 특성과 예측 및 모델화를 통한 유해성 평가에 관한 연구 최종 보고서	1억 원	국토교통부
디스크 이동식 폐타이어 열분해 실증 공정 개발	33억 원	지식경제부

세계 최고 발암물질 전환율, 대한민국 석회석

강원도 자병산의 한라시멘트(주) 광산. 석회석 품질 때문에 표층 부근만 채석해 산림 훼손 면적이 심각하다.

시멘트 공장		석회석 품위 (%)	
		산화칼슘	알루미나
쌍용C&E 동해공장	일반	47.68	2.48
	고품위	51.93	0.98
쌍용C&E 영월공장	일반	44.95	2.22
	일반	46.06	1.89
태평양시멘트		53.29	0.61

시멘트의 주원료는 석회석이지만, 나라마다 석회석 품질이 다르다. 시멘트 소성로에서 고온의 열을 받아 발암물질 6가크롬으로 전환하는 비율은 석회석 품질이 좌우한다. 일본과 한국 시멘트 공장의 발암물질 전환율은 2배 차이가 난다. 국내 석회석 품질이 낮기 때문이다. 쌍용C&E가 자사 동해공장과 영월공장, 일본 태평양시멘트의 석회석 품질을 비교한 표를 입수했다.

대한민국에 가장 풍부한 자원이 석회석이다. 그러나 중국이나 일본보다 석회석 품질이 낮다. 국내 석회석은 좋은 시멘트가 되는 산화칼슘(CaO) 성분 함량이 적고, 발암물질이 높아지는 알루미나(Al_2O_3) 성분 함량이 많다. 석회석은 시멘트뿐 아니라 제철, 화학제품 등에 다양하게 쓰인다. 제철소에서 철을 녹이는 과정에 석회석을 다량 사용한다. 제철소 용광로에는 품질 좋은 석회석이 필요하다. 국내 석회석이 풍부해도 제철소는 수입 석회석에 의존한다.

한국지질자원연구원의 광물자원통계포털에 따르면 우리나라는 일본, 베트남, 중국, 필리핀 순으로 석회석을 수입하고, 그 외에도 이탈리아, 튀르키예, 미국, 모로코, 노르웨이 등에서 수입한다. 한국지질자원연구원 광물자원연구본부가 조사한 〈국내 주요 5개 산업 광물의 수급 분석〉에 따르면 일본 석회석은 주로 제철과 탄산칼슘용, 베트남 석회석은 탄산칼슘과 석회용, 중국 석회석은 탄산칼슘과 제철, 유리용으로 사용한다. 고품위 탄산칼슘용 석회석은 대부분 수입에 의존하는 실정이다.

이제야 실토하는 시멘트 기업

2022년 6월, EU의 시멘트 6가크롬 기준 2mg/kg과 대한민국 기준 20mg/kg이 동일하다는 환경부와 시멘트 업계의 주장이 거짓임이 밝혀졌다. 다급해진 한국시멘트협회가 2022년 9월 20일, '국내 석회석 품질이 나빠 시멘트에 발암물질이 높을 수밖에 없다'는 해명 자료를 국회에 제출했다. 한국시멘트협회가 국내 석회석 품질이 나쁘다는 것을 공식적으로 인정한 셈이다. 시멘트 업계가 폐기물을 사용하지 않더라도 유연탄만으로 시멘트에 6가크롬이 7ppm이 나온다며, EU 기준을 당장 적용하기 어려우니 개선할 시간이 필요하다고 강조했다. (주)유니온이 한국시멘트협회의 해명 자료가 거짓임을 입증한다. (주)유니온은 국내 석회석을 주원료로 하고 유연탄만으로 시멘트를 만들지만, 6가크롬이 불검출이기 때문이다.

시멘트에 6가크롬이 생기는 원인은 석회석도, 유연탄도 아니다. 시멘트를 쓰레기로 만들었기 때문이다. 시멘트 업계는 쓰레기 처리 비용을 벌기 위해 치졸한 거짓말로 국민을 기만하고 있다.

시멘트 6가크롬 국내·외 현황 및 검토결과

('22.9.20, 한국시멘트협회/한국시멘트신소재연구조합)

2. 순환자원의 6가크롬 영향 및 유럽기준 적용 검토

(1) 순환자원 연료 사용에 따른 6가크롬 함량 변동성

1 ○ 국내 클링커 내 **총크롬 함량은 46.9 ppm** 이며, 순환자원을 사용하지 않고 유연탄만 사용 시에도 **6가크롬 함량은 7 ppm 수준임**

- **순환자원 사용에 따른 클링커 내 6가크롬 함량 변화는 0.9 ppm 내외**로 **큰 영향을 미치지 않는 것**으로 나타남

구 분	클링커	유연탄만 사용시
총크롬 함량 (ppm)	46.9	41.4
6가크롬 함량 (ppm) (전환율 16.9% 적용)	7.9	7.0

* 7개 시멘트사 총함량 조사자료 및 전환율을 고려하여 계산

(2) 유럽 6가 크롬 함량 규제기준 적용의 적합성 검토

○ 유럽(보스니아) 시멘트사의 시멘트 원료 내 총 크롬 함량 분석 결과, **석회석에는 0.282 ppm**의 크롬이 함유되어 있었으며, **원료별 총 크롬 함량이 2 ppm 미만**

Table 1. The concentration of chromium (ppm) in raw materials and coal used in cement manufacturing in the FCL

Raw materials	Concentration (ppm)	Raw materials	Concentration (ppm)
Limestone	0.282	Slag	0.134
Ash	1.994	Gypsum	0.002
Sand	1.520	Coal	0.994

2 ○ 유럽은 중금속 함량이 적은 고품위 원료를 사용하기 때문에 **유럽기준(2ppm)을 국내 기준에 바로 적용하는 것은 원료 품질 차이로 부적합**

3. 검토결과

(1) 시멘트 원료의 품질 및 6가크롬 저감 한계성

3 ○ **국내 석회석의 품질이 일본산이나 유럽에 비하여 좋지 않은 것은 해외 자문을 통하여 최종 확인** [세부 자문내용 첨부]

- 한국은 6가크롬 형성에 기여하는 Na_2O나 K_2O 성분 함량이 높아 **일본의 6가크롬 전환율(11.6%)**와 비교하여 **높은 전환율(16.9%)**을 나타내는 것으로 추정

한국시멘트협회는 해명 자료에 '쓰레기를 넣지 않고 유연탄만 넣어도 6가크롬이 7ppm'이라고 거짓말했고, '유럽은 고품위 석회석을 쓰며' '국내 석회석 품질이 일본과 유럽보다 나빠 발암물질 전환율이 높다'고 시인했다.

토양과 지하수까지 오염하는 쓰레기 시멘트

11

삽교호 송전탑 공사 현장에서 시멘트가 수변으로 넘쳐흐르며 토양과 지하수를 오염하고 있다.

시멘트가 줄줄 흐르며 주변 토양을 오염하고 있다. 송전탑 기초공사가 한창인 충남 아산 삽교호다. 한국전력공사가 송전탑 구멍을 뚫고 파이프를 박은 뒤, 그 안에 시멘트를 주입했다. 파이프에서 넘쳐흐른 시멘트가 토양은 물론, 지하수와 주변 수질을 오염하고 있다. 시멘트에는 6가크롬이 있고, 6가크롬은 수용성이라 주변 지하수나 토양을 오염하기 쉽다.

송전탑 기초공사에서 시멘트로 인한 6가크롬 오염이 발생한다고 한국전력공사 담당자가 쓴 보고서를 찾았다. 345kV 신양양분기 송전선로 건설공사 김진탁 과장은 〈복합 지반에서의 System화된 심형 기초 굴착 방법(EMP, SPG 공법)을 이용한 VE 사례〉에 다음과 같이 강조한다.

> 친환경 무기질계 영구 그라우팅(SPG, Special Green & Permanent Grouting Method) 공법으로 일정한 깊이까지 천공 후 Sleeve Pipe(PE 전선관, D40~50mm)를 지중에 삽입한 후 Sleeve Pipe 내에 SPG 시멘트 등을 주입하여 지반을 균일하게 보강하는 것인데, 시멘트 성분 재료에서 6가크롬과 같은 유해 성분이 유출되어 주변 지반과 지하수를 오염시키게 된다.

과연 시멘트에서 6가크롬이 쉽게 나와 주변을 오염할 수 있을까? 시멘트를 반죽한 통을 씻은 물을 한국화학융합시험연구원에 분석 의뢰했다. 6가크롬이 시멘트에서 6mg/kg, 통을 씻은 물에서 0.6mg/ℓ 검출됐다.

복합지반에서의 System화된 심형기초 굴착방법(EMP, SPG공법)을 이용한 VE사례

글 | 김진탁 | 345kV 신양양분기 송전선로 건설공사 과장 || 전화 : 033-672-7360 || E-mail : key666666@ssyenc.com

3 EMP 공법

3-1. 공법 개요

EMP(Ez-Mud Piling) 공법이란 천공 시 공벽의 붕괴 우려가 있고, Auger Screwbit로 천공이 불가능한 N치 50 이상의 자갈층, 호박돌층 및 사석층등의 지층을 EMP Hammer를 이용하여 천공하고, 동시에 Air 공급 Line을 통해 Injection Pump로 Ez-mud 안정액을 분사하여 Air에 의해 천공 Slime과 Ez-mud 안정액을 교반하여 공벽에 부착시킴으로써 안정된 지지층까지 일시적으로 공벽을 유지시켜 주는 공법이다.

3-2. EMP 공법의 장·단점

(1) Down Hole Drilling공법 중 Casing을 사용하지 않기 때문에 공정이 가장 단순하고 공기가 빠르다.

(2) 붕괴 우려가 있는 지층(N치50 이상의 자갈층, 호박돌층 및 사석층 등)에서 Casing을 사용하지 않고, Ez-mud 안정액을 분사

- 천공은 공기압축기를 이용한 EMP Hammer와 Button Bit의 타격력에 의해 천공한다.
- 천공과 동시에 안정액을 분사하여 Drilled Hole을 유지하면서 천공한다.
- 지지층까지 천공이 완료되면 Air에 의한 Surging 작업을 2~3회

(3) EMP Hammer 및 Rod 회수

(4) 철근망 삽입

(5) 콘크리트 타설

(6) 장비이동

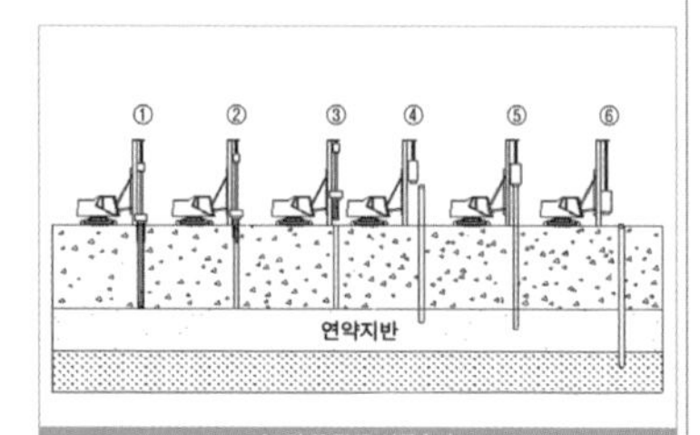

[그림 3] EMP 시공순서

3-5. EMP 공법 세부공정

간적으로 치밀한 조직을 형성하므로 고강도를 유지하고 기간에 다른 강도저하가 없는 항구적 그라우팅재이다.

4) 시멘트 성분재료에서 용탈작용이 발생할 경우, 6가 크롬과 같은 유해성분이 유출되어 주변지반과 지하수를 오염시키게 된다.

구분	6가크롬
시멘트	6mg/kg
시멘트 통 세척수	0.6mg/ℓ

BEYOND ASIAN HUB, TOWARD GLOBAL WORLD

TEST REPORT

우 17162 경기도 용인시 처인구 양지면 중부대로2517번길 42-27 TEL (031) 679-9515 FAX (031) 336-2427

성적서번호 : TAY-000743
대 표 자 : 최병성
업 체 명 : 최병성
주 소 : 경기도 용인시 기흥구

접 수 일 자 : 2016년 07월 29일
시험완료일자 : 2016년 08월 12일

시 료 명 : 시멘트

시 험 결 과

시험항목	단위	시료구분	결과치	시험방법
Cr6+	mg/kg	-	6	KS L 5221 : 2007

* 용 도 : 품질관리용

BEYOND ASIAN HUB, TOWARD GLOBAL WORLD

TEST REPORT

우 17162 경기도 용인시 처인구 양지면 중부대로2517번길 42-27 TEL (031) 679-9515 FAX (031) 336-2427

성적서번호 : TAY-000745
대 표 자 : 최병성
업 체 명 : 최병성
주 소 : 경기도 용인시

접 수 일 자 : 2016년 07월 29일
시험완료일자 : 2016년 08월 03일

시 료 명 : 콘크리트 세척수

시 험 결 과

시험항목	단위	시료구분	결과치	시험방법
Cr6+	mg/L	-	0.614	수질오염공정시험기준 : 2016

* 용 도 : 품질관리용

6가크롬이 시멘트에서 6ppm, 이 시멘트를 작업한 세척수에서 0.614ppm 검출됐다.

쓰레기 시멘트로 토양과 지하수 오염이 심각하다

지난 2011년, 낙동강 상주보 아래 공사가 한창이던 때의 모습을 보자. 보 공사가 끝나 물을 채웠다가, 물을 다 빼내고 공사 중이다. 보에서 떨어지는 물로 바닥 보호공이 유실되자, 보의 붕괴를 막기

낙동강 상주보의 붕괴를 막기 위해 파이프 속으로 시멘트를 주입하고 있다.

위해 파이프를 박고 그 안에 시멘트를 주입하는 공사를 하는 것이다. 낙동강 함안보에는 레미콘 차량이 늘어섰다. 보에서 쏟아진 물로 강바닥이 파이자 강물에 시멘트를 퍼부은 것이다.

시멘트는 아파트와 도로 공사에만 사용하는 게 아니다. 지반 보강, 호안 보강, 차수벽 등 다양한 공사에 사용한다. 저수지나 방조

낙동강 함안보 아래 파인 강바닥에 시멘트를 퍼붓고 있다.

제, 기초 암반과 연약 지반 등을 차수 혹은 보강할 경우 그라우팅(grouting) 공법이 가장 많이 쓰인다. 그라우팅은 기초 지반에 생긴 균열, 절리, 공동 같은 틈새를 채워 지반의 강도를 증진하기 위해 천공기로 구멍을 뚫은 뒤 주입 펌프로 그라우트를 넣어 굳히는 과정이다. 그라우트로 시멘트를 사용한다. 쓰레기 시멘트에 함유된 6가크롬이 나와 지하수와 토양을 오염하는 게 문제다.

일본은 20여 년 전에 기준을 마련했다

일본은 지난 2000년 시멘트 그라우팅 현장에서 6가크롬이 나와 환경문제가 발생하자, 건설성이 엄격한 규정을 만들었고 전국 곳곳에서 공사 중단 사태가 벌어졌다. 건설성은 공사 전에 6가크롬 용출시험을 해서 토양오염 우려 기준(0.05mg/ℓ)을 초과할 경우, 배합 설계나 공법을 바꿔 용출량이 토양오염 우려 기준 이하인 것을 확인하도록 규정했다.

일본은 시멘트 공사 중 6가크롬에 따른 토양과 지하수 오염을 막기 위한 규정을 2000년에 제정했다. 그러나 대한민국은 발암물질 많은 쓰레기 시멘트로 공사하면서도 2023년 현재 공사 현장에서 6가크롬 용출 관련 규정이 없다. 우리는 쓰레기 시멘트가 토양과 지하수를 오염한다는 사실을 외면해왔다. 한국지하수토양환경학회가 2003년 발행한《지하수토양환경》8권 2호에 실린〈시멘트 그라우트재에서 6가크롬 용출 특성에 관한 연구〉는 시멘트 주입 공법

일본 건설성의 6가크롬 조치(2000년 3월)

시멘트계 및 시멘트계 고화재의 지반 개량에서의 사용 및 개량토의 재이용 시 당면의 조치

시멘트 및 시멘트계 고화재에 의해 지반 개량을 실시한 개량토로부터 조건에 따라서는 크롬이 토양오염 우려 기준(0.05mg/ℓ)을 초과하는 농도로써 토양 중에 용출하고 있을 우려가 있기 때문에 건설성 소관의 건설공사의 시공에서는 아래에 대응하도록 한다.

1 시멘트 및 시멘트계를 고화제로 지반 개량에 사용하는 경우, 현지 토양과 사용 예정의 고화재에 대하여 6가크롬의 용출시험을 한다.
2 사전의 6가크롬 용출시험에 있어서 토양오염 우려 기준을 초과하는 6가크롬의 용출량이 확정되는 경우, 용출이 작은 고화제 사용 등 배합 설계의 변경, 또는 공법의 변경을 행한다.
3 시멘트 및 시멘트계 고화재를 사용한 개량토를 재이용할 경우 6가크롬 용출시험을 실시하고, 용출량이 토양오염 우려 기준 이하인 것을 확인한다.

출처 : 천병식, 〈지반 개량 재료로서의 시멘트 사용에 의한 지반 오염 문제 및 대책〉

에 따른 토양과 지하수 오염 관련 연구가 부족하다며, 그 심각성을 밝혔다.

1. 토양오염공정시험법의 '가' 지역의 우려 기준인 4mg/kg 보다 높은 4.85mg/kg이 검출되었다.

2. 수질환경보전법상의 규정인 0.5mg/ℓ를 초과하여 검출되었다.
3. 산성비나 매립장의 침출수를 대비한 pH 3 이하의 강산성에서 6가크롬 용출량이 급격히 증가하였으며, pH 11 이상의 강염기에서 6가크롬 용출량이 증가했다.

특히 이 보고서는 "매립장 침출수의 pH가 빈번히 pH 4 이하가 되는 점을 감안할 때, 실제 용출시험 결과보다 더 많은 6가크롬이 용출될 수 있다"며 쓰레기 시멘트에 따른 환경오염의 심각성을 경고했다.

> 국내 수질환경보전법의 6가크롬의 배출수 수질 기준은 0.5mg/ℓ로, 실험 결과 이보다는 낮게 나타났다. 그러나 지하수법에 규제 기준인 0.05mg/ℓ와 비교했을 때, 최고 7배 이상 검출되었다. 이는 그라우트재가 주입 초기에 지하수 등과의 접촉을 통해 6가크롬 용출 가능성이 있으며, 침출수 등은 6가크롬의 용출량을 증가시킬 수 있다.

일본은 20여 년 전에 관련 규정을 만들었는데, 쓰레기 시멘트 유해성이 더한 대한민국은 아직 무방비 상태다. 오히려 쓰레기 시멘트를 권장하는 환경부, 쓰레기 시멘트 때문에 토양과 지하수가 오염되는 심각한 현실을 외면하는 국토교통부다.

시멘트 업계는 1450℃ 고온으로 유해 물질이 완전 분해된다고 주장해왔지만, 시멘트 공장은 환경부 특혜 속에 온갖 유해 물질을 뿜어내는 시설이다. 환경 재앙을 조장하는 환경부의 잘못된 정책을 살펴본다.

환경부 특혜 속에 온갖 유해 물질을 뿜어내는 시멘트 공장

4

환경 재앙의 주범은 환경부

1

시멘트 공장에서 나온 연기가 구름이 되어 주변 도시를 미세먼지로 덮고 있다.

미세먼지 때문에 앞이 제대로 보이지 않을 만큼 뿌옇다. 숨쉬기가 괴롭다. 어디선가 쓰레기 태우는 매캐한 냄새로 가슴이 답답하다. 잿빛 도시를 한참 달려 시멘트 공장을 지나치자, 갑자기 하늘이 파랗고 시야가 뻥 뚫린다. 도대체 무슨 일일까?

원인은 시멘트 공장이다. 시멘트 공장에서 나온 연기가 흘러가는 방향으로 구름이 덮였다. 구름 아래 있는 도시는 미세먼지로 앞이 보이지 않고 숨쉬기도 힘들다. 그러나 시멘트 공장을 지나치면 구름도, 미세먼지도 없는 화창한 도시를 만난다. 미세먼지의 주범이 시멘트 공장임을 보여준다. 문제는 바람 방향에 따라 미세먼지로 뒤덮이는 도시가 바뀐다는 사실이다.

제천, 단양, 영월, 동해, 삼척, 강릉 등 시멘트 공장 인근 도시 사람들은 이유도 모른 채 미세먼지와 수은 등을 호흡하며 살아간다. 도시를 뒤덮은 미세먼지의 발생 원인을 확인해보자. 구름의 생성 원인을 알면 미세먼지의 주범을 쉽게 찾을 수 있다. 구름은 형성되는 곳의 기상 환경에 따라 모양이 다르다. 구름이 생성되는 원인은 크게 몇 가지로 구분된다.

1. 태양열에 데워진 지표 부근의 공기가 상승할 경우
2. 찬 공기가 더운 공기 밑을 파고들면서 더운 공기를 밀어 올릴 경우
3. 더운 공기가 찬 공기 쪽으로 이동하면서 찬 공기 위로 올라갈 경우

시멘트 공장에서 나온 연기가 구름처럼 주변 도시를 덮은 재앙의 현장

하늘은 맑고 파란데 쌍용C&E에서 발생한 연기가 주변 도시를 뒤덮고 있다.

상승기류가 구름을 만드는 필수 요소다. 상승기류가 강할수록 두꺼운 구름이 생긴다. 상승기류는 바람이 하늘로 솟아오르거나, 태양열을 받은 공기가 가벼워져서 상승할 때 일어난다. 시멘트 공장이 상승기류를 만들어 미세먼지를 퍼뜨리는 주범임을 확인할 수 있다.

그동안 시멘트 업계는 시멘트 소성로가 1450℃라고 자랑해왔다. 온도가 높아 쓰레기를 완전 분해하는 최고의 소각장이라고 강조하기 위해서다. 바로 이것이다. 시멘트 소성로에서 석회석과 쓰레기를 고온에 태워 시멘트를 만드는 과정에 열이 다량으로 대기 중에 방출된다.

열화상 카메라로 촬영해보니

열화상 카메라로 시멘트 공장을 살펴봤다. 시멘트 소성로에서 열기가 뿜어져 나오는 것을 쉽게 알 수 있다. 소성로 옆에 세워진 예열기가 300~800℃에 이른다. 예열기 역시 열화상 카메라에 열기가 감지된다.

대한민국 시멘트 공장은 대기 중에 열기를 뿜어내는 시멘트 소성로가 3~7개나 밀집돼 있다. 특히 강원도 영월과 충북 제천 경계선 반경 5km에 쌍용C&E 영월공장, 아세아시멘트(주), 한일현대시멘트(주)가 모여 있다. 시멘트 공장에서 다량으로 뿜어내는 열기와 연기가 구름을 형성하는 것이다.

열화상 카메라로 촬영해보니 가로로 놓인 시멘트 소성로와 세로로 있는 예열기에서 나오는 열기가 확인된다.

업체별 시멘트 소성로 보유 현황

업체명	시멘트 소성로 수
(주)삼표시멘트(삼척)	7
쌍용C&E(동해공장)	7
쌍용C&E(영월공장)	5
한일시멘트(주)	6
한일현대시멘트(주)(영월공장)	2
한일현대시멘트(주)(삼곡공장)	1
아세아시멘트(주)	4
성신양회(주)	5
한라시멘트(주)	4
(주)고려시멘트	1
(주)유니온	1
합계	43

관광객을 쫓아내는 분진, 악취 뿜어내는 시멘트 공장

남한강이 도담삼봉을 휘감아 흐르는 그림 같은 풍경이 관광객을 사로잡는다. 그러나 이곳에 오래 머물 수가 없다. 인근에 있는 시멘트 공장에서 쓰레기를 소각하며 뿜어내는 악취와 미세먼지 때문이다. 단양에는 성신양회(주), 한일시멘트(주), 한일현대시멘트(주) 삼곡공장이 있다. '관광 1번지' 표지판이 곳곳에 걸렸지만, 악취와 미세먼지가 도시를 뒤덮고 있다.

더 큰 문제는 시멘트 소성로에서 뿜어낸 연기에는 유해 물질이 가득하다는 사실이다. 대한민국 시멘트 공장은 환경부의 특혜를 받아 발암물질인 미세먼지로 전환되는 질소산화물을 세계 최고 수준으로 뿜어낸다. 시멘트 공장은 세계가 유독 물질로 주목하는 수은, 발암성 휘발성유기물질 등도 배출한다. 환경오염 시설인 시멘트 공장을 국내 최대 쓰레기 소각 시설로 만든 환경부, 결국 환경부가 국민을 고통에 몰아넣는 환경 재앙의 주범이다.

쓰레기 시멘트가 탄소 중립이라는 거짓말

2

산봉우리가 통째로 사라졌다.

산봉우리가 통째로 사라졌다. 계단으로 이어지는 광산 도로는 마치 미로 찾기 게임처럼 보인다. 이곳은 강원도 삼척에 있는 석회석 광산이다. 시멘트 산업은 석회석 채굴 단계부터 심각한 환경 훼손을 유발하며 탄소를 배출한다. 시멘트 1t을 만드는 데 석회석 약 1.15t이 들고, 이산화탄소 0.8t을 배출한다.

시멘트 산업은 석회석 채굴부터 환경 훼손을 유발하고, 많은 탄소를 배출한다.

시멘트 공장은 탄소 다량 배출 기업

'시멘트 공장에 유연탄의 60%를 쓰레기로 대신해 탄소 중립을 이루겠다.' 문재인 정부가 발표한 시멘트 업계의 탄소 중립안 가운데 하나다. 시멘트는 석회석을 고온에 태우기 위해 유연탄이 필요하다. 유연탄의 60%를 폐타이어, 폐합성수지, 폐플라스틱, 폐고무,

2007년 A 시멘트 공장에 쌓인 유연탄. 지금은 시멘트 공장이 유연탄 수입 비용을 줄이고 쓰레기 처리 비용을 벌기 위해 각종 쓰레기로 대체해 이렇게 많은 유연탄을 볼 수 없다.

폐비닐 등 쓰레기로 대신해 시멘트를 만들면 탄소 중립을 이룰 수 있을까? 쓰레기 사용량 증가에 따른 환경오염과 거주 공간의 위험성이 높아진다는 사실은 검증해봤을까?

2021년 5월 29일 2050 탄소중립위원회가 출범했다. 위원회는 두 달여 만인 8월 5일, '2050 탄소중립 시나리오' 초안을 발표했다. 내용을 살펴보니 '탄소 중립'이라는 미명 아래 기업의 이익을 극대화하고 국민의 건강을 위협하는 거짓에 불과했다.

대기오염물질 다량배출사업장 상위 20개소 중 시멘트업체 8곳 포함

(단위 : kg/연)

순위	사업장	시도	합계	먼지	SOx (황산화물)	NOx (질소산화물)	HCl (염화수소)	CO (일산화탄소)
1	㈜포스코 광양제철소	전남	19,419,950	238,572	8,166,321	11,011,750	3,254	53
2	현대제철㈜	충남	17,832,383	480,926	10,310,631	7,040,426	400	
3	㈜포스코 포항제철소	경북	17,539,925	265,560	4,533,635	12,739,643	635	452
4	한국남동발전㈜ 삼천포발전본부	경남	14,283,865	283,129	6,301,489	7,699,247		
5	**쌍용씨앤이㈜ 동해공장**	**강원**	**12,419,162**	**212,647**		**12,204,165**	**2,350**	
6	한국서부발전㈜ 태안발전본부	충남	10,792,293	344,048	4,821,311	5,626,934		
7	**㈜삼표시멘트 삼척공장**	**강원**	**10,478,147**	**266,004**		**10,211,091**	**1,052**	
8	한국남부발전㈜ 하동발전본부	경남	9,867,510	294,234	5,430,587	4,142,689		
9	한국중부발전㈜ 보령발전본부	충남	9,240,059	307,024	4,428,190	4,504,845		
10	한국동서발전㈜ 당진발전본부	충남	9,136,399	436,325	4,315,050	4,385,024		
11	한국남동발전㈜ 영흥발전본부	인천	8,854,512	188,924	4,948,205	3,717,383		
12	**한라시멘트㈜**	**강원**	**8,481,783**	**110,461**		**8,370,750**	**572**	
13	**한일시멘트㈜ 단양공장**	**충북**	**7,842,620**	**150,239**		**7,680,367**	**12,014**	
14	**성신양회㈜ 단양공장**	**충북**	**7,142,505**	**71,632**		**7,050,333**	**20,540**	
15	SK에너지㈜	울산	6,601,063	109,153	1,172,474	5,258,842		60,594
16	**한일현대시멘트㈜ 영월공장**	**강원**	**5,226,393**	**23,590**		**5,200,261**	**2,542**	
17	지에스칼텍스㈜	전남	4,630,868	143,374	1,837,795	2,342,046		307,653
18	**아세아시멘트㈜ 제천**	**충북**	**4,617,372**	**19,305**		**4,591,331**	**6,736**	
19	**쌍용씨앤이㈜ 영월공장**	**강원**	**4,344,285**	**74,275**		**4,266,875**	**3,135**	
20	현대오일뱅크㈜	충남	4,242,605	43,580	1,957,819	2,241,123		83

출처 : 환경부 발표, 2020.5.6.

대기오염 물질 다량 배출 사업장 상위 20위 기업에 시멘트 업체가 8개나 포함됐다.

시멘트 업계가 대한민국 국내총생산(GDP)에서 차지하는 비중은 0.3%인데, 2020년 5월 환경부 발표에 따르면 '대기오염 물질 다량 배출 사업장 상위 20위 기업' 중에 쌍용C&E 동해공장과 (주)삼표시멘트를 비롯해 시멘트 업체가 8개나 포함됐다. 국가온실가스종합관리시스템(NGMS)에 따르면, 2019년 온실가스 배출 상위 30개 기업에 쌍용C&E(10위), (주)삼표시멘트(16위), 성신양회(주)(21위), 한라시멘트(주)(22위), 한일시멘트(주)(26위), 한일현대시멘트(주)(30위) 등이 포함된다. 시멘트 공장은 대기오염 배출 시설인 동시에, 온실가스를 다량 배출하는 시설이다.

특히 〈시멘트 산업 공정에서의 CO_2 배출량 저감을 위한 청정 기술 적용에 관한 연구〉(2010)에 따르면, 시멘트 산업은 국내 모든 산업 중 매출액 대비 탄소 배출량이 가장 많은 환경오염 시설이다. 매출액당 탄소 발생량이 철강 117t/억 원, 에너지(발전) 135t/억 원, 유리 24t/억 원 등인데, 시멘트 498t/억 원에 이른다.

탄소는 줄지 않고 유해 물질 배출만 증가하는 탄소 중립 정책

2050 탄소중립위원회가 계획한 시멘트 분야의 탄소 배출 감축안은 다음과 같다.

> 폐합성수지(폐플라스틱 등) 및 수소 열원 활용을 통한 연료 전환, 석회석 원료 및 혼합재 사용을 통한 원료 전환

- 2018년 3580만t 배출에서 2050년 1610만 t으로 55% 감축

(연료 전환) 고체 화석연료(유연탄)를 폐합성수지 60%, 수소 열원 40%로 완전 대체

(원료 전환) 석회석 원료 대체율 12% 및 혼합재 비중 20%로 확대

핵심은 '유연탄의 60%를 폐합성수지 등 쓰레기로 대체해 탄소 발생을 감축한다'는 것이다. 유연탄을 쓰레기로 대체하면 탄소 발생량이 줄어들까? 아니다. 이는 '탄소 배출 감축'이라는 이름으로 시멘트 업계의 이익을 극대화하는 잘못이다. 정부는 쓰레기 사용량 증가로 시멘트 제품의 위해성을 가중해 국민의 건강을 위협하는 잘못을 고려하지 않았다.

시멘트 1t을 생산할 때 이산화탄소가 평균 821kg 배출된다. 탄소 배출의 원인을 구체적으로 살펴보자. 〈시멘트 생산과정에 따른 CaO 함량과 CO_2의 발생량〉(김상효 · 황준필, 연세대학교, 2013)에 따르면, 시멘트의 주원료인 석회석이 분해되는 탈탄산 과정에 67.5%, 유연탄의 연소에 따른 배출 26.7%, 클링커 분쇄와 제품 포장 등의

시멘트 제조 공정별 온실가스 배출량

	석회석 탈탄산	유연탄 연소	전기 설비	계
CO_2 배출량(kg)	579	195	47	821
CO_2 발생 비율(%)	67.5	26.7	5.8	100

출처 : 김상효 · 황준필, 〈시멘트 생산과정에 따른 CaO 함량과 CO_2의 발생량〉, 연세대학교, 2013

전력 사용에서 5.8% 이산화탄소가 발생한다.

2050 탄소중립위원회의 탄소 중립안이 거짓임은 시멘트 업계가 쓴 논문에서 쉽게 찾을 수 있다. 성신양회(주)와 세종대학교가 조사한 〈시멘트 산업의 CO_2 배출 계수 개발 및 대체 연료 사용에 의한 온실가스 저감량 산정 연구〉에 따르면, 유연탄의 온실가스 배출 계수는 95tCO_2/TJ다. 시멘트 공장에서 가장 많이 사용하는 가연성

시멘트 제조 공정 가운데 석회석과 각종 쓰레기를 혼합 소각하는 소성 과정에 가장 많은 이산화탄소가 발생한다.

유연탄과 가연성 폐기물의 온실가스 배출 계수

(단위 : tCO_2/TJ)

	유연탄	가연성 폐기물	
		폐합성수지	폐타이어
온실가스 배출 계수	95	94.8	89
		평균 91.9	

출처 : 윤석경 · 명수정 · 장태혁 · 김진수 · 이시형 · 김기현 · 전의찬, 〈시멘트 산업의 CO_2 배출 계수 개발 및 대체 연료 사용에 의한 온실가스 저감량 산정 연구〉, 한국대기환경학회, 2008

쓰레기인 폐합성수지 등의 RDF 온실가스 배출 계수는 94.8tCO_2/TJ다. 유연탄과 폐합성수지의 온실가스 배출량 차이가 거의 없다. 폐타이어의 온실가스 배출 계수는 89tCO_2/TJ다. 폐합성수지와 폐타이어 등 가연성 폐기물의 평균 탄소 배출 계수는 91.9tCO_2/TJ다. 유연탄과 차이가 미미하다.

국민을 위험에 빠뜨리는 탄소 중립

시멘트 업계가 쓴 논문에도 쓰레기 사용에 따른 탄소 저감 효과가 미미하다는 사실이 나와 있다. 〈시멘트 산업의 CO_2 배출 계수 개발 및 대체 연료 사용에 의한 온실가스 저감량 산정 연구〉에 폐유와 폐합성수지를 많이 쓰는 A 시멘트 공장과 폐타이어와 폐플라스틱을 많이 사용하는 B 시멘트 공장의 온실가스 배출량을 비교했다. A 공장은 유연탄만 사용할 경우보다 쓰레기를 사용할 경우 약 5%가 줄어들고, B 공장은 유연탄만 사용할 경우보다 쓰레기를 사용할 경우 1.4%가 줄어들었다.

석탄과 원유의 구성 성분은 탄소(80~86%)가 주를 이루고, 모양이 다를 뿐이다. 합성수지와 플라스틱은 원유로 만든 제품으로, 석탄과 유사한 탄소를 함유하고 있다. 문제는 합성수지와 플라스틱 제조 과정에 수많은 유해 물질을 첨가한다. 플라스틱의 가공을 쉽게 하고 성능을 개량하기 위해 가소제, 산화방지제, 열 안정제, 자외선 안정제, 난연제, 활제, 대전 방지제, 발포제, 충격 보강제, 충진제, 가교제, 착색제, 무적제, 핵제, 블로킹 방지제와 슬립제 등 다양한 첨가제를 사용한다.

플라스틱을 부드럽게 하려고 첨가하는 프탈레이트는 주의력결핍과잉행동장애(ADHD)를 유발하며, 신경세포에 영향을 줘 기억력 감퇴와 유전 돌연변이를 일으키는 발암성 물질이다. EU는 2005년 프탈레이트를 발암성, 변이 독성, 재생 독성이 있는 물질로 규정했다.

시멘트의 유해성만 더하는 2050 탄소중립위원회의 거짓말

2021년 4월 14일 매일경제 인터뷰 기사 〈쓰레기 산 태우는 시멘트의 친환경 변신…"5년 내 脫석탄 하겠다"〉에서 쌍용C&E 홍사승 회장은 다음과 같이 고백했다.

시멘트 공장에 각종 쓰레기가 쌓였다. 탄소 배출 계수는 유사한데, 폐합성수지 2t을 때야 유연탄 1t을 때는 효과가 있다. 탄소 배출이 2배 늘고 시멘트의 유해성만 더하는 셈이다.

유연탄을 폐합성수지로 대체하면 무엇이 유리한가.

폐합성수지 2t을 때면 석탄 · 유연탄 1t을 때는 것과 같다. 이렇게 보면 에너지 효율이 떨어진다고 생각할 수 있는데 사실은 그렇지 않다. 유연탄은 환경 측면에서도 문제지만 경제성 면에서도 가격 폭이 크다는 단점이 있다. 2년 전 유연탄 1t당 가격은 60달러 이하였지만 올해 들어 100달러 이상으로 올랐다. 이처럼 유연탄은 불안정한 가격 등락을 감수한 채 우리가 100% 수입에 의존해야 하는 원료다. 하지만 폐합성수지는 수거 처리비를 받고 연료로 활용할 수 있어 경제적으로 이득이다. 또 유연탄을 덜 때니 탄소 배출도 자연스레 준다. 배출이 급감하면 앞으로 탄소 배출권을 팔 수도 있을 것이다.

홍 회장은 "폐합성수지 2t을 때면 석탄 · 유연탄 1t을 때는 것과 같다"고 강조했다. 유연탄과 폐합성수지 등 가연성 폐기물의 탄소 배출에 차이가 없다. 폐합성수지 2t을 때야 유연탄 1t을 때는 것과 같은 효과를 거둘 수 있다는 홍 회장의 주장에 따르면, 유연탄 대신 쓰레기로 시멘트를 만들 때 탄소 배출량이 2배나 많다는 의미다. 2050 탄소중립위원회의 탄소 중립안은 탄소를 더 많이 배출하고 국민의 건강을 위협하는 대국민 사기극이다.

탄소 중립 빙자한 시멘트 업계의 'ESG 경영'

정부의 탄소 중립 정책에 시멘트 업계가 신났다. 쓰레기 처리 비용을 더 많이 벌 수 있는 기회이기 때문이다. 시멘트 업계는 2021년 3월, 'ESG 경영'을 선언했다. 핵심은 '순환 자원 재활용 극대화로 온실가스 감축'이다. 쌍용C&E가 작성한 〈2021 쌍용C&E 지속가능경영보고서〉를 살펴보자. ESG 경영을 위한 시설 투자는 더 많은 쓰레기 사용으로 더 많은 쓰레기 처리 비용을 벌기 위함이라고 설명하고 있다.

> 쌍용C&E는 2019년부터 2020년까지 1000억을 투자해 강원도 동해와 영월공장에 순환 자원 연료 사용량 증대를 위한 1단계 소성 시설 인프라 구축을 진행하였으며, 이후 2021년에는 메인 버너 합성수지 투입 설비 구축 및 잔여 소성로에 대한 예열실 개조에 1900억 원의 추가 투자로 순환 자원 재활용 시설을 완비했고, 그 결과 2021년에는 폐합성수지 등의 순환 자원 연료 사용량이 2배 이상 증가되었다.

최근 시멘트 공장마다 더 많은 쓰레기를 사용하기 위해 시설 확장 공사에 열을 올리고 있다. 정부의 잘못된 탄소 중립 정책으로 시멘트의 안전이 더 위협받는 상황이다.

중국만도 못한 환경부 정책으로 병들어가는 국민

3

국제암연구기관은 2013년 미세먼지를 인체 발암물질 1군(Group 1)으로 규정했다. 세계보건기구(WHO)는 미세먼지 때문에 기대 수명보다 일찍 사망하는 사람이 한 해 700만 명에 이른다고 밝혔다. 한국과학기술한림원은 〈동북아 (초)미세먼지 오염 현황과 대책〉에 "한국에서 미세먼지로 인한 조기 사망자는 2010년 기준으로 1만 5000명에 이르고, 1만 2000명의 심장 질환 입원, 4만 4000명의 천식 발작이 미세먼지 때문에 발생한다"는 연구 결과를 밝혔다.

인터넷 매체 뉴스;트리는 2022년 9월 15일 〈미세먼지 높을수록 청소년 심장부정맥 유발 위험 증가〉라는 기사에서 "미국 펜실베이니아주립 의과대학 연구진이 6~12세 건강한 미국 10대 청소년 322명의 호흡 및 심장 활동을 24시간 관찰한 결과, 미세먼지 농도가 높을수록 노출 직후 2시간 동안 불규칙한 심장박동 위험이 증가한다는 연구 결과를 발표했다"는 소식을 전했다. 미세먼지가 폐와 혈관까지 침투해 염증과 질병을 일으킬 수 있으며, 심하면 심장 질환과 돌연사로 이어지는 부정맥을 유발한다는 것이다. 환경부는 《미세먼지, 도대체 뭘까?》라는 소책자에 다음과 같이 강조했다.

미세먼지(PM 10) 농도가 10㎍/㎥ 증가할 때마다 만성폐쇄성폐질환(COPD)으로 인한 입원율은 2.7%, 사망률은 1.1% 증가하고, 초미세먼지(PM 2.5) 농도가 10㎍/㎥ 증가할 때마다 폐암 발생률이 9% 증가한다. 초미세먼지(PM 2.5)에 장기간 노출될 경우 심근경색과 같은 허혈성심질환의 사망률은 30~80% 증가한다. 미세먼지는 기도에 염증을 일으켜 천식을 유발하거나 악화시킬 수 있다. 미세먼지에 장기간 노출될 경우 폐 기능을 떨어뜨리고 천식 조절에 부정적 영향을 미치며, 심한 경우에는 천식 발작으로 이어지기도 한다.

시멘트 제조업은 국내 2위 대기오염 물질 배출 업종이다

미세먼지 발생 원인은 자연적인 것과 인위적인 것으로 나뉜다. 특히 초미세먼지 발생의 주원인은 산업 시설에서 발생하는 질소산화물과 황산화물 등 대기오염 물질이다. 질소산화물과 황산화물이 대기 중의 오존, 암모니아 등과 결합하는 화학반응을 통해 초미세먼지가 생긴다. 국민을 질병과 사망으로 몰아넣는 초미세먼지를 줄이기 위해서는 각종 산업 시설에서 뿜어내는 대기오염 물질 저감이 시급하다. 환경부는 2020년 6월, 〈환경부-시멘트 업계, 초미세먼지 감축 위해 적극 나선다〉라는 보도 자료를 배포했다.

한일시멘트(주) 공장에서 시멘트 분진을 연기처럼 뿜어내고 있다.

'굴뚝자동측정기기'가 부착된 전국 631개 사업장을 대상으로 2019년도 대기오염 물질 7종의 연간 배출량을 조사한 결과, 업종별 질소산화물 배출량은 발전업 6만 8324t(35%)〉시멘트 제조업 6만 2546t(32%)〉제철 · 제강업 3

환경부 힘내라 대한민국	보 도 자 료		
	보도일시	2020년 6월 10일 조간(6. 9. 12:00 이후)부터 보도하여 주시기 바랍니다.	
	담당부서	환경부 대기관리과	이정용 과장 / 송태곤 사무관
			044-201-6900 / 6905
	배포일시	2020. 6. 8. / 총 5매	

환경부-시멘트업계, 초미세먼지 감축 위해 적극 나선다

◇ 시멘트 제조 때 발생하는 질소산화물 저감을 위한 민·관·연 협의체 가동

◇ 올해 말까지 현장별 맞춤형 질소산화물 저감방안 마련, 연구개발사업도 병행하여 기술적 어려움도 해소할 계획

□ 시멘트 제조업은 초미세먼지(PM 2.5) 주요 생성물질인 질소산화물을 다량으로 배출*하는 업종으로, 적극적인 초미세먼지 감축이 요구되는 대표적인 업종이다.

* '굴뚝 자동측정기기'가 부착된 전국 631개 사업장을 대상으로 2019년도 대기오염물질 7종의 연간 배출량을 조사한 결과, 업종별 질소산화물 배출량은 발전업 6만 8,324톤(35%) > 시멘트제조업 6만 2,546톤(32%) > 제철제강업 3만 1,434톤(16%) > 석유화학제품업 1만 9,569톤(10%) 순으로 나타남(2020.5.5. 공개)

○ 현재 시멘트 사업장에 주로 설치되어 있는 질소산화물 오염방지시설(이하 방지시설)의 효율은 대부분 40~60% 수준이며, 이를 고효율 방지시설로 개선할 경우 최대 90%에 달하는 효율을 달성할 수 있다.

※ 독일 등 선진국의 경우 시멘트 소성로에 고효율 방지시설을 적극 설치하여 질소산화물에 국내 배출허용기준(270ppm)보다 약 3.5배 강한 기준(약 77ppm) 적용 중

시멘트 공장은 초미세먼지의 원인이 되는 질소산화물을 32%나 배출하는 환경오염 시설이다.

만 1434t(16%)〉석유화학제품업 1만 9569t(10%) 순으로 나타났다. 시멘트 제조업은 초미세먼지(PM 2.5) 주요 생성물질인 질소산화물을 다량으로 배출하는 업종으로, 적극적인 초미세먼지 감축이 요구되는 대표적인 업종이다.

업종별 대기오염물질 배출실태 (2020.5. 환경부 발표결과)

(단위 : ton/yr)

구분	연도	계	먼지	SOx (황산화물)	NOx (질소산화물)	HCl (염화수소)	HF (불화수소)	NH_3 (암모니아)	CO (일산화탄소)
합계	**2019**	**277,696**	**5,767**	**74,200**	**194,795**	**601**	**1**	**4**	**2,327**
	2018	330,046	6.438	98.110	222,183	559	0.9	3	2.752
	2017	361.459	6.533	109.339	242.441	512	0.6	2	2.631
	2016	401,677	6.926	120.820	271.246	410	0.1	2	2.273
발전업	2019	112.218	2.598	40.739	68.324	217			340
	2018	145.467	3.153	56.604	85.209	162			339
	2017	168.167	3.317	65.905	98.514	128			303
	2016	207.873	3.382	75.485	128.557	93			356
시멘트 제조업	**2019**	**63,587**	**991**		**62,546**	**50**			
	2018	67.104	1.092		65.962	50			
	2017	77.714	1.178		76.491	45			
	2016	76.585	1.265		75.300	20			
제철·제강업	**2019**	**57,872**	**1,357**	**25,074**	**31,434**	**7**			**1**
	2018	63.384	1.380	27.249	34.745	8			2
	2017	59.127	1.193	26.378	31.539	11			5
	2016	58.951	1.344	25.795	31.803	7			2
석유·화학 제품업	**2019**	**26,932**	**456**	**6,441**	**19,569**	**12**	**1**	**4**	**449**
	2018	35.299	428	11.578	22.345	10	0.9	3	934
	2017	36.574	412	13.442	21.915	3	0.6	2	800
	2016	35.485	468	14.047	20.508	3	0.1	2	457
기타	**2019**	**17,086**	**365**	**1,946**	**12,923**	**315**			**1,537**
	2018	18.791	384	2.679	13.921	329			1.478
	2017	19.877	433	3.614	13.982	324			1.524
	2016	22.783	467	5.493	15.078	287			1.458

시멘트 제조업은 대기오염 물질 배출 2위 업종이다.

대한민국 국내총생산 0.3%에 불과한 시멘트 업계가 전국 대기오염 물질 배출 2위인 까닭은 무엇일까? 시멘트 공장의 심각한 환경오염 물질 배출은 어쩔 수 없는 일일까, 환경부가 시멘트 공장에 특혜를 주기 때문일까? 외국의 시멘트 공장은 어떤지 살펴보자.

독일의 질소산화물 배출 허용 기준과 비교하니

감사원은 2020년 9월, 환경부 감사 후 발표한 〈미세먼지 관리 대책 추진 실태에 대한 감사 보고서〉에서 "2016년 이전에는 폐기물과 수질오염이 중요한 환경문제였으나, 2017년 이후에는 대기 질(미세먼지) 개선이 가장 시급하게 해결할 환경문제로 대두되었다"고 강조했다. 특히 환경부가 시멘트 공장의 질소산화물 배출 허용 기준을 2018년 6월 28일 종전 330ppm에서 2019년 7월 1일 이후에야 270ppm으로 강화했다고 밝혔다.

시멘트 소성로의 연도별 질소산화물 배출 허용 기준

(단위 : ppm)

	2010.1.1~ 2014.12.31	2015.1.1~ 2018.12.31	2019.1.1~ 2019.6.30	2019.7.1~
2007.7.31 이전에 설치된 시멘트 소성로	330	330	300	270

출처 : 감사원 감사 결과 발표, 2019

그동안 시멘트 업계는 독일이 시멘트 제조에 쓰레기를 많이 넣는다며 쓰레기 시멘트를 합리화해왔다. 독일의 시멘트 공장 질소산화물 배출 허용 규정은 얼마일까? 환경부는 2020년 6월 배포한 보도 자료에서 "독일 등 선진국의 경우 시멘트 소성로에 고효율 방지 시설을 적극 설치하여 질소산화물에 국내 배출 허용 기준(270ppm)보다 3.5배 강한 기준(77ppm)을 적용 중"이라고 강조했다. 환경부는 독일의 시멘트 공장 관리 기준을 잘 알면서 미세먼지로 고통을 겪는 국민을 외면하고 시멘트 공장에 특혜를 베풀고 있다.

	국토 면적 (만 km²)	총인구 (만 명)	시멘트 생산량 (1000t)	국민 1인당 시멘트 소비량(t)	시멘트 공장 질소산화물 배출 기준(ppm)
독일	35	8,390	29,100	0.346	77
대한민국	10	5,182	47,162	0.910	270

독일은 국토 면적이 넓고 인구가 많은데도 시멘트 생산량이 우리나라보다 적다. 국민 1인당 시멘트 소비량은 약 1/3에 불과하다. 독일은 주거용으로 사용하는 시멘트가 극히 일부에 불과하지만, 엄격한 대기오염 물질 배출 규제를 통해 시멘트 공장의 환경오염을 막고 안전한 시멘트를 생산한다. 대한민국의 시멘트 공장은 겉모양만 따라 하면서 엄격한 배출 가스 허용 기준과 쓰레기 사용 기준은 외면하고 있다.

중국보다 못한 대한민국 시멘트 공장

많은 사람이 '환경 후진국'이라 생각하는 중국 시멘트 공장의 질소산화물 배출 기준은 어떨까? 장쑤성 생태환경부가 발행한 〈시멘트 공장 배출 가스 규제 기준〉 문건을 입수했다. 장쑤성 시멘트 공장 질소산화물 규제 기준은 놀랍게도 50mg/m³였다. 50mg/m³는 우리 기준으로 환산하면 24.3ppm이다(50mg/m³ ×22.4m³〔ppm 농도의 기체 체적〕/46mg〔질소산화물 분자량〕= 24.3ppm). 대한민국 시멘트 공장 질소산화물 배출 기준 270ppm은 중국 기준 24.3ppm의 11.1배다. 우리나라 시멘트 공장이 중국 시멘트 공장보다 11배가 넘는 환경오염 물질을 뿜어내고 있다는 의미다. 질소산화물은 발암물질 초미세먼지가 되는데 말이다.

혹시 잘못된 문서일까 싶어 중국의 다른 자료도 찾아봤다. 세계시멘트협회(World Cement Association, WCA) 이언 라일리(Ian Riley) 대표는 《세계시멘트(World Cement)》에 "중국 시멘트 공장은 질소산화물의 강력한 규제로 환경을 개선해나가고 있다. 기업이 배출 기준을 준수하지 못하면 공장을 폐쇄해야 한다"고 강조했다. 라일리 대표는 2014~2019년 라파지홀심(LafargeHolcim) 시멘트 공장의 중국 책임자였다.

> 중국의 시멘트 산업에 대한 국가 질소산화물 배출 한도는 320mg/m³(156ppm)이다. 2016년 1월 베이징은 100mg/m³(48.7ppm)로 설정했다. 특히 장쑤성, 허난성을 비롯해 여러 다른 성과 일부 도시는 50mg/m³(24.3ppm)만큼 낮은 질소

환경 후진국이라 생각하는 중국 시멘트 공장의 질소산화물 배출 기준은 24.3ppm이다.

> 산화물 배출 기준을 구현했다. 기업이 이런 배출 제한을 준수할 수 없는 경우 공장을 폐쇄해야 한다.

라일리 대표의 말이 사실인지 추가 확인했다. 중국의 많은 언론이 시멘트 공장의 질소산화물 배출 기준을 상세히 보도했다. 중국의 질소산화물 배출 기준을 우리 기준(ppm)으로 환산해봤다. 결과는 놀라웠다.

중국은 중앙정부가 제시한 기준보다 지방정부가 시멘트 공장의 배출 가스를 엄격히 규제한다. 대한민국 환경부는 미세먼지 저감 대책을 세운다면서도 지금까지 시멘트 공장이 질소산화물을 펑펑

Home News Magazine Webinars Spotlight interviews Events White papers Advertise

Home / Special reports / 31 Jan 20 / The WCA discusses de-NOx technologies and their application in cement plants

The WCA discusses de-NOx technologies and their application in cement plants

Published by Emily Thomas, Assistant Editor
World Cement, Friday, 31 January 2020 08:56

Save to read list

China's national NOx emissions limits for the cement industry are set at 320mg/Nm^3. However, in January 2016 the limit in Beijing was set at 100mg/Nm^3, with Jiangsu, Henan and a number of other provinces following suit in 2017. Some cities and regions have even implemented NOx caps as low as 50mg/Nm^3. If companies cannot comply with these emissions limits, plants are required to shut down.

중국 질소산화물 배출 기준

뿜어내도록 방치했고, 지자체는 환경부의 보잘것없는 기준조차 제대로 감시하지 못하고 있다.

한국과학기술한림원은 〈동북아 (초)미세먼지 오염 현황과 대책〉에서 "단순히 농도만이 아니라, 초미세먼지의 화학적 성분에 따라 인체 위해의 정도가 다르다"고 강조했다. 초미세먼지 자체도 위험하지만, 초미세먼지의 구성 성분, 발생 원인 등에 따라 상대적인 독성이 달라진다는 것이다. 중국은 시멘트에 쓰레기를 소각하는 공장이 드물다. 대한민국 시멘트 공장은 쓰레기를 소각하며 굴뚝으로 유해 물질을 펑펑 뿜어내고, 발암물질 가득한 쓰레기 시멘트를 만들며 국민 건강에 심각한 위해를 가하고 있다.

No	지역	질소산화물 배출 한도	전환 시기
1	산시성(山西省)	50mg/m³(24.3ppm)	2024년 12월 목표
2	저장성(浙江省)	100mg/m³(48.7ppm)	완료
		50mg/m³(24.3ppm)	2025년 6월 목표
3	닝샤후이족자치구(宁夏回族自治区)	100mg/m³(48.7ppm)	2025년 6월 목표
4	쓰촨성(四川省)	100mg/m³(48.7ppm)	완료
5	장쑤성(江苏省)	50mg/m³(24.3ppm)	완료
6	안후이성(安徽省)	100mg/m³(48.7ppm)	완료
7	하이난성(海南省)	200mg/m³(97.4ppm)	완료
8	허난성(河南省)	100mg/m³(48.7ppm)	완료
9	허베이성(河北省)	100mg/m³(48.7ppm)	완료
평균		95mg/m³(46.3ppm)	

환경부의 시멘트 공장 특혜는 왜?

시멘트 공장의 질소산화물 배출이 당연한 것이 아니다. 저감 대책이 불가능한 일도 아니다. 대한민국 환경부와 시멘트 공장이 질소산화물 배출 저감 노력을 하지 않은 것뿐이다. 그동안 환경부는 산적한 쓰레기 문제를 시멘트 공장을 통해 손쉽게 해결해왔다. 이를 위해 시멘트 공장에 각종 특혜를 베풀었다. 선진국처럼 시멘트 공장의 배출 기준을 강력하게 규제하면 쓰레기를 사용할 수 없기 때문이다. 대한민국 환경부는 국민의 안전과 환경보다 눈앞에 쌓인 쓰레기 해결이 최대 과제였다.

<table>
<tr><th colspan="2">업종</th><th>질소산화물(ppm)</th></tr>
<tr><td colspan="2">시멘트 소성로</td><td>270</td></tr>
<tr><td rowspan="2">발전 시설</td><td>설비용량 100MW 이상인 시설</td><td>15~70</td></tr>
<tr><td>설비용량 100MW 미만인 시설</td><td>30~90</td></tr>
<tr><td colspan="2">유리 제품 제조 시설</td><td>180</td></tr>
<tr><td colspan="2">제철·제강 제조 시설</td><td>170</td></tr>
<tr><td colspan="2">석유정제·제조 시설</td><td>130</td></tr>
<tr><td colspan="2">폐기물 처리 시설</td><td>50</td></tr>
</table>

대한민국 산업 시설의 배출 기준을 정하는 권한이 환경부에 있다. 환경부가 규정한 국내 업종별 질소산화물 배출 기준을 살펴보자. 시멘트 업계가 얼마나 큰 특혜를 누리는지 알 수 있다.

산업통상자원부는 2016년 7월 6일, 기후변화와 미세먼지 대책 마련으로 30년 이상 된 노후 화력발전소 10기를 폐기하기로 결정했다. 그만큼 미세먼지가 중요한 문제이기 때문이다. 그런데 환경부는 시멘트 공장에 환경오염 물질 배출 특혜를 주며 국민을 질병으로 몰아넣고 있다.

무책임한 시멘트 공장

시멘트 공장의 질소산화물 저감 시설은 선택적비촉매환원법(SNCR)과 선택적촉매환원법(SCR)이 있다. 대한민국의 모든 시멘트 공장은 SNCR로 질소산화물을 제거한다. 그러나 SNCR는 질소산화물 제거 효율이 40% 수준에 불과하다. 독일과 중국처럼 고효율 SCR를 설치하면 90%가 넘는 질소산화물 제거 효과가 있다.

2021년 10월 환경부 국정감사에서 "환경부가 '대기 전환 시설 지원 사업'으로 9개 시멘트 업체 13개 공장에 1104억 원을 저리로 빌려줬으나, 이 돈으로 SCR를 설치한 공장은 1곳도 없다"는 게 밝혀졌다. 대한민국 시멘트 공장은 왜 SCR를 설치하지 않을까? 대한민국 시멘트 공장은 중국 시멘트 공장처럼 질소산화물 저감 시설을 설치할 돈이 없기 때문일까? 아니다. 대한민국 시멘트 공장은 쓰레기 시멘트를 만들며 쓰레기 처리 비용을 받아 막대한 이득을 얻는다. 한국경제는 2021월 6월 10일 〈이달부터 대대적 설비 보수…시멘트 공급 부족 장기화되나〉라는 기사에서 다음과 같이 보도했다.

굴뚝이 아닌 이곳저곳에서 시멘트 분진을 펑펑 뿜어낸다. 환경 개선에 눈감고 쓰레기 사용 확대에만 열을 올리고 있다.

2018년부터 지난해까지 친환경 설비에만 1000억 원 이상을 투자한 쌍용C&E는 올해 추가로 800억 원 이상을 투입하기로 했다. 이를 통해 폐플라스틱 등 순환 자원의 유연탄 대체 비율을 작년 28%에서 올해 45%로 높일 계획이다. 한일시멘트 역시 대규모 투자를 통해 대체 비율을 작년 35%에서 올해 더 끌어올릴 계획이다.

대한민국 시멘트 공장은 쓰레기 처리 비용을 벌기 위해 시설 확장에 쓸 돈은 많다. 그러나 국민의 건강과 환경을 위해 질소산화물 저감을 위한 시설 개선에 투자할 돈은 없다. 개선하지 않아도 환경부가 특혜를 베풀며 봐주기 때문이다.

유독물 수은 배출을 권장하는 정신 나간 환경부

4

쌍용C&E 동해공장 굴뚝에서 쓰레기 불완전연소로 발생한 파란 연기가 주변 마을을 덮고 있다.

시멘트 공장에서 정체불명의 연기를 펑펑 뿜어낸다. 주민들은 시멘트 공장이 쓰레기 소각을 늘리면서 이상한 연기가 더 많이 발생한다고 입을 모았다. 전국에서 수거한 각종 쓰레기를 소각하는 시멘트 공장의 연기에는 어떤 유해 물질이 있을까?

세계는 수은 저감 대책을 마련하기 위해 노력하고 있다. 특히 국제사회는 2009년 국제연합환경계획(UNEP)에서 협약 제정을 결정하고, 2014년 10월 일본에서 '수은에 관한 미나마타협약'을 채택할 만큼 수은의 확산을 막기 위한 국가 간 대책 마련에 심혈을 기울인다. 수은은 미량이라도 인체에 영향을 미치는 유독 물질이기 때문이다. 수은은 온도계와 건전지 등 우리가 일상에서 흔히 사용하지만, 지속적으로 노출되면 암을 일으키기도 하고, 시력장애와 언어장애, 기억력 상실 등 신경계에 영향을 미치며, 신장과 간 등에 심각한 질병을 유발한다. 환경부는 2015년 12월, 〈수은으로부터 안전한 사회 만들기 위한 수은 관리 종합 대책 수립〉에서 수은이 인체에 미치는 증상을 다음과 같이 설명했다.

수은 인체 흡입 경로	수은이 인체에 미치는 증상
체내 축적	몸속에 들어온 메틸수은은 뇌에 축적되기 쉬움. 수은 중독은 주로 중추신경 장애 등 질환 유발. 특히 태아에게 치명적.
증기 흡입이나 섭취	폐부종, 간질성 폐렴, 구토, 가슴 통증, 호흡곤란 등
장기 노출	신장 기능 저하, 알레르기 반응, 구강 염증, 신경계 영향 등

대한민국은 수은 배출량이 세계 9위에 이른다. 특히 환경부가 2006년 발표한 〈국민 혈중 중금속 농도 조사〉에 따르면, 대한민국 국민의 수은 인체 노출 수준은 3.76㎍/ℓ다. 이는 미국(0.82㎍/ℓ)의 4.6배, 독일(0.58㎍/ℓ)의 6.5배다. 국민의 건강을 위해 수은 저감 대책 마련이 시급하다.

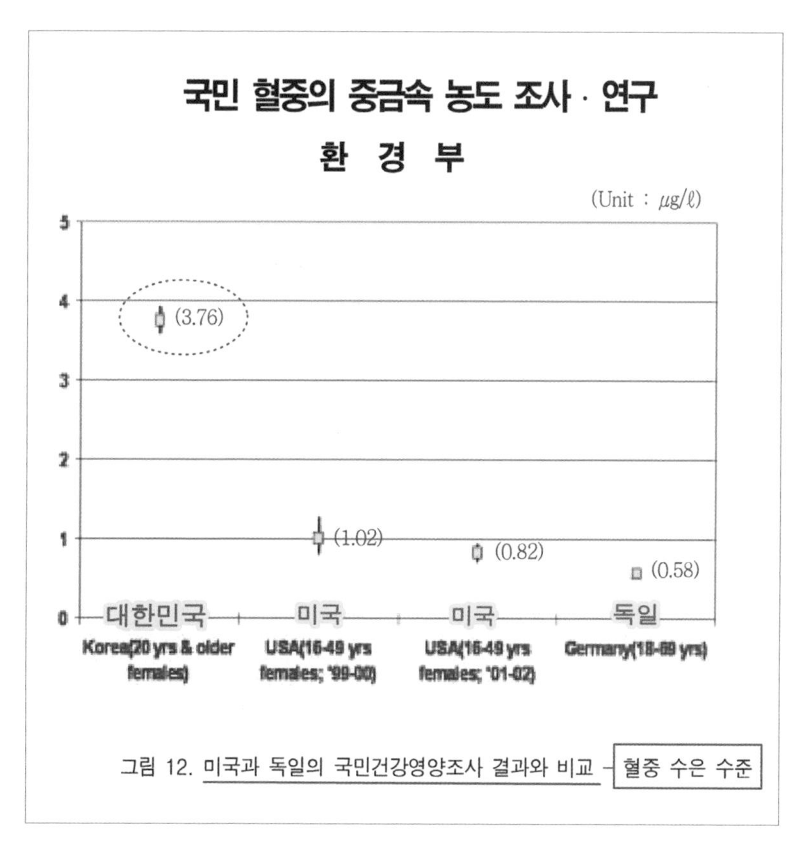

환경부 조사 결과, 한국인의 혈중 수은 농도가 미국이나 독일에 비해 높다.

국민의 건강을 위협하는 수은은 어디서 발생할까? 환경부는 〈수은으로부터 안전한 사회 만들기 위한 수은 관리 종합 대책 수립〉에서 우리나라 주요 수은 배출원이 ① 화력발전소 등의 고정 연소 34.7% ② 시멘트 제조 34.7% ③ 폐기물 13.9% ④ 철강 생산 6.9% 등이라고 밝혔다.

mev 환경부 / 행복한 대한민국을 여는 정부3.0	보 도 자 료		
	보도일시	2015년 12월 18일 조간(12. 17. 12:00 이후)부터 보도하여 주시기 바랍니다.	
	담당 부서	화학물질정책과	이병화 과장 / 김종민 사무관
			044-201-6770 / 6782
	배포일시	2015. 12. 16. / 총 16매	

수은으로부터 안전한 사회 만들기 위한 수은관리 종합대책 수립

◇ 2016년 국제수은협약 발효 대비, 수은 모니터링, 배출저감, 수은첨가 제품의 단계적 철폐, 친환경적 폐기 등 전과정 관리과제 이행

참고3 국내 수은 배출 및 사용 현황

□ **대기중 배출**

○ UNEP 보고서('13)에 따르면 우리나라가 **각종 배출원**에서 **대기로 배출**하는 **수은**은 **연간 약 7.2톤**으로 추정됨

※ 고정연소(2.5톤) > 시멘트제조(2.5톤) > 폐기물(1톤) > 철강생산(0.5톤) > 기타(0.4톤) > 비철금속생산(0.3톤)

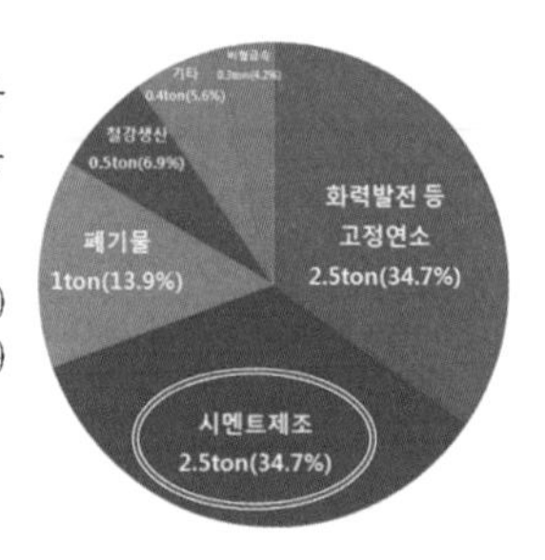

국내총생산 0.3%에 불과한 시멘트 업계가 수은 배출량 34.7%를 차지한다.

환경부 자료에서 우리는 충격적인 사실을 발견할 수 있다. 시멘트 업계는 국내총생산에서 0.3%를 차지하는데, 국민을 병들게 하고 지구적으로 광범위한 환경오염을 일으키는 수은을 무려 34.7%나 배출한다. 쓰레기 시멘트 때문이다.

중국의 시멘트 공장은 왜 수은 배출량이 적을까?

대기 중에 배출되는 수은은 입자상 수은, 산화수은, 원소 수은 등으로 나뉜다. 입자상 수은은 대기 중 체류 시간이 0~10일, 산화수은은 0~5일로 방출된 후 바로 인근에 낙하해 침전한다. 그러나 원소 수은은 대기 중 체류 시간이 무려 150~350일에 이르러 지구적 오염원이 된다.

시멘트 공장의 수은 발생 원인을 밝히는 논문을 찾아냈다. 〈시멘트 소성 공정 수은, 미세먼지(PM 2.5, PM 10), NOx 동시 제거를 위한 고효율 처리 시스템 개발〉(2015)에 따르면, 중국의 시멘트 공장은 수은 배출량이 많지 않다. 시멘트 생산 세계 1위 중국의 시멘트 공장은 대부분 석탄을 사용한다. 석탄에서도 수은이 발생하지만, 대부분 입자상 수은으로 시멘트 공장 백 필터에서 거의 제거된다.

이 보고서는 대한민국이 문제라고 지적한다. 시멘트 소성로에 다양한 폐기물을 소각하기 때문에 백 필터로 제거하기 어려운 원소 수은과 산화수은이 많이 발생한다는 것이다. 쌍용C&E 영월공장의 시멘트 소성로 배출 가스 중 수은을 측정한 결과, 사용하는 연료 종류에 따라 수은 농도 차이가 발생함을 확인했다. 석탄을 주로 사용하는 소성로는 수은 농도가 낮았지만, 정제유나 폐비닐과 같이 수은 함량이 높은 쓰레기를 사용하는 소성로는 수은 농도가 높았다.

시멘트 공장 수은 배출

	사용 연료 종류	수은 함량(mg/kg)	
중국 시멘트 공장	석탄	1회	0.1869
		2회	0.1682
		3회	0.1721
		4회	0.1637
		평균	0.1727
대한민국 쌍용C&E	석탄	0.10	
	석유코크스	0.04	
	폐타이어	0.07	
	폐비닐	0.59	
	정제유	5.95	

출처 : 〈시멘트 소성 공정 수은, 미세먼지(PM 2.5, PM 10), NOx 동시 제거를 위한 고효율 처리 시스템 개발〉, 2015

환경부와 시멘트 업계는 쓰레기 시멘트를 자원 재활용이라고 주장해왔다. 그러나 시멘트 공장이 국내 수은 배출량의 34.7%나 차지한 것은 시멘트를 쓰레기로 만들기 때문이다. 시멘트 공장에서 쓰레기를 사용하지 않으면 국내 수은 발생량을 대폭 줄일 수 있다.

쌍용C&E 영월공장에서 뿜어내는 연기에는 원소 수은이 다량 포함돼 있다.

국민은 안전한 시멘트로 지은 집에서 지내고, 깨끗한 공기를 숨 쉬며 살 수 있다.

유독물 수은의 배출 관리 책임이 환경부에 있다. 그러나 환경부는 시멘트 공장에 쓰레기를 몰아주며 더 많은 수은 배출을 장려해 왔다. 수은 저감 대책을 세워야 할 환경부가 수은 배출의 주범이다.

화력발전소와 시멘트 공장을 비교해보니

환경부 자료에 따르면, 화력발전소와 시멘트 공장은 수은 배출 1, 2위 업종이다. 국립환경과학원은 〈고정 오염원의 수은 배출량 저감과 감시를 위한 연속 모니터링 실시 및 수은 저감 기술의 효과 연구(Ⅱ)〉(2015)에 시멘트 공장과 화력발전소의 수은 발생 특성을 자세히 비교 · 정리했다. 석탄을 에너지원으로 사용하는 화력발전소는 수은을 약 0.3㎍/Sm³ 배출한다. 그러나 시멘트 공장은 최대 발생 농도 600㎍/Sm³에 평균 26.3㎍/Sm³로 수은 농도 차이가 크고 일정치 않다.

환경부는 쓰레기 시멘트가 수은 배출 주범이라는 것을 모를까? 아니다. 환경부는 다양한 조사를 통해 시멘트 공장이 수은 배출 주범임을 잘 알고 있다. 국립환경과학원이 작성한 〈시멘트 소성 시설에서의 수은 배출 특성 및 최신 측정 방법 적용성 평가 연구〉(2017)에 따르면, 시멘트 공장에서 수은 발생 농도 차이가 크게 발생하는 원인은 다음과 같다.

국립환경과학원 조사 결과, 시멘트 공장의 수은 최대 발생 농도가 약 600㎍/Sm^3였다. 시멘트 공장이 화력발전소(0.3㎍/Sm^3)와 비교할 수 없는 환경오염 시설임을 보여준다.

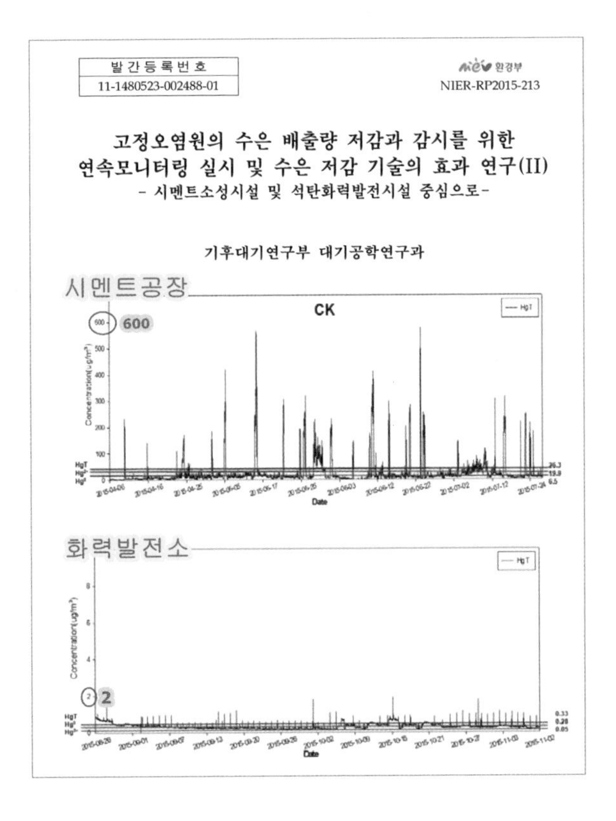
발간등록번호
11-1480523-002488-01

NIER-RP2015-213

고정오염원의 수은 배출량 저감과 감시를 위한 연속모니터링 실시 및 수은 저감 기술의 효과 연구(II)

- 시멘트소성시설 및 석탄화력발전시설 중심으로 -

기후대기연구부 대기공학연구과

첫째, 시멘트 제조 시설은 단일 공정이 아닌 배출 시설이 다양하고 병렬 형태로 연결되어 있기 때문에 공정의 운영이 일정하지 않다.

둘째, 시멘트 제조에 사용되는 원료의 다양성이다. (중략) 석탄 비산재 및 폐주물사 등이 보조 원료로 사용된다. 이러한 원료(폐기물)에 수은이 고농도로 함유되어 있기 때문에 수은 발생량이 높으며 성상에 따라 큰 차이를 보인다.

셋째, 연료의 다양성이다. 기존에는 유연탄을 수입하여 연료로 사용하였지만, 최근 (중략) 화석연료와 함께 폐기물 고형 연료(Solid Refuse Fuel, SRF)를 혼소하기 때문에 수은의 발생 원인이 다양하다.

환경부는 〈수은 국제 협약 대응을 위한 고정 오염원 조사 국제 공동 연구〉(2013)에서 시멘트 공장의 수은 배출 심각성을 강조했다.

시멘트 소성 시설의 경우 연료 및 부연료, 원료 및 부원료로 다양한 폐기물을 혼소하고 있다. 투입되는 폐기물의 성상이 일정치 않으며, 동일 시간에 동일한 성상의 폐기물이 투입되는 것이 아니기 때문에 투입되는 폐기물의 특성을 통한 수은 화합물의 배출 특성을 예측하기 힘들며 이에 따라 배출 농도의 변화 폭이 크다. 시멘트 소성 시설의 경우 폐기물 혼소율, 폐기물 원료 대체율 등 복합적인 이유로 인하여 시설 간의 차이뿐만 아니라 측정 시간별로 차이가 많이 나는 것을 알 수 있다.

시멘트 공장의 쓰레기 소각이 수은 배출의 주범인데도 환경부는 수은 배출 저감 시설이 없는 시멘트 공장에 쓰레기 소각을 장려하고 있다.

시멘트 공장에서 수은을 다량 배출하는 이유가 하나 더 있다. 빈약한 환경오염 방지 시설 때문이다. 국립환경과학원은 〈시멘트 소성 시설에서의 수은 배출 특성 및 최신 측정 방법 적용성 평가 연구〉에서 "시멘트 소성로는 다양한 수은이 발생됨에도 불구하고, 수은을 제어할 수 있는 별도의 습식 방지 시설이 설비되어 있지 않아 입자상 수은을 제외한 발생되는 대부분의 수은이 최종 배출구로 배출된다"고 강조했다. 이는 시멘트 공장이 다른 소각 시설에 비해 수은을 제거할 습식 방지 시설이 없는 환경오염 배출 시설임을 지적한 것이다.

대한민국 환경오염 물질 배출 주범은 환경부

환경부와 시멘트 업계는 유럽의 시멘트 공장도 쓰레기로 시멘트를 만든다며 쓰레기 시멘트를 합리화해왔다. 그러나 〈시멘트 소성 공정 수은, 미세먼지(PM 2.5, PM 10), NOx 동시 제거를 위한 고효율 처리 시스템 개발〉을 보자.

> 유럽에서는 산업폐기물을 시멘트에 재활용하는 경우 시멘트의 안전성을 확보하기 위해 시멘트에 재활용하는 폐기물의 가이드라인을 정하였다. 즉 배출 가스의 엄격한 통제를 통해 환경오염을 예방하고 시멘트 공장에 사용하는 폐기물의 종류와 양을 통제하고 있다. 또한 유럽의 경우 시멘트 제

품의 안전성 확보를 위해 시멘트 소성로의 배출 가스 중에 각종 중금속 규제를 하고 있다.

국립환경과학원은 우리나라 시멘트 공장의 수은 배출 심각성을 지적한다.

> 미국과 독일 등 선진국에서는 굴뚝연속자동측정장치(Continuous Emission Monitoring, CEM) 측정 항목에 '수은'을 포함하여 수은에 대한 지속적인 모니터링을 하고 있다. 그러나 우리나라의 경우 굴뚝연속자동측정장치의 대상 오염물질로 수은을 포함하고 있지 않아 수은의 배출 농도를 파악하기 어렵다.

그동안 환경부는 수은 관리 종합 대책을 수립하는 전담 부서로서 '수은에 관한 미나마타협약'에 따라 수은 저감을 위한 대책을 마련해왔다. 그러나 고양이에게 생선을 맡긴 꼴이다. 환경부는 수은 저감 대책을 세운다면서 한편으로 쓰레기 치우기에 급급해 시멘트 공장의 쓰레기 사용량을 늘려왔다. 쓰레기 시멘트는 자원 재활용도 아니고, 쓰레기를 해결한 것도 아니다. 쓰레기 시멘트는 새로운 유해 물질을 재생산해 시멘트 공장 주변 마을은 물론, 나라와 지구적 환경 재앙을 만든 것일 뿐이다. 수은 배출을 조장해온 환경부의 잘못된 쓰레기 정책에 대전환이 필요하다.

시멘트 공장을 불법 쓰레기 매립장으로 만든 쌍용C&E

5

쌍용C&E 동해공장 마당에 콘크리트를 붓고, 마르면 또 붓기를 반복해 높이 4m에 이르는 불법 매립을 했다.

쌍용C&E 동해공장 마당에 레미콘이 콘크리트를 붓고 있다. 자루를 치우지 않고 콘크리트를 붓고 또 부었다. 쌍용C&E는 폐타이어 야적장에 높이 4m 이상 콘크리트를 부었다. 값비싼 콘크리트를 왜 공장 마당에 아낌없이 부었을까? 쓰레기를 소각하며 발생한 지정 폐기물을 콘크리트로 불법 매립한 것이다.

쌍용C&E 동해공장에서 폐기물이 든 자루를 치우지 않고 콘크리트를 부어 불법 매립하고 있다.

유독성 폐기물을 불법 매립 중인 쌍용C&E

시멘트 공장에서 사용하는 폐합성수지 같은 쓰레기에는 염소 성분이 다량 함유됐다. 염소는 제조 과정에 소성로와 예열기에 엉겨 붙어 고장의 주원인이 되고, 시멘트에 염소가 많으면 철근을 부식시켜 건축물의 안전을 위협한다. 소성로에서 염소를 빼내야 하는데, 이를 '염소바이패스더스트'라고 부른다.

〈시멘트 바이패스더스트 내 염화칼륨 수득을 위한 이산화탄소 적용 연구〉(한국세라믹기술원, 2017)에 따르면, "시멘트 제조 공정에서 발생하는 염소바이패스더스트는 지정 폐기물로서 고가의 처리 비용이

시멘트 바이패스 더스트 내 염화칼륨 수득을 위한 이산화탄소 적용 연구

김경석 · §추용식

한국세라믹기술원 에너지환경소재본부 에코복합소재센터

Study of Using Carbon Dioxide for Obtaining Potassium Chloride from Cement By-Pass Dust

Kyoungseok Kim and §Yongsik Chu

Eco Composite Materials Team, Energy & Environmental Division, KICET

요 약

시멘트 제조 공정에서 발생하는 바이패스 더스트는 지정폐기물로서 고가의 처리비용이 요구되고 있다. 바이패스 더스트의 주성분은 KCl이며, KCl은 주로 비료에 사용되고 있다. 비료에 사용하기 위해서는 pH 수준이 중성 혹은 약산성 이어야 한다. 그러나 바이패스 더스트의 pH는 12.0~12.5 수준으로, 또다른 전처리 없이 비료로 사용될 수 없다. 본 연구에서는 시멘트 바이패스 더스트에서 KCl을 수득하는 과정 중, 이산화탄소를 사용하여 산화칼슘을 제거하고, 동시에 pH 변화량을 제어하고자 하였다. 탄산화시험기 내부 분위기를 25℃-50RH%로 고정한 후, 이산화탄소 20 vol% 조건에서 0~7시간으로 유지하고, 각 시간별 산화칼슘 함량 및 pH 값을 분석하였다. 이산화탄소 유지시간 증가에 따라 산화칼슘 함량 및 pH 값은 감소하였으며, 6시간 경과 후 pH 값은 7에 근접하였다.

Table 1. Chemical Composition of By-pass Dust

(unit : wt%)

Comp.	K_2O	Cl	**CaO**	SO_3	PbO	SiO_2	Al_2O_3	Fe_2O_3	Na_2O	MgO	ZnO
Dust	37.37	24.32	**17.04**	7.69	3.87	2.60	0.92	0.85	0.79	0.44	0.16

염소더스트는 지정 폐기물이며, 염소와 납 함량이 높은 유해 물질이다.

요구되며 염소 24.32%(24만 3200ppm), 산화납 3.87%(3만 8700ppm) 등"이라고 밝혔다. 〈염소바이패스더스트를 이용한 염화칼륨 제조 및 중금속 제거〉(영월청정소재산업진흥원 · 한국세라믹기술원, 2017)는 "2개의 염소더스트를 분석한 결과 더스트는 투입되는 폐기물 종류에 따

염소바이패스더스트 성분 분석 결과

	염소	납	카드뮴
A 더스트	13.48%	4,451ppm	167ppm
B 더스트	20.19%	2,392ppm	93ppm

염소 바이패스 더스트를 이용한 염화칼륨 제조 및 중금속 제거

윤영민 · 염나리 · 이갑수 · 엄선희 · §이용현 · 추용식*

(재)영월청정소재산업진흥원 청정소재사업팀, *한국세라믹기술원 에너지환경소재본부 에코복합소재센터

Preparation of KCl through Removal of Heavy Metals from Chlorine By-Pass Dust

시멘트 공정에서는 산업부산물 및 생활폐기물 적용에 따른 여러 문제점들이 발생한다. 이들 폐기물 사용에 따라 발생하는 염소 바이패스 더스트의 주성분은 칼륨과 염소이며, 소량의 중금속이 함유되어 있다. 따라서 폐기물 재활용 측면에서, 염소 바이패스 더스트 내 중금속 제거가 필요하다. 본 연구에서는 염소 바이패스 더스트를 용해하여 제조되는 염화칼륨 내 중금속 제거 실험을 진행하였다. 최적의 중금속 제거 조건을 도출하기 위해 증류수 함량, 침전제 투입량을 제어하였다. 이에 따라 제조된 염화칼륨 분말 내 존재하는 중금속 종류 · 함량 등을 분석하였다. 침전제 투입량 증가에 따라 중금속 Pb의 함량이 감소하였다. A더스트와 증류수의 배합비 1:2, 침전제(NaOCl) 3%, B더스트와 증류수의 배합비 1:2, 1:3.5, 침전제 3% 조건에서 중금속 Pb, Cd 및 As가 모두 불검출 되었다.

Table 1. Chemical composition of by-pass dust (dust A and B) (Unit : wt%)

Comp.	SiO_2	Al_2O_3	CaO	MgO	Fe_2O_3	K_2O	Na_2O	SO_3	Cl^-
A dust	15.26	5.19	27.89	1.28	3.31	25.29	0.52	1.20	13.48
B dust	15.20	3.08	17.33	0.96	2.18	32.08	0.38	2.41	20.19

※ A dust : Pb 4451 ppm, Cd 167 ppm, As 11 ppm, Cu 75 ppm, Hg 0.001 ppm (N.D), Cr 9 ppm
※ B dust : Pb 2392 ppm, Cd 93 ppm, As 8 ppm, Cu 16 ppm, Hg 0.001 ppm (N.D), Cr 14 ppm
※ N.D : 0.001 ppm 이하

염소바이패스더스트는 염소, 납, 카드뮴 함량이 높은 유해 폐기물이다.

라 성분 차이가 있다"며 염소 13.48~20.19%, 납 2392~4451ppm, 카드뮴 93~167ppm 등 분석 결과를 상세히 공개했다.

한라시멘트(주)의 염소더스트를 입수해 한국세라믹기술원과 한국화학융합시험연구원에 분석을 의뢰했다. 위의 두 논문과 유사한 결과를 확인했다.

	염소	크롬	납	구리	비소	수은
한라시멘트(주) 염소더스트	13.3%	32ppm	1,800ppm	670ppm	11ppm	0.37ppm

쌍용C&E가 공장 마당에 불법 매립 중인 염소더스트는 과연 어떤 성분이 들었을까? 쌍용C&E 염소더스트를 한국화학융합시험연구원에 분석 의뢰했다. 놀랍게도 염소 60.8%(60만 8000ppm), 납 1만 1160ppm이 검출됐다.

한라시멘트(주)와 쌍용C&E의 염소더스트 성분 차이가 큰 원인은 간단하다. 시멘트 제조에 투입한 쓰레기 종류와 양이 다르기 때문이다.

	염소	카드뮴	납	구리
쌍용C&E 염소더스트	60.8%	90ppm	11,160ppm	360ppm

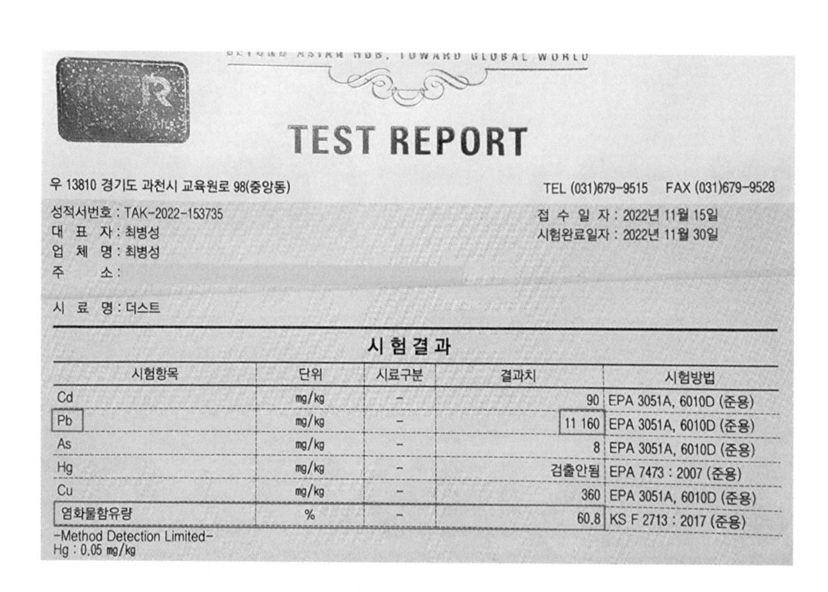

BEYOND ASIAN HUB, TOWARD GLOBAL WORLD

TEST REPORT

우 13810 경기도 과천시 교육원로 98(중앙동) TEL (031)679-9515 FAX (031)679-9528

성적서번호 : TAK-2022-153735
대 표 자 : 최병성
업 체 명 : 최병성
주 소 :
접 수 일 자 : 2022년 11월 15일
시험완료일자 : 2022년 11월 30일

시 료 명 : 더스트

시험결과

시험항목	단위	시료구분	결과치	시험방법
Cd	mg/kg	-	90	EPA 3051A, 6010D (준용)
Pb	mg/kg	-	11 160	EPA 3051A, 6010D (준용)
As	mg/kg	-	8	EPA 3051A, 6010D (준용)
Hg	mg/kg	-	검출안됨	EPA 7473 : 2007 (준용)
Cu	mg/kg	-	360	EPA 3051A, 6010D (준용)
염화물함유량	%	-	60.8	KS F 2713 : 2017 (준용)

-Method Detection Limited-
Hg : 0.05 mg/kg

쌍용C&E 동해공장의 염소더스트 분석 결과

기상천외한 쌍용C&E 불법 매립 현장

쌍용C&E 동해공장 정문 앞 잔디밭이 한창 공사 중이다. 멀쩡한 잔디밭을 2.3m 깊이로 파고 염소더스트를 혼합한 콘크리트를 불법 매립했다. 쌍용C&E는 그동안 유연탄 적치장과 주변 도로, 폐타이어 야적장 등 공장 곳곳에 염소더스트를 불법 매립하다가, 정문 앞 잔디밭까지 파기에 이른 것이다.

쌍용C&E 동해공장 정문 앞 잔디밭을 2.3m 깊이로 파고 염소더스트를 혼합한 콘크리트를 불법 매립하고 있다.

쌍용C&E가 공장 내에 염소더스트를 불법 매립한 정황을 확인하기 위해 콘크리트를 채취, 염소와 납, 카드뮴을 분석했다. 국토교통부가 정한 시멘트 염소 함량 기준이 300ppm 이하다. 2022년 쌍용C&E가 생산한 시멘트 제품은 납의 평균 농도가 약 50ppm, 카드뮴은 불검출이다. 쌍용C&E 동해공장 마당에서 채취한 콘크리트를 분석한 결과, 염소 1만 ppm, 납 2340ppm, 카드뮴 30ppm이 검출됐다.

환경부가 쌍용C&E 동해공장의 염소더스트 불법 매립 깊이를 확인하기 위해 시추 조사를 하고 있다. 사람들이 서 있는 모든 곳이 염소더스트를 높이 4m로 불법 매립한 현장이다.

시료	염소	납	카드뮴
쌍용C&E 시멘트	300ppm 이하	50ppm	불검출
쌍용C&E 동해공장 불법 매립 콘크리트	1%(10,000ppm)	2,340ppm	30ppm

쌍용C&E 동해공장 곳곳에 염소더스트를 불법 매립했다.

환경부가 쌍용C&E 동해공장에서 채취해 한국환경공단에 분석 의뢰한 콘크리트에서도 염소가 1만 2900ppm 검출됐다. 정상적인 시멘트 염소 기준의 43배에 이른다. 환경부가 쌍용C&E 동해공장 곳곳에서 채취한 콘크리트 분석 결과, 납은 1004~3592ppm 검출됐다. 이는 쌍용C&E 시멘트 제품의 평균 납 함량보다 20~72배 많은 수치다. 카드뮴 역시 시멘트 제품에는 불검출인데, 공장 마당에 매립한 콘크리트에서는 13.2~42.69ppm이 검출됐다. 쌍용C&E가 공장 곳곳에 염소더스트를 불법 매립한 정황이 환경부 조사에서도 확인된 것이다.

쌍용C&E 동해공장 염소더스트 불법 매립 콘크리트 환경부 분석 결과

(단위 : ppm)

시료	납	카드뮴
폐타이어 야적장	3,592	42.69
	3,011	42.05
	2,166	31.18
	2,416	31.60
정문 잔디밭	2,437	36.31
	1,004	13.20
유연탄 야적장	2,573	26.87
	2,847	24.24
	1,942	19.96
	1,953	19.57
A 광산	2,274	28.56
	2,017	21.72

환경부의 직무 유기

시멘트 제조에 쓰레기를 사용하면 염소더스트가 다량 발생함은 기본 상식이다. 그러나 쓰레기 시멘트를 허가한 환경부는 지금까지 지정 폐기물인 염소더스트의 발생과 처리조차 관리하지 않았다. 쌍용C&E가 폐기물을 공장 안에 불법 매립한 것도 이 때문이다. 환경부에 2015~2021년 시멘트 공장의 염소더스트 발생량과 처리량을 정보공개 청구했다. 확인 결과 심각한 문제점과 불법을 자행한 정황이 드러났다.

시멘트 업체 염소더스트(분진) 2015~2021년 실적 보고(발생량, 처리량, 처리 방법) 내역

(단위 : kg)

회사명		2015년	2016년	2017년	2018년	2019년	2020년	2021년	처리 방법
쌍용 C&E (동해)	발생량	실적 없음							-
	처리량								
쌍용 C&E (영월)	발생량	실적 없음						888,650	위탁
	처리량							888,650	
삼표	발생량	실적 없음							-
	처리량								
아세아	발생량	5,356,620	2,717,140	3,869,180	2,793,690	1,214,510	663,370	637,470	위탁
	처리량	5,356,620	2,717,140	3,869,180	2,793,690	1,214,510	663,370	637,470	
한일 (단양)	발생량	683,400	1,298,620	2,081,570	2,389,120	2,015,450	946,630	563,230	위탁
	처리량	683,400	1,298,620	2,080,850	2,389,120	2,015,450	946,630	563,230	
한일 현대 (영월)	발생량	3,764,680	3,841,750	4,284,880	4,309,490	2,255,330	6,060,440	7,256,090	위탁
	처리량	3,764,680	3,841,750	4,284,880	4,254,590	2,281,230	6,027,940	7,256,090	
성신	발생량	2,961,890	3,653,010	3,493,780	2,630,600	2,664,690	4,066,910	6,633,360	위탁
	처리량	2,961,890	3,653,010	3,493,780	2,630,600	2,664,690	4,066,910	6,633,360	
한라	발생량	실적 없음					5.949,400	7,664,690	위탁
	처리량						5.949,400	7.664.690	

2017년부터 시멘트 공장의 폐기물 사용량이 급증했다. 그렇다면 염소더스트 발생량 역시 증가해야 한다. 성신양회(주) 통계에 따르면, 폐기물 사용량이 증가함에 따라 염소더스트 발생량도 2017년 349만 3000t에서 2021년 663만 3000t으로 늘었다. 그런데 한일시멘트(주) 단양공장은 2017년 208만 1000t에서 2021년 56만 3000t으로 줄었다. 폐기물 사용량이 증가했는데 염소더스트 발생량이 약 1/4

로 줄어든 것이다. 아세아시멘트(주) 역시 2017년 386만 9000t에서 2021년 63만 7000t으로 축소된 염소더스트 발생량을 보고했다.

환경부 통계에 따르면, 폐기물을 가장 많이 사용하는 쌍용C&E 동해공장과 (주)삼표시멘트는 염소더스트 발생량과 처리량이 없다. 한라시멘트(주)는 2020년, 쌍용C&E 영월공장은 2021년에야 염소더스트 발생량을 공개했다. 환경부는 염소더스트 발생량을 은폐하거나 불법으로 처리하는 공장이 있는데 확인조차 하지 않았다. 환경부가 직무 유기를, 시멘트 공장은 불법을 자행한 것이다.

쌍용C&E의 염소더스트 불법 처리 현장

쌍용C&E는 국내 시멘트 생산량 1위 기업이다. 쓰레기 사용량 역시 국내 시멘트 공장 1위다. 그런데 쌍용C&E 동해공장은 염소더스트 발생과 처리 실적이 없는 것으로 기록됐다. 2019년 3월 12일, 쌍용C&E가 염소더스트 처리와 관련해 환경부와 주고받은 문서를 입수했다.

쌍용C&E 질의	시멘트 생산공정 중 예열실과 소성로의 막힘 현상을 해소하기 위하여 공정에서 추출한 고염소 성분의 원료를 밀폐 차량으로 이송하여 세척 후 이를 다시 시멘트 소성로에 재투입하는 경우 고염소 원료가 폐기물에 해당되는지?
환경부 답변	밀폐 차량을 이용하여 공정에서 발생된 분진을 외부 유출, 보관 등의 과정 없이 사업장 내의 제조 원료로 투입하는 것은 폐기물에 해당되지 않는다.

보다 나은 정부

환 경 부

수신 쌍용양회공업주식회사
(경유)

제목 질의에 대한 회신

1. 귀 기관에서 질의하신 사항에 대하여 다음과 같이 회신합니다.

ㅁ 질의 요지

ㅇ 화석연료 사용량 감소 및 대체연료(폐합성수지) 사용량 증대를 위한 공정개선을 검토 중임

ㅇ 시멘트 생산공정 중, 예열실과 소성로의 막힘현상을 해소하여 위하여 공정에서 추출한 고염소 성분의 원료를 밀폐된 차량으로 이송하여 세척 후 이를 다시 시멘트 소성로에 재투입하는 경우, 고염소 원료가 폐기물에 해당하는지?

ㅁ 회신 내용

ㅇ 공정에서 발생된 분진을 외부 유출·보관 등의 과정없이 연속공정으로 사업장 내에서 제조공정의 원료로 재투입하는 경우에는 폐기물에 해당하지 않습니다.

ㅇ 질의 하신 바와 같이 소성로에서 막힘현상 해소를 위하여 추출한 분진을 밀폐 차량(BCT)을 이용하여 이송 후 수세하여 제조공정으로 재투입하는 것은 일련의 연속공정으로서 공정의 원료로 재투입되는 것으로 판단 되는 바, 이 경우 동 분진은 폐기물에 해당되지 않습니다. 끝.

환 경 부 장 관

주무관 현세환 행정사무관 김대준 과장 전결 2019.3.12. 이채은

협조자

시행 자원순환정책과-1398 (2019. 3. 12.) 접수

우 34142 세종특별자치시 환경부 7층 자원순환국 자원순환정책과 / http://me.go.kr

전화번호 044-201-7350 팩스번호 044-201-7351 / wlswnxkd@me.go.kr / 비공개(6)

쌍용C&E가 염소더스트에 대해 환경부 질의 회신한 문서

쌍용C&E가 '밀폐 차량으로 염소더스트를 빼내 세척 후 재투입한다'고 한 것은 환경부를 속인 거짓말이다. 쌍용C&E가 염소더스트를 백자루에 담아 소성로 바로 옆에 쌓아둔 것을 확인했다. 심지어 쌍용C&E 동해공장 창고에 염소더스트를 담은 백자루가 산더미처럼 쌓였다. 쌍용C&E의 환경부 질의는 사기다. 이를 확인하지 않은 환경부의 직무 유기 역시 심각하다.

염소더스트를 백자루에 담아 쌓아뒀다.

백자루로 빼낸 염소더스트가 창고에 가득하다.

17년 전에도 폐기물 불법 매립으로 처벌받은 쌍용C&E

쌍용C&E의 폐기물 불법 매립은 이번이 처음이 아니다. 2006년에도 쌍용C&E 영월공장 광산에 폐주물사를 불법 매립한 것이 검찰에 적발되어 처벌받은 전력이 있다. 하루는 서울중앙지검에서 전화가 왔다. 쌍용C&E 불법 매립을 수사 중인데, 검찰청에 와서 관련 상황을 설명해줄 수 있냐고 했다. 검찰청에 도착하니 1층에 수사관이 기다리고 있었다. 수사관이 열린 문틈으로 등을 돌리고 앉아 조사받는 이들을 가리키며 쌍용C&E 관계자라고 속삭이듯 이야기하고, 검사가 있는 다른 방으로 안내했다.

시멘트 업체 수사 결과

2006. 12. 14 형사 제2부

◆ 수사 경과

2006. 10. 20

쌍용양회 압수 수색 실시

- 폐주물사, 폐광재 등 불법 투기 여부 확인 목적

◆ 수사 결과

피의자별 범죄 사실 요지

- 김○○(쌍용양회 이사) : ○○산업 사장 김○○과 공모하여 2003. 11~2004. 2경 강원도 영월군 서면 후탄리 소재 쌍용양회 석회석 광산에 폐주물사 4500여 t을 투기하고, 폐기물 납품 업체로부터 부정한 청탁과 함께 1000만 원 수수(폐기물관리법 위반, 배임 수재)
- 김○○(쌍용양회 과장) : ○○산업 공장장 최○○과 공모하여, 2006. 8. 5경 강원도 영월군 서면 후탄리 소재 쌍용양회 석회석 광산에 폐광재 350만 t을 투기(폐기물관리법 위반)
- 이○○(전 쌍용양회 부장) : 2004. 3경부터 2006. 4경까지 폐기물 납품 업체로부터 총 31회에 걸쳐 부정한 청탁과 함께 7200만 원 수수(배임 수재)

(후략)

무책임한 환경부, 언제 정신 차릴까?

뉴데일리는 2022년 8월 16일 〈쌍용C&E, '순환 자원' 사업 확대로 경영 위기 극복〉에서 쌍용C&E가 폐기물 중간 처리 업체 12개를 인수했다고 보도했다.

> 쌍용C&E는 지난해 2월 사명 변경 후 환경 자원 사업 분야 사업 확대를 위한 광폭 행보를 이어가고 있다. 효율적인 순환 자원 처리를 위해 지난해 인수한 폐기물 중간 처리 업체만 12개에 달한다.
>
> 우선 작년 3월 폐기물 처리 전문 계열사인 그린베인(현 그린에코솔루션)을 자회사로 설립해 폐기물 처리 사업에 출사표를 던졌다. 같은 해 6월 폐기물 수집·처리와 폐기물을 가공해 고체연료로 공급하는 중견 업체 KC에코물류를 약 160억 원에 인수했다. 7월에는 폐기물 수집·처리 업체 성광이엔텍과 폐기물 처리 업체 태봉산업을 인수했고, 지난해 11월에는 삼호환경기술 지분 100%를 약 450억 원에 인수했다. 특히 삼호환경기술은 폐플라스틱을 연간 30만 t까지 처리할 수 있어 해당 분야 최대 업체로 손꼽히던 대어였다.

아시아투데이는 2021년 6월 18일 〈'환경 사업 다각화 박차' 쌍용C&E, 폐기물 중간 처리 업체 인수 추진〉에서 쌍용C&E가 폐기물 중간 처리 업체를 인수해 사업을 확장하는 이유가 폐기물 처리 사업으로 막대한 이익을 얻고 있기 때문이라고 보도했다. 쌍용C&E

는 전국에서 수거한 엄청난 쓰레기로 시멘트를 만들어 막대한 쓰레기 처리 비용을 벌었다.

그러나 쓰레기로 시멘트를 만들 때 발생하는 염소더스트 처리 비용을 아끼고자 공장 곳곳에 불법 매립했다. 염소더스트가 불법 매립된 잔디밭 바로 옆 정문에 '쌍용C&E GREEN 2030 도전! 혁신!'이라는 구호가 있다. 쌍용C&E 홍사승 회장은 "친환경 사업 확대를 통해 탄소 중립 실현에 동참하고 사회적 책임 이행과 경영 투명성 제고로 지속 가능 발전을 이어가도록 하겠다"고 강조했다. 쓰레기로 막대한 이익을 보면서도 염소더스트 처리 비용을 아끼려고 공장 마당에 불법 매립하는 업체가 그린(green), 친환경, 사회적 책임, 탄소 중립 등 온갖 좋은 말을 하고 있다.

쌍용C&E 동해공장 정문에 'GREEN 2030 도전! 혁신!'이라는 구호가 있다. 쓰레기 사용과 불법 매립을 그린워싱 중이다.

전국에서 쓰레기 가져오는 현장에 가보니

쌍용C&E 동해공장으로 대형 트럭이 들어가고 있다. 공장 안 곳곳에 대형 트럭이 늘어섰다. 전국에서 쌍용C&E 동해공장까지 쓰레기를 싣고 온 차량이다.

트럭에 '우드 칩 운반차'라고 쓰여 있다. 우드 칩은 화력발전소용 목재 펠릿이다. 쌍용C&E 동해공장으로 들어온 대형 트럭에 우드 칩이 실렸을까? 이 트럭들이 쓰레기를 가져온 출발지에 찾아갔다.

이곳은 경기도 용인시에 있는 삼호환경기술이다. 쌍용C&E가 2021년 11월 450억 원에 인수했다는 국내 최대 폐기물 중간 처리

업체다. 쌍용C&E 동해공장에서 보던 대형 트럭이 줄줄이 드나든다. 트럭 덮개가 열리니 온갖 가연성 쓰레기가 혼합돼 있다. 시멘트 공장에 반입되는 가연성 폐기물 염소 함량 기준 2만 ppm을 제대로 지키는지 의심스럽다.

대형 트럭이 쓰레기를 싣고 온 이유는 간단하다. 이곳 창고에서 각종 쓰레기를 혼합 · 파쇄하고, 다시 대형 트럭에 실어 시멘트 공장으로 운반하는 것이다. 쌍용C&E는 중간 처리 업체 12개를 인수해 전국의 폐기물을 수거하는 바람에 폐기물 보관 창고를 2개 신축했다. 이 엄청난 쓰레기를 소각하며 발생한 염소더스트를 공장에 불법 매립한 것이다.

쌍용C&E가 인수한 삼호환경기술에 대형 트럭이 쓰레기를 싣고 줄줄이 들어오고, 건너편에 파쇄한 쓰레기를 쌍용C&E 공장으로 가져가기 위한 트럭이 대기 중이다.

우드 칩 운반차라고 쓰여 있으나, 소파와 방음 패드 등 온갖 쓰레기로 가득하다. 시멘트 공장에 사용 가능한 염소 함량 기준 2%를 준수하는지 현장 조사가 시급하다. 파쇄해서 혼합하면 알 수 없기 때문이다.

산처럼 쌓인 쓰레기를 파쇄해 쌍용C&E 공장으로 가져간다.

살고 싶다 외치는 주민들

목숨 걸고 살고 있다. 쌍용은 책임져라.

저녁마다 똥 냄새 때문에 살 수가 없다.

돌가루로 한 번 죽고, 쓰레기 소각으로 두 번 죽는다.

낮에는 컨베이어벨트, 밤에는 천둥 같은 공장 소음, 살라는 말이냐? 죽으라는 말이냐?

시멘트는 세계로, 세계 · 전국 쓰레기는 삼화 쌍용으로!

2022년 10월, 쓰레기를 가득 실은 대형 트럭이 들어가는 쌍용 C&E 후문 곁에 "살고 싶다"고 외치는 주민들이 있었다. 쓰레기 악취와 분진을 견디다 못해 나선 이들이다. 쓰레기 소각으로 엄청난 이득을 보면서도 환경 개선은 외면하는 대한민국 시멘트 공장의 씁쓸한 현실을 보여준다.

쌍용C&E 폐기물 소각으로 악취와 분진을 견디지 못해 시위 중인 공장 인근 마을 주민들

환경 따위 관심 없는 환경부는 대답하라

6

시멘트 만드는 회사냐 폐기물 소각장이냐
악질 기업 ○○시멘트는 각성하라!!
환경 따위 관심 없는 원주환경청 대답하라
우리도 살고 있다
시멘트 회사는 시멘트만 만들어라
폐기물 소각은 지정 소각장에서 하게 하라

절절한 구호가 적힌 피켓을 들고 영월군청 앞에서 1인 시위 중인 분을 만났다. 1인 시위에 나선 이유를 물었다. 시멘트 공장에서 풍기는 악취로 머리가 깨질 것 같은 통증에 시달리다 못해 거리로 나섰다는 것이다. 1인 시위를 나서기 전, 시멘트 공장에 진정을 넣었으나 악취는 그대로였다. 원주지방환경청, 강원도청, 국민권익위원회, 국무총리실, 청와대 등에도 진정을 냈지만 아무 소용이 없었다는 것이다.

시멘트 업계는 시멘트 소성로가 1450℃ 고온으로 쓰레기 유해 성분이 완전 분해된다고 주장해왔다. 그런데 왜 1인 시위를 해야 할 만큼 시멘트 공장에서 악취가 발생할까? 시멘트 공장은 악취 때문에 힘들어하는 주민의 상황을 모를까? 아니다. 시멘트 공장에서 악취와 분진이 발생하는 상황을 가장 잘 알면서도 1450℃ 고온으로 유해 성분이 완전 분해된다고 거짓말하는 것이다. 그래야 쓰레기 시멘트를 만들고 쓰레기 처리 비용을 벌 수 있기 때문이다.

시멘트는 광산에서 석회석을 캐내는 '채굴', 채굴한 석회석 덩어리를 분쇄하는 '조쇄', 부순 석회석에 소각재와 슬래그 등을 섞는 '혼합', 고온으로 가열해 화학반응으로 클링커가 제조되는 '소성',

예열기를 열화상 카메라로 촬영해보니 열이 감지됐다. 예열기 자체가 저온의 소각 시설이다.

클링커에 응결 지연제를 첨가하고 분쇄해 시멘트를 완성하는 '분쇄' 등 여러 단계를 거쳐 완성된다. 이렇게 다양한 장치가 늘어선 구조이기에 환경오염 물질이 배출되기 쉽다. 특히 석회석에 쓰레기를 혼합하고 고온에 태워 시멘트를 만드는 소성이 가장 중요한 과정인데, 가로 60~70m 원통형 '소성로'와 수직으로 선 '예열기'로 구성된다.

소성로는 1450℃ 소각 시설이다. 그러나 소각재와 석탄재, 슬래그, 분진, 하수 슬러지, 공장 오니 등 비가연성 폐기물을 석회석과 혼합해 850℃ 예열기를 먼저 통과해야 한다. 소성로에 바로 투입하면 온도가 낮아지기 때문이다. 예열기를 열화상 카메라로 살펴보니 열이 감지됐다. 일반적으로 예열기는 4단계를 거쳐 내려오는 구조다. 최상단은 약 300℃, 최하단은 850℃다. 예열기 자체에서 쓰레기가 소각되는 게 문제다. 시멘트 업계는 1450℃ 소성로를 자랑해왔지만, 300~800℃에 이르는 예열기 자체가 소각 시설의 하나다. 예열기에서 폐기물이 건조·소각되며 악취가 나는 것이다.

쌍용양회기술연구소와 한국지질자원연구원이 작성한 〈철강 산업 슬러지의 복합 처리에 의한 실용화 기술 개발〉에서 예열기 자체가 악취를 뿜어내는 저온의 소각 시설임을 인정하고 있다.

> "폐기물의 연소 특성을 측정한 결과, 슬러지의 반응 개시 온도가 220℃ 수준으로 낮다. 폐기물을 원료로 활용 시 폐기물 중의 함유되어 있는 가연성 물질이 예열실에서 연소될 것으로 예상된다."

일산화탄소 폭발 방지를 위해 분진을 뿜어내는 시멘트 공장

7

시멘트 공장에서 하얀 연기가 펑펑 나온다. 자세히 보니 연기가 아니라 시멘트 분진이다. 공장 주변을 돌며 사진을 촬영하는 내내 시멘트 분진이 곳곳에서 나왔다. 시멘트 업계는 공장을 굴뚝자동 측정기기(TMS)로 실시간 감시하며, 언제나 기준치 이내라 환경오

성신양회(주) 시멘트 분진

염이 없다고 주장해왔다. 시멘트 분진을 뿜어낸 날의 TMS 기록을 한국환경공단에 정보공개 요청했다. 시멘트 공장의 주장이 사실이었다. 시멘트 분진을 몇 시간 동안 펑펑 쏟아냈는데도 법적 기준치의 10%에 불과했다. 단양군청 담당자도 TMS 기록에는 아무 이상이 없다고 대답했다. TMS가 달리지 않은 곳으로 분진을 뿜어냈기 때문이다.

시멘트 공장은 채굴, 조쇄, 혼합, 소성 등을 거치는 장치산업으로, 다양한 시설이 늘어선 구조다. 이 가운데 TMS가 달린 곳은 극히 일부다. 그러니 분진과 유해 물질을 펑펑 뿜어내도 환경부에는 언제나 '정상'으로 보고되는 것이다.

시멘트 공장은 왜 이렇게 심각한 시멘트 분진을 뿜어낼까? 2006년 연세대학교 서용칠 교수와 국립환경과학원이 공동 조사한 〈폐

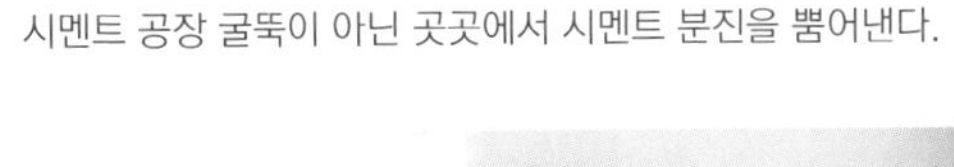
시멘트 공장 굴뚝이 아닌 곳곳에서 시멘트 분진을 뿜어낸다.

기물 소각 시설로서의 시멘트 소성로 관리 기준 개선 연구〉에 따르면, 일산화탄소(CO) 과다 발생으로 전기집진기의 폭발을 막기 위해 시멘트 분진을 뿜어낸 것이라고 한다.

> 모든 소성 공정에서 배기가스는 굴뚝으로 배출되기 전에 분리를 위해 대기오염조절장치(APCDs, 전기집진장치 또는 백 필터)를 통과한다. 일산화탄소는 원료 물질에 포함된 유기 물질로부터 발생될 수 있으며, 고형연료의 투입이 최적의 상태 이하로 운전되는 불완전연소에 의해서 발생한다. 일산화탄소의 농도는 1000보다 높을 수도 있고, 때때로 2000을 초과하는 경우도 발생한다. 전기집진기에서 일산화탄소의 농도가 상승한다면 전기장치는 폭발을 막기 위해서 작동하지 않게 되고, 그 결과 소성로에서 원치 않는 먼지 배출이 발생한다.

시멘트 소성로에 투입한 쓰레기의 불완전연소로 다량 발생하는 일산화탄소가 전기집진기의 전기불꽃에 의해 폭발하는 것을 방지하기 위해 일시적으로 운전을 정지하는 것을 'CO-트립'이라고 부른다. 전주대학교 박현서 교수는 "CO-트립은 연소 계통의 비정상 상태 운전에 의해 발생하는데, 연료 및 폐기물에서도 발생하지만 특히 고체연료 및 고형 폐기물에서 자주 발생한다"고 지적했다.

시멘트 공장의 일산화탄소 발생

목동에 있는 생활폐기물 소각장(양천자원회수시설) 앞 전광판에 '일산화탄소 6.05ppm'이라고 표시됐다. 소각장의 일산화탄소 배출 허용 기준은 50ppm이다. 시멘트 공장 배출 가스 규제 항목에는 일산화탄소가 없다. 시멘트 공장에서 일산화탄소가 발생하지 않기 때문일까?

환경부가 2009년 국정감사에 제출한 〈시멘트 소성로 대기 배출 허용 기준 개선 방안 마련 연구(요약)〉에 따르면, 국내 8개 시멘트 공장의 일산화탄소 배출량이 3991ppm까지 검출됐다.

2009년 국내 8개 시설 측정치

(단위 : ppm)

사업장	일산화탄소		
	최대	최소	평균
A	1,242	454	773
B	1,898	1,078	1,497
C	1,297	928	1,078
F(1공장)	1,935	747	1,081
F(2공장)	2,687	296	976
G	1,197	984	1,081
H	3,991	1,066	2,536
I	3,178	308	2,186

출처 : 〈시멘트 소성로 대기 배출 허용 기준 개선 방안 마련 연구(요약)〉, 환경부

시멘트 공장은 일산화탄소에 따른 전기집진기의 폭발을 막기 위해 시멘트 분진을 쏟아내는 환경 유해 시설이다. 그러나 환경부는 시멘트 공장의 일산화탄소 배출을 규제하지 않는 특혜를 베풀며 환경오염을 조장하고 있다. 시멘트 공장의 일산화탄소 기준이 애초에 없진 않았다. 1999년까지 시멘트 소성로의 일산화탄소 배출 허용 기준은 600ppm이었는데, 환경부는 2000년 10월 30일 소각 시설(50ppm)의 12배나 되는 이 기준마저 삭제했다. 일산화탄소 발

생은 석회석을 태우는 시멘트 소성로의 특성 때문이라는 것이다.

시멘트 소성로에서 일산화탄소는 석회석 분해 과정에만 발생하지 않는다. 소성로에 투입한 쓰레기가 불완전연소 하며 일산화탄소가 다량 발생한다. 〈폐기물 소각 시설로서의 시멘트 소성로 관리 기준 개선 연구〉에도 "폐기물의 불완전연소에 의해 일산화탄소가 발생한다"고 강조했다. 〈철강 산업 슬러지의 복합 처리에 의한 실용화 기술 개발〉에는 쓰레기 소각에 따른 시멘트 제조 공정 이상과 시멘트 품질에 미치는 문제를 자세히 정리했다.

폐기물의 재활용 시 검토 항목과 예상 문제점

검토 항목	예상 문제점
소성로 공정에 미치는 영향	· 폐기물에 염소, 알칼리 등 킬른(소성로) 내 순환 물질 함량이 많을 경우, 순환 물질 밸런스 파괴로 예열실과 킬른 주입구 부위 적분 현상 발생. · 킬른 주입구 부위로 가연성 폐기물이 적정량 이상 투입될 경우, 킬른 후단 부위 온도 상승과 일산화탄소 발생 등으로 킬른 운전성 서해. · 폐기물 자체의 연소성 저하, 불균질이나 정량 투입이 안 될 경우, 킬른 불안정 유발.
클링커 품질에 미치는 영향	· 킬른 내 폐기물이 적정 소성 조건에서 연소되지 못할 경우, 환원 분위기 형성으로 클링커 품질에 악영향을 미침. · 폐기물 연소 시 킬른 내 전열 형태와 클링커 소성 영역의 온도 분포가 유연탄 연소 시와 다르기 때문에 클링커링 반응 저해로 품질을 저해시킬 수 있음. · 폐기물 중 중금속과 염소, 알칼리 등 시멘트 수화 특성을 저해하는 물질이 많을 경우, 시멘트의 품질이 저하됨.
폐기물 처리 시 유해성	· 완전연소와 분해에 필요한 온도 이하로 폐연료를 처리할 경우, 휘발성 물질이 열분해 되지 않고 대기로 방출될 우려가 있음. · 폐기물에 중금속 등 유해 물질이 지나치게 많을 경우, 시멘트의 수화가 지연되고, 중금속 일부가 용출될 수 있음.

출처 : 쌍용양회기술연구소 · 한국지질자원연구원, 〈철강 산업 슬러지의 복합 처리에 의한 실용화 기술 개발〉, 2003

환경부가 시멘트 공장을 쓰레기 소각장으로 인정하고 쓰레기 처리 비용을 받도록 정식 허가한 때가 1999년 8월이다. 1년 남짓 지난 2000년 10월 30일, 일산화탄소 배출 허용 기준(600ppm)을 삭제했다. 의혹을 사기에 충분하다. 환경부는 왜 시멘트 공장의 일산화탄소 배출 허용 기준을 삭제했을까? 일산화탄소 배출 허용 기준이 있으면 시멘트 공장이 쓰레기를 소각할 수 없기 때문이다. 2008년

<1-15> 환경부는 일산화탄소 발생원인이 석회석과 유연탄을 쓰는 시멘트 공장의 특성 때문인지? 아니면 폐타이어, 폐고무 등 쓰레기를 소각함으로 인한 불완전연소 때문인지 단 한번만이라도 조사해 본적이 있나요?

○ 원인조사를 해본 적은 없습니다.

<1-16> 지금껏 조사도 단 한번도 해보지 않고 어떻게 시멘트 특성이라고 특혜를 주나요?

○ 향후 시멘트 소성로의 일산화탄소 발생원인에 대하여 전문가 자문, 연구사업 등 면밀히 검토해 보겠음

환경부는 시멘트 공장의 일산화탄소 발생 원인을 조사하지 않고, 시멘트 공장의 특성이라는 거짓말로 일산화탄소 배출 허용 기준(600ppm)을 삭제했다.

환경부 국정감사에서 박준선 의원이 시멘트 공장의 일산화탄소 배출 허용 기준을 삭제한 근거를 물었다. 환경부는 시멘트 소성로의 특성 때문이라고 답변했다. 박 의원이 단 한 번이라도 일산화탄소 배출 원인을 조사해본 적이 있냐고 재차 물었다. 환경부는 "원인 조사를 해본 적은 없습니다"라고 답했다.

시멘트 공장의 일산화탄소 발생이 쓰레기의 불완전연소 때문임을 환경부가 몰랐을까? 아니다. 산적한 쓰레기를 치우기 위해 시멘트 공장에 특혜를 준 것뿐이다. 시멘트 공장의 쓰레기 소각으로 시멘트 제품에 발암물질과 중금속이 증가해도, 시멘트 공장 주변 마을에 환경오염이 발생해도 환경부는 아무 관심 없다. 시멘트 공장 덕에 쓰레기를 해결했다는 게 환경부의 유일한 관심이다. 그러기에 쓰레기 시멘트를 허가한 지 24년이 지난 지금까지 제대로 된 시멘트 안전기준도, 시멘트 공장의 대기 배출 규정도 마련하지 않은 것이다.

시멘트 업계의 꼼수

1999년 8월, 환경부가 시멘트 공장의 쓰레기 소각을 허가했다. 덕분에 시멘트 공장이 쓰레기 처리 비용을 받으며 합법적으로 쓰레기 시멘트를 만들 수 있는 길이 열렸다. 그러나 걸림돌이 하나 있었다. 쓰레기 소각 시설이 된 시멘트 공장이 폐기물 소각 시설로 인정받으려면 '폐기물 처리 시설의 검사 방법에 관한 규정'에 의해 설치 검사 시 배출 가스 중 일산화탄소 농도를 대기환경보전법 기준에 따라야 한다. 시멘트 공장의 일산화탄소 배출량을 대기환경보전법 기준에 맞출 수가 없었다. 시멘트 업계는 전국경제인연합회 이름으로 '기업 활력 진작을 위한 규제 개혁 과제'로 정부에 시멘트 소성로 설치 검사 시 일산화탄소 규제 항목을 삭제해달라고 요청했다.

> 2000. 10. 30부터 시멘트 소성로는 대기환경보전법에서 일산화탄소 항목을 삭제했고, 시멘트 소성로는 일반 소각 시설보다 고온에서 폐기물을 소각하기 때문에 불완전연소 등에 의한 유해 물질의 발생이 적은 우수한 처리 시설이나 일산화탄소를 규제할 경우 폐기물 처리가 불가능하다.

시멘트 업계는 폐기물 소각에 따른 일산화탄소 배출량은 무시할 정도로 없다면서 일산화탄소를 규제하면 폐기물 처리가 불가능하다는 앞뒤가 다른 주장을 했다. 국내총생산 0.3%에 불과한 시멘트 업계는 대기오염 배출 2위다. 배출 항목 중에 질소산화물은 시멘트 업계가 1위다.

환경부가 작성한 이 통계를 살펴보자. 대기오염 물질 배출 2위 업종인 시멘트 제조업은 황산화물(SOx), 불화수소(HF), 암모니아, 일산화탄소가 공란이다. 시멘트 공장에서 발생하지 않기 때문일까? 아니다. 환경부가 시멘트 공장 배출 가스 기준 항목에서 제외한 것이다. 배출 가스 기준에서 삭제하더라도 대기오염 발생량은 계산해야 마땅하다. 그래야 환경오염 물질이 얼마나 배출되는지

업종별 환경오염 물질 배출 비교

	먼지	황산화물	질소 산화물	염화 수소	불화 수소	암모니아	일산화 탄소	계
발전업	2,012	27,848	47,512	179	-	-	385	77,936
시멘트 제조업	790	-	49,442	63	-	-	-	50,295
제철·제강업	1,075	18,130	25,282	5	-	-	1	44,493
석유화학제품업	382	4,122	14,161	10	2	3	233	18,913
기타	319	1,607	9,538	328	-	-	1,666	13,458
합계	4,578	51,707	145,935	585	2	3	2,285	205,095

출처 : 환경부

알고, 대기 환경 개선 방법을 찾을 수 있기 때문이다.

환경부가 계산하지 않는 시멘트 공장의 황산화물과 불화수소, 암모니아, 일산화탄소를 계산한다면, TMS가 없는 곳으로 뿜어내는 오염 물질까지 합산한다면 시멘트 공장은 대기오염 배출 1위 업종이 될 것이다. 국내총생산 0.3%에 불과한 기업이 대한민국 환경과 국민 건강에 미치는 해악이 심각하다.

국회도 국민도 환경부에 속았다

8

쓰레기를 가득 실은 대형 트럭이 연신 시멘트 공장으로 들어간다. 전국에서 쓰레기를 싣고 온 트럭이 공장 곳곳에 줄줄이 대기 중이다. 쌍용C&E는 파도처럼 밀려드는 쓰레기 때문에 대형 창고를 2개나 증설했다. 매일경제 2021년 4월 14일 기사 〈쓰레기 산 태우는 시멘트의 친환경 변신…"5년 내 脫석탄 하겠다"〉에서 쌍용C&E 홍사승 회장은 유연탄 대신 쓰레기 사용을 2021년 45%, 2022년 60%, 2025년 100%로 확대하겠다고 강조했다.

> 시멘트를 생산하려면 주원료인 석회석을 1500℃ 이상 초고온으로 가열하는 소성 공정을 거쳐야 한다. 이때 사용하는 에너지원이 유연탄인데 이것을 폐합성수지로 완전 대체하려고 한다. 지난해 대체 비율이 29%였다. 이를 통해 2019년 150만 t이었던 유연탄 사용량을 지난해 100만 t까지 줄였다. 올해 폐합성수지 비율을 45%까지 높일 것이다. 내년에는 유연탄의 60%를 폐합성수지로 대체할 수 있다. 1500억 원을 투자한 순환 자원 사용 시설이 2024년까지 순차적으로 완공되는데 이렇게 되면 2030년이 아니라 2025년에 완전한 탈석탄화가 가능할 것으로 보고 있다. 연료의 80%는 폐합성수지, 나머지 20%는 폐타이어, 재생유, 폐목재 등을 활용할 것이다.

쌍용C&E가 폐기물 사용 확대에 목을 매는 이유는 간단하다. 비싼 유연탄을 수입하지 않아 비용을 줄이고, 쓰레기를 사용한 만큼 더 많은 쓰레기 처리 비용을 버는 이중 이득 때문이다. 쌍용C&E는

쓰레기산 태우는 시멘트의 친환경 변신…"5년내 脫석탄 하겠다"

박봉권,이종화 기자
입력 : 2021-04-14 17:29:47 수정 : 2021-04-15 09:26:59

시멘트업계 산증인 홍사승 쌍용C&E 회장
시멘트 친환경 천지개벽

홍사승 쌍용C&E 회장이 서울 중구 쌍용C&E 본사에서 종합 환경기업으로의 진화를 선언하고 있다. [한주형 기자]

—2030년까지 탈석탄을 한다는 '그린 2030' 비전을 제시했다. ▷시멘트를 생산하려면 주원료인 석회석을 1500도 이상 초고온으로 가열하는 소성공정을 거쳐야 한다. 이때 사용하는 에너지원이 유연탄인데 이것을 폐합성수지로 완전 대체하려고 한다. 지난해 대체 비율이 29%였다. 이를 통해 2019년 150만t이었던 유연탄 사용량을 지난해 100만t까지 줄였다. 올해 폐합성수지 비율을 45%까지 높일 것이다. 내년에는 유연탄의 60%를 폐합성수지로 대체할 수 있다. 1500억원을 투자한 순환자원 사용시설이 2024년까지 순차적으로 완공되는데 이렇게 되면 2030년이 아니라 2025년에 완전한 탈석탄화가 가능할 것으로 보고 있다. 연료의 80%는 폐합성수지, 나머지 20%는 폐타이어, 재생유, 폐목재 등을 활용할 것이다.

쌍용C&E 홍사승 회장의
매일경제 인터뷰 기사

2020년 12%에 불과한 쓰레기 관련 사업 이익을 2025년 50%까지 확대한다는 것이다.

쌍용C&E는 쓰레기 사용 확대를 통한 이득 창출을 '환경 사업'이라고 포장했다. 그러나 시멘트에 쓰레기를 사용한 만큼 수은을 비롯한 환경오염 물질이 더 많이 배출되고, 시멘트의 유해성이 증가한다. 그런데 시멘트 공장 마음대로 유연탄 대신 폐기물 사용을 확대해도 될까? 대한민국엔 법도 없고, 이를 통제하는 환경부도 존재하지 않는가?

환경부는 누구를 위해 존재하는가?

시멘트 공장은 일산화탄소를 최대 2000~3000ppm 이상 배출한다. 쓰레기 소각 시설의 일산화탄소 배출 기준(50ppm)의 40~60배가 넘는 수치다. 일산화탄소가 유해 물질이기에 배출 가스 기준에 따라 규제하는 것이다. 환경부는 왜 시멘트 공장이 엄청난 일산화탄소를 뿜어내도록 방치할까? 2008년 10월 국회 환경노동위원회 국정감사에서 박준선 의원이 시멘트 공장의 일산화탄소 발생 원인이 무엇인지 조사해보지 않고, 배출 허용 기준을 삭제한 사유를 물었다.

> 박준선 의원 시멘트 공장의 일산화탄소 발생 원인이 무엇인지 조사해보지 않고, 시멘트 특성이라며 600ppm으로 있던 기준마저 삭제한 사유는?
> 환경부 배출 허용 기준을 강화하기 위한 법령 개정(2000. 10) 시 일부 전문가들이 일산화탄소 기준은 완전연소의 지표로서, 소각장을 제외한 모든 배출 시설에 대하여 규제 기준에서 삭제하여야 한다는 의견이 제시되었으며, 소성 시설에서 폐기물을 사용하는 양이 적고, 1990년대 접어들면서 대기 중 일산화탄소 농도가 지속적으로 개선됨에 따라 사업장에 대한 일산화탄소 규제 필요성이 약화되어 소각 시설을 제외한 모든 배출 시설의 일산화탄소 기준을 삭제하였습니다.

시멘트 공장에서 일산화탄소가 발생하는 주원인은 석회석의 탈탄산 작용과 쓰레기의 불완전연소다. 시멘트 공장에서는 일산화탄소가 2000~3000ppm까지 발생한다. 그러나 환경부는 "일산화탄소 기준이 완전연소의 지표"라며 시멘트 공장의 일산화탄소 배출 허용 기준(600ppm)을 삭제했다. 환경부는 환경 규제 권한을 시멘트 공장에 베푸는 특혜로 악용했다.

업종별 대기오염물질 배출실태 (2020.5. 환경부 발표결과)

(단위 : ton/yr)

구분	연도	계	먼지	SOx (황산화물)	NOx (질소산화물)	HCl (염화수소)	HF (불화수소)	NH3 (암모니아)	CO (일산화탄소)
합계	**2019**	**277,696**	**5,767**	**74,200**	**194,795**	**601**	**1**	**4**	**2,327**
	2018	330,046	6.438	98.110	222.183	559	0.9	3	2.752
	2017	361.459	6.533	109.339	242.441	512	0.6	2	2.631
	2016	401.677	6.926	120.820	271.246	410	0.1	2	2.273
발전업	2019	112.218	2.598	40.739	68.324	217			340
	2018	145.467	3.153	56.604	85.209	162			339
	2017	168.167	3.317	65.905	98.514	128			303
	2016	207.873	3.382	75.485	128.557	93			356
시멘트 제조업	**2019**	**63,587**	**991**		**62,546**	**50**			
	2018	67.104	1.092		65.962	50			
	2017	77.714	1.178		76.491	45			
	2016	76.585	1.265		75.300	20			
제철·제강업	**2019**	**57,872**	**1,357**	**25,074**	**31,434**	**7**			**1**
	2018	63.384	1.380	27.249	34.745	8			2
	2017	59.127	1.193	26.378	31.539	11			5
	2016	58.951	1.344	25.795	31.803	7			2
석유·화학 제품업	**2019**	**26,932**	**456**	**6,441**	**19,569**	**12**	**1**	**4**	**449**
	2018	35.299	428	11.578	22.345	10	0.9	3	934
	2017	36.574	412	13.442	21.915	3	0.6	2	800
	2016	35.485	468	14.047	20.508	3	0.1	2	457
기타	**2019**	**17,086**	**365**	**1,946**	**12,923**	**315**			**1,537**
	2018	18.791	384	2.679	13.921	329			1.478
	2017	19.877	433	3.614	13.982	324			1.524
	2016	22.783	467	5.493	15.078	287			1.458

대기오염 물질 배출 2위 시멘트 업계의 일산화탄소 배출 관련 통계가 없다.

환경부는 "대기 중 일산화탄소 농도가 지속적으로 개선됨에 따라 소각 시설을 제외한 모든 배출 시설의 일산화탄소 기준을 삭제했다"는 궤변을 늘어놓았다. 다른 업종은 일산화탄소 배출량이 개선됐지만, 시멘트 공장은 쓰레기 사용량이 늘어 일산화탄소와 수은 등 유해 물질 배출량이 오히려 증가했다. 그렇다면 다른 업종은 일산화탄소 기준을 삭제하더라도 시멘트 공장은 강화해야 한다. "소각 시설을 제외한 모든 배출 시설의 일산화탄소 기준을 삭제했다"는 해명도 거짓말이다. 환경부가 시멘트 공장을 쓰레기 소각 시설로 만들었고, 현재 시멘트 공장은 대한민국 최대 쓰레기 소각장이니 일산화탄소 배출 허용 기준을 엄격히 규정함이 마땅하다.

폐기물 사용량이 적어 일산화탄소 배출 기준을 삭제했다는 거짓말

환경부는 시멘트 소성로의 폐기물 사용량이 적어 일산화탄소 배출 기준을 삭제했다고 했다. 그러나 쌍용C&E 홍사승 회장은 매일경제 인터뷰에서 시멘트의 폐기물 사용을 2021년 유연탄의 45%, 2022년 60%, 2025년 100%로 확대하겠다고 공언했고, 이를 위해 폐기물 중간 처리 업체를 12개나 인수해 전국에서 수거한 폐기물을 시멘트 공장에서 소각하고 있다.

환경부는 박준선 의원에게 제출한 답변서에서 "미국, 일본, EU 등 대부분의 선진국에서도 일산화탄소에 대한 배출 기준을 정하지 않고 있는데, 덴마크의 경우 폐기물 사용량이 총 에너지 투입 40% 이상 사용하는 소성로에 대하여 일산화탄소 배출 기준(100~150ppm/30분 또는 일평균)을 적용하고 있다"고 했다. 환경부가 2009년 국회 환경노동위원회에 제출한 〈시멘트 소성로 대기 배출 허용 기준 개선 방안 마련 연구(요약)〉에서 "EU는 폐기물 소각에 대한 지침에 40% 이상 폐기물을 사용하는 소성로를 포함해 소각

EU의 폐기물 소각 시설 배출 허용 기준(WID2000/76/EC)

항목	Annex Ⅱ (mg/m^3, 산소 10%)	Annex Ⅴ (mg/m^3, 산소 10%)	
	시멘트 소성로	소각 시설, 유해 폐기물을 40% 이상 열원으로 이용하는 혼합 시설	
시간	일평균	일평균	30분 평균
더스트	30	10	30
아황산가스	50	50	200
질소산화물	800(종전) / 500(신규)	400 / 200	400
총유기탄소	10	10	20
일산화탄소	-	50	100
카드뮴+탈륨	0.05	0.05/0.1	-
수은	0.05	0.05/0.1	-
안티몬+비소+납+크롬+일산화탄소+구리+망간+니켈+바나듐	0.5	0.05/1	-
염화수소	10	10	60
불화수소	1	1	4
다이옥신+푸란	$0.1ng/m^3$	$0.1ng/m^3$	-

출처 : 〈시멘트 소성로 대기 배출 허용 기준 개선 방안 마련 연구(요약)〉, 환경부

시설의 일산화탄소를 일평균 50ppm, 30분 평균 100ppm으로 규정하고 있다"고 밝혔다.

홍사승 회장이 매일경제 인터뷰에서 말했듯이, 쌍용C&E는 시멘트 소성로를 소각 시설과 동일한 규제 기준을 적용하는 총 에너지 투입량 40%를 초과했다. 다른 시멘트 공장 역시 시멘트에 쓰레기 사용량이 급증하고 있다. 환경부가 진정 환경을 지키는 정부 부서라면, 시멘트 소성로의 일산화탄소 배출 기준을 EU처럼 일평균 50ppm, 30분 평균 100ppm으로 시급히 시행해야 한다. 대한민국은 유럽보다 평균 3배나 많은 쓰레기 시멘트를 소비하는 위험한 나라이기 때문이다.

특히 환경부는 〈시멘트 소성로 대기 배출 허용 기준 개선 방안 마련 연구(요약)〉에서 "대기오염 관리 이전에 시멘트 소성로에 사용되는 폐기물의 관리가 선행되어야 하며, 투입하는 폐기물의 종류 및 양에 대한 규정 설정이 필요하다"고 강조했다. 환경부가 이 자료를 국회에 제출한 것이 14년 전인 2009년이다. 그러나 환경부는 쌍용C&E 홍사승 회장이 "2025년 유연탄 대신 폐기물을 100% 사용하겠다"고 공언하는 지경에 이르도록 시멘트 공장을 방치하며 환경오염을 조장하고 있다.

국민 병들게 하는 환경부의 시멘트 공장 특혜

지난 2008년 국정감사에서 시멘트 공장의 일산화탄소 배출 허용 기준 삭제가 문제가 되자, 환경부는 일산화탄소 대신 총유기탄소 기준으로 관리하겠다고 발표했다. 그 이유는 "소성로에서 발생하는 일산화탄소의 농도 변동 폭이 크기 때문에 일산화탄소를 폐기물 사용에 따른 불완전연소를 관리하기 위한 지표로 활용하기에 제한이 있고, 총유기탄소로 관리하는 것이 합리적이며, 외국의 경우에도 시멘트 소성로에 대해서는 일산화탄소 대신 총유기탄소로 관리한다"는 것이다.

이는 시멘트 업계를 위한 또 다른 꼼수였다. EU는 시멘트 공장의 총유기탄소 기준이 일평균 10ppm으로 1일과 30분 단위로 실시간 자동 측정한다. 그러나 대한민국 시멘트 공장의 총유기탄소 기준은 60ppm이다. EU에 비해 6배나 완화한 특혜다. 이마저 '실시간 측정'이 아니라 시멘트 공장 스스로 2주에 한 번 '자가 측정'하도록 했다.

최근 환경부에 시멘트 공장의 총유기탄소 자가 측정 자료를 정보공개 요청했다. "총유기탄소 자가 측정 자료는 시멘트 공장들의 재산이라 공개하지 못한다"는 답이 왔다. 실시간 측정하는 유럽과 달리 시멘트 공장이 2주에 한 번 자가 측정하는 총유기탄소 배출 기준마저 제대로 지키는지 확인할 길이 없다.

환경부가 제출한 'EU의 폐기물 소각 시설 배출 허용 기준'에 따르면, EU는 소성로에서 폐기물을 총 에너지 40% 이상 투입할 경우 총유기탄소와 일산화탄소를 함께 규제한다.

시멘트에는 우리의 상상을 초월하는 각종 쓰레기가 들어간다. 쓰레기 종류별 문제점을 살펴본다.

시멘트에 어떤 쓰레기가 들어갈까?

5

쓰레기는 돈이다

1

어두운 새벽, 가연성 쓰레기인 폐합성수지를 실은 가득 실은 대형 트럭이 영동고속도로를 달린다.

동쪽 하늘이 어슴푸레 밝아오는 영동고속도로, 대형 트럭들이 어둠을 가르며 강원도를 향해 달린다. 시멘트 공장으로 쓰레기를 실어 나르는 트럭이다. '재활용품 수집 차량'이라고 적힌 트럭에는 폐합성수지류 가연성 폐기물이, 네모난 초록색 트럭에는 하수 슬러지와 공장 오니 등 비가연성 쓰레기가 실렸다. 종일 시멘트 공장의 환경오염 현장 조사를 하고 집으로 돌아가는 길, 어둠이 덮인 고

하수 슬러지와 공장 오니 등 비가연성 쓰레기를 실은 차량이 동트는 새벽 줄지어 시멘트 공장으로 향한다.

속도로 휴게소에서도 시멘트 공장에 쓰레기를 하역하고 돌아가는 차량이 눈에 띈다.

시멘트 공장으로 향하는 쓰레기 운반 트럭의 행진은 포항, 울진에서 삼척, 강릉으로 이어지는 국도7호선에도 이어진다. 대한민국 시멘트 공장은 주로 강원도와 충북에 있다. 장거리를 이동하는 대형 트럭의 하루 운송비가 만만치 않은데, 왜 전국에서 강원도와 충청도에 있는 시멘트 공장까지 쓰레기를 운반할까? 쓰레기 처리 비용이 운임보다 몇 배나 많기 때문이다.

한라시멘트(주)가 경기도 가평군에 쓰레기 처리 비용 인상을 요구한 자료를 입수했다. 가평군은 지난 2015년부터 생활 폐기물 중

가평군-한라시멘트 폐합성수지 공급계약서
변경계약 검토보고(처리단가 인상)

○ 요 약
- 2015.10.28.부터 가평군 생활폐기물전처리시설에서 중간처분 후 생산한 폐합성수지를 한라시멘트주식회사에 시멘트 소성연료로 공급하여 처리함에 따라 처리비용을 지급 중임
- 2021.3.16. 한라시멘트주식회사 측에서 기존 부과하던 처리단가 77,000원/톤에서 88,000원/톤으로 14.3% 인상을 요구함에 따라 변경 계약을 검토 보고드림.(인상분은 2회추경 반영요구)

가 평 군
(환 경 과)

한라시멘트(주)가 가평군에 쓰레기 처리 비용을 t당 7만 7000원에서 8만 8000원으로 인상을 요구한다는 문서

에 폐합성수지를 강원도 옥계에 있는 한라시멘트(주)에 공급하며 쓰레기 처리 비용을 지급해왔다. 그런데 2021년 3월 16일 한라시멘트(주)가 쓰레기 처리 비용을 종전 t당 7만 7000원에서 8만 8000원으로 14.3% 인상을 요구한다는 내용이다.

폐합성수지를 t당 8만 8000원 받고 24t 트럭으로 시멘트 공장에 가져왔다고 하자(88,000×24=2,112,000원). 운임 수십만 원을 지불해도 남는 돈이 몇 배 더 많다. 시멘트를 만들어 팔기도 전에 쓰레기 처리 비용으로 엄청난 돈을 버는 것이다. 2021년 4월 14일 매일경제의 쌍용C&E 홍사승 회장 인터뷰 기사 〈쓰레기 산 태우는 시멘트의 친환경 변신…"5년 내 脫석탄 하겠다"〉를 보면 시멘트 공장이 쓰레기 처리 비용으로 얼마나 버는지 짐작할 수 있다.

> 2030년까지 탈석탄을 한다는 '그린 2030' 비전을 제시했다.
>
> 시멘트를 생산하려면 주원료인 석회석을 1500℃ 이상 초고온으로 가열하는 소성 공정을 거쳐야 한다. 이때 사용하는 에너지원이 유연탄인데 이것을 폐합성수지로 완전 대체하려고 한다. 지난해 대체 비율이 29%였다. 이를 통해 2019년 150만 t이었던 유연탄 사용량을 지난해 100만 t까지 줄였다. 올해 폐합성수지 비율을 45%까지 높일 것이다. 내년에는 유연탄의 60%를 폐합성수지로 대체할 수 있다. 1500억 원을 투자한 순환 자원 사용시설이 2024년까지 순차적으로 완공되는데 이렇게 되면 2030년이 아니라 2025년에 완전한 탈석탄화가 가능할 것으로 보고 있다. 연료의 80%는 폐합성수지, 나머지 20%는 폐타이어, 재생유, 폐목재 등을 활용할 것이다.

유연탄을 폐합성수지로 대체하면 무엇이 유리한가.

폐합성수지 2t을 때면 석탄 · 유연탄 1t을 때는 것과 같다. 이렇게 보면 에너지 효율이 떨어진다고 생각할 수 있는데 사실은 그렇지 않다. 유연탄은 환경 측면에서도 문제지만 경제성 면에서도 가격 폭이 크다는 단점이 있다. 2년 전 유연탄 1t당 가격은 60달러 이하였지만 올해 들어 100달러 이상으로 올랐다. 이처럼 유연탄은 불안정한 가격 등락을 감수한 채 우리가 100% 수입에 의존해야 하는 원료다. 하지만 폐합성수지는 수거 처리비를 받고 연료로 활용할 수 있어 경제적으로 이득이다.

시멘트는 석회석을 태워 만들다 보니 많은 열이 필요하다. 연료인 유연탄이 시멘트 제조원가의 많은 부분을 차지한다. 시멘트 공장이 유연탄 대신 폐합성수지와 가연성 폐기물을 사용하려고 목매는 이유다. 쌍용C&E 홍사승 회장은 폐합성수지 등 가연성 쓰레기를 사용해 유연탄 사용량을 150만 t에서 2020년 100만 t으로 줄였다고 했다. 50만 t 절감한 것이다. 홍 회장은 2025년 안에 가연성 쓰레기로 100% 대체하겠다고 공언했다. 이 경우 쌍용C&E의 이득은 얼마나 될까?

먼저 유연탄 50만 t을 가연성 쓰레기로 대체한 경우를 계산해 보자. 2020년 t당 60달러에 불과하던 유연탄 값이 2021년 평균 127.14달러, 2022년엔 평균 348.65달러로 치솟았다. 2023년이 시작되며 378달러에서 다시 395.33달러까지 올랐다. 유연탄 1t 350달러, 1달러 환율 1200원으로 50만 t을 구입하려면 2100억 원이 필요하다(350달러×1200원×50만 t=2100억 원). 유연탄 50만 t을 가연성 쓰레기로 대체하면 무려 2100억 원이 절감된다. 이게 전부가 아니다. "폐합성수지는 수거 처리비를 받고 연료로 활용할 수 있어 경제적으로 이득이다"라는 홍 회장의 말처럼, 쓰레기를 가져오며 엄청난 처리 비용을 받는다.

홍 회장은 "폐합성수지 2t을 때면 석탄·유연탄 1t을 때는 것과 같다"고 했다. 유연탄 50만 t을 대신하려면 폐합성수지 100만 t을 사용해야 한다. 시멘트 공장이 중간 처리 업체에서 받는 폐합성수지 처리 비용은 t당 5만~6만 원 선이다. 그렇다면 폐합성수지 100만 t을 사용할 때 쓰레기 처리 비용은 최소 500억 원이다. 쌍용C&E가 홍 회장의 주장처럼 유연탄 150만 t을 모두 폐합성수지로 대체하면 6300억 원이 절감되고, 부수입으로 가연성 쓰레기 처리 비용 1500억 원이 생긴다. 게다가 하수 슬러지, 공장 오니 등 비가연성 쓰레기는 가연성 쓰레기보다 처리 비용이 많다.

시멘트 공장이 쓰레기를 사용하지 않는다면 당장 부도가 난다. 쓰레기 처리 비용으로 연명하고 있다고 해도 과언이 아니다. 시멘트를 쓰레기로 만들면 시멘트에 유해 물질이 증가하고 주변 환경에 악영향을 미친다. 쓰레기로 돈을 벌려면 환경오염 저감 시설을 제대로 갖추는 게 기본이다. 국민의 건강과 환경을 위해 쓰레기 사용량과 안전기준 마련 역시 마땅한 도리다. 그러나 환경오염에 눈감은 환경부 때문에 대한민국의 시멘트 공장은 더 많은 쓰레기 사용에 혈안이 됐다.

시멘트를 유독 물질로 만들려던 정신 나간 환경부

폐기물관리법 시행령 21조 '처리이행보증보험 금액의 산출 기준'에 고시한 방치 폐기물의 종류별 처리 단가를 살펴보자. 폐기물

[별표]

방치폐기물 처리이행보증보험금 산출 등을 위한 폐기물의 종류별 처리단가

1. 폐기물 수집 · 운반업자, 중간처분업자, 최종처분업자 및 종합처분업자

(단위: 원/톤)

폐기물의 종류	처리단가
폐유, 폐유기용제(비할로겐족), 폐합성수지, 폐합성고무	297,000
폐유기용제(할로겐족)	607,000
폐페인트 및 폐락카	462,000
폐농약, 폐유독물	644,000
폐석면	645,000
폴리클로리네이티드비페닐 함유 폐기물	1,514,000
폐산, 폐알칼리	462,000
폐광재(지정폐기물)	152,000
소각대상 오니류, 기타 소각대상 사업장일반폐기물	299,000
매립대상 사업장일반폐기물	146,000
기타 매립대상 지정폐기물	152,000
건설폐기물	62,000
의료폐기물	1,397,000

2. 폐기물 중간재활용업자, 최종재활용업자 및 종합재활용업자

(단위: 원/톤)

폐기물의 종류		처리단가
동물성잔재물		237,000
식물성잔재물		176,000
폐유기용제	할로겐족	462,000
	기 타	297,000
폐윤활유		95,000
폐축전지		102,000
폐드럼		19,000
폐산, 폐알칼리		462,000
무기성 (폐수처리)오니		58,000
유기성 (폐수처리)오니		176,000
폐유리, 폐목재중 톱밥		52,000
폐전선		238,000
폐오일필터		55,000
폐타이어		92,000
폐플라스틱 용기		62,000
폐규조토, 폐점토		63,000
폐페인트		389,000
광재	일반	146,000
	지정	152,000
분진	일반	146,000
	지정	152,000

(단위: 원/톤)

폐기물의 종류		처리단가
폐합성수지		269,000
폐합성섬유		70,000
폐식용유		51,000
폐아연		56,000
폐유(폐윤활유가 혼합된 경우 포함)		297,000
소각잔재물, 연소재	일반	146,000
	지정	152,000
폐내화물, 도자기편류		54,000
폐촉매		61,000
폐합성고무		114,000
철강슬래그		52,000
폐주물사, 폐사		59,000
폐흡수재, 폐흡착재		52,000
폐섬유류		66,000
폐가죽류	가죽스크랩	81,000
	피혁가공잔재물	178,000
폐석회, 폐석고		52,000
폐목재		75,000
음식물류폐기물		147,000
의료폐기물		1,397,000

3. 폐기물 처리신고자

(단위: 원/톤)

폐기물의 종류	처리단가
음식물류폐기물	147,000
동물성잔재물	237,000
식물성잔재물	176,000
유기성오니	176,000

비고

1. [별표]에 열거되지 아니한 폐기물의 처리단가에 대해서는 적용사업자, 폐기물의 종류 및 처리방법 등을 감안하여 가장 유사한 폐기물의 종류의 처리단가를 적용한다.
2. 폐지, 고철, 폐포장재(합성수지류 제외)에 대한 처리단가 0원으로 적용한다.

방치 폐기물 처리 가격

종류에 따라 처리 비용에 큰 차이가 있다. 폐기물의 유해성이 높을수록 처리 단가가 비싸다. 간단히 말해 유독 물질일수록 더 많은 쓰레기 처리 비용이 필요하다.

2009년 4월, 쓰레기 시멘트 개선을 위한 환경부 민관협의회가 열렸다. 새로 부임한 정연만 자원순환국장이 '시멘트 소성로 처리 대상 폐기물 관리 강화 방안 검토'를 안건으로 제시했다. 이날 환경부가 제시한 자료는 유독성 폐기물의 시멘트 소성로 사용 금지처럼 보였다. 그러나 환경부의 놀라운 꼼수가 있었다. 겉으로는 '유독성이 높은 고온 소각 처리 대상 폐기물은 시멘트 소성로에 사용 금지'했다. 여기에 '다만 소성로 로터리 킬른에 직접 투입되는 폐기물은 제외'라는 단서 조항을 달았다. 제목은 '시멘트 소성로 처리 대상 폐기물 관리 강화 방안 검토'지만, 내용은 폐유독물, 폐페인트, 폐농약, 폴리염화바이페닐(PCBs) 등 유독 물질의 시멘트 사용을 가능하게 하는 꼼수였다.

시멘트 소성로 처리 대상 폐기물 관리 강화 방안 검토

3. 개선 계획(안)

폐기물 재활용 관리 체계 강화

○ 처리 대상 폐기물의 제한

- 폭발성 물질, 의료 폐기물 등 전문적 처리를 요하는 폐기물의 처리 금지

- 시멘트 소성로 시설 특성을 감안하여 고온 소각 처리 대상 폐기물 처리 금지(소성로 로터리 킬른에 직접 투입되는 폐기물은 제외)

* 할로겐족 폐유기용제, 폐페인트 및 폐래커, 폐농약, 폴리염화바이페닐, 폐유독물, 폐흡수제 및 폐흡착제(고온 소각 대상 물질을 흡수 · 흡착한 경우)

폐타이어, 폐합성수지, 폐플라스틱, 폐유, 폐고무 등 온갖 쓰레기가 시멘트 제조에 투입된다. 시멘트 소성로는 길이 60~70m 원통이 가로로 누운 구조다. 이렇게 긴 소성로를 1450℃로 올리기 위해서는 온갖 쓰레기를 석회석과 혼합해서 직접 투입해야 한다. 즉 쓰레기가 소성로 안에서 석회석과 함께 타며 온도를 높이고, 이렇게 타고 남은 재가 시멘트가 된다.

환경부가 제시한 '다만 소성로 로타리 킬른에 직접 투입되는 폐기물은 제외'라는 단서 조항은 폐유독물의 시멘트 사용을 금지하는 것이 아니다. 폐유독물, 폐농약, 폴리염화바이페닐 등 유독성 폐기물을 시멘트에 넣는 것을 합법화하는 꼼수다. 폐유독물, 폐농약 등을 밖의 보일러에서 때지 않고 소성로에 직접 투입하기 때문이다. 국민의 건강과 환경을 무시하고, 시멘트 업계의 이익을 위해 국민을 기만하는 환경부다.

이날 회의에서 내가 환경부의 잘못을 강하게 지적했다. 환경부는 취소가 아니라 전문가 회의를 열어 다시 논의하자고 또 다른 꼼수를 썼다. 2009년 5월 7일 환경부에서 전문가 회의가 열렸다. 환경부는 시멘트 업계 관계자들을 전문가라고 불러 모았다. 이들의 위세를 등에 업고 폐유독물, 폐농약의 시멘트 사용을 정당화하려 한 것이다.

그러나 전문가 회의 이틀 전, 이만의 환경부 장관이 내게 만나고 싶다며 전화를 했다. 바로 달려가 폐유독물을 시멘트에 넣으려는 환경부의 잘못을 설명했다. 덕분에 5월 7일 열린 전문가 회의에서 환경부의 꼼수를 무마할 수 있었다. 이날 전문가 회의에 참석한 쌍용C&E 전무가 "폐유독물, 폐농약 등을 시멘트에 사용하지 않으면 세계적인 수치다"라고 목소리를 높였다. 내가 한마디 했다.

"전무님, 시멘트 공장이 쓰레기를 사용하는 이유가 원료와 연료가 되기 때문이라고 했죠? 폐유독물, 폐농약, 폴리염화바이페닐이 원료가 됩니까, 연료가 됩니까. 당신들 쓰레기 처리 비용 벌기 위한 것 아닙니까? 세계적인 수치라고요? 시멘트 제조 기술이 떨어지고, 시멘트에 발암물질이 많은 것은 세계적인 수치가 아닙니까?"

똥 시멘트로 지은 집이 수십억

2

오늘도 시멘트 제조에 생활 쓰레기를 비롯해 전국의 다양한 산업 쓰레기가 들어간다. 온갖 쓰레기가 시멘트 공장에 들어간다면, 사람들이 배설하는 분뇨는 어떻게 처리되는지 궁금해졌다. 시멘트 공장은 시멘트를 쓰레기로 만들며 연료와 원료를 대체하기 위함이라고 주장해왔다. 분뇨는 연료가 아니요, 시멘트에 필요한 성분이 아니니 원료도 되지 않는다. 설마 사람 배설물까지 시멘트에 들어가진 않으리라 생각했다.

혹시나 하는 마음으로 2021년 3월 20일, 서울시를 비롯한 전국 지자체에 '분뇨처리장의 2016~2020년 분뇨 처리 오니 발생량과 분뇨 오니 처리 방법(매립, 소각장, 시멘트 공장)의 결과를 공개해주시기 바랍니다'라고 정보공개를 요청했다. 결과는 충격적이었다. 많은 사람이 '영끌' 하며 구입한 비싼 아파트를 '똥 시멘트'로 짓고 있었다.

전국 지자체에 분뇨 처리 결과 확인해보니

강원도 양구군에서 분뇨 오니 244t이 시멘트 공장으로 들어간다는 답이 왔다. 아니, 똥 덩어리가 시멘트 공장에 들어간다고? 사람의 똥이 시멘트가 돼서 우리 안방으로 돌아오고 있음을 확인한 슬픈 순간이었다.

접수번호	7630156	접수일자	2021.03.20
처리기관	양구군	통지일자	2021.03.23
청구내용	분뇨처리장의 2016년~2020년 분뇨 처리 오니 발생량과 분뇨오니의 처리(매립, 소각장, 시멘트공장) 결과를 공개해주시기 바랍니다.		
공개내용	1. 귀하께서 청구하신 분뇨처리장 오니 발생량 및 처리결과를 아래와 같이 알려드립니다. - 2016~2020년 분뇨처리장 오니 발생량 : 1,563톤 - 2016~2020년 분뇨처리장 오니 처리량 : 1,563톤(지렁이사육 1,319톤, 시멘트공장 244톤) 2. 귀하의 질문에 만족스러운 답변이 되었기를 바라며, 답변 내용에 대한 추가 설명이 필요한 경우 양구군 상하수도사업소(033-480-2863)로 연락주시면 안내해 드리도록 하겠습니다.		
공개자료			

분뇨처리장의 분뇨 오니가 시멘트 공장으로 들어가고 있다.

혹시 양구군이 잘못 답변하지 않았을까? 시멘트 공장이 위치한 지자체에서 시멘트 공장에 반입되는 폐기물 목록과 반입량을 입수했다. 시멘트 공장에 반입되는 각종 쓰레기 목록에 '분뇨 처리 오니'와 반입량이 정확히 기록돼 있었다. 시멘트 공장에 반입된 분뇨로 시멘트를 만드는 게 사실이었다.

영업대상폐기물								
종류	코드명	보관시설 구분	보관량(톤)	보관량(M^3)	폐기물 비중	보관 일수	처리량(톤/년)	처리량 합계(톤/년)
석탄재	51-13-03	① 2치장 ② 운동장 다목적치장 ③ 5000톤 F/A Silo(1공장) ④ 5000톤 F/A Silo(1공장) ⑤ 5000톤 F/A Silo(2치장) ⑥ 4호 혼분 Silo ⑦ 1R/M F/A Silo ⑧ 3R/M F/A Silo ⑨ 5R/M F/A Silo ⑩ 6R/M F/A Silo ⑪ 2치장 F/A Silo	6,690 3,345 3,345 3,345 3,345 6,690 1,552 1,552 1,552 1,552 1,552	37,884	0.9	22.1	100,000 50,000 50,000 50,000 50,000 100,000 23,200 23,200 23,200 23,200 23,200	516,000
그 밖의 연소잔재물	51-13-99	① 2치장 ② 5000톤 F/A Silo(1공장) ③ 5000톤 F/A Silo(1공장) ④ 5000톤 F/A Silo(2치장) ⑤ 1R/M F/A Silo ⑥ 3R/M F/A Silo ⑦ 5R/M F/A Silo ⑧ 6R/M F/A Silo ⑨ 2치장 F/A Silo	669 502 502 502 502 502 502 502 502	2,603	1.8	22.1	10,000 7,500 7,500 7,500 7,500 7,500 7,500 7,500 7,500	70,000
사업장폐기물 소각시설 바닥재	51-08-04	① 2치장 ② 5000톤 F/A Silo(1공장) ③ 5000톤 F/A Silo(1공장) ④ 5000톤 F/A Silo(2치장) ⑤ 1R/M F/A Silo ⑥ 3R/M F/A Silo ⑦ 5R/M F/A Silo ⑧ 6R/M F/A Silo ⑨ 2치장 F/A Silo	67 25 25 25 25 25 25 25 25	142	1.9	22.0	1,000 375 375 375 375 375 375 375 375	4,000
생활폐기물 소각시설 소각재	51-08-05	① 2치장	134	95	1.4	11.0	4,000	4,000
사업장폐기물 소각시설 소각재	51-08-06	① 2치장	134	95	1.4	11.0	4,000	4,000
폐수처리오니	51-02-01	① 1치장 ② 2치장 ③ 3치장 ④ Coal치장 ⑤ PMB 보관장 ⑥ 운동장 다목적치장	669 19,099 669 335 2,007 1,004	20,567	1.2	29.0	10,000 200,000 10,000 5,000 30,000 15,000	270,000
석재·골재 폐수처리오니	51-02-06	① 2치장	669	475	1.4	11.0	20,000	20,000
그 밖의 공정오니	51-02-19	① 2치장 ② Coal치장 ③ PMB 보관장	5,018 335 669	6,022	1.0	22.0	75,000 5,000 10,000	90,000
그 밖의 무기성오니	51-02-99	① 2치장	2,509	1,780	1.4	11.0	75,000	75,000
정수처리오니	51-02-02	① 2치장	3,010	2,136	1.4	11.0	90,000	90,000
보크사이트잔재물	51-02-09	① 2치장	669	475	1.4	11.0	20,000	20,000
정수처리오니	51-01-01	① 2공장 슬러지 직투입 ② 2치장 슬러지 직투입	20 41	51	1.2	2.0	4,000 6,000	10,000
그 밖의 폐수처리오니	51-01-08	① 2공장 슬러지 직투입 ② 2치장 슬러지 직투입	20 41	51	1.2	2.0	4,000 6,000	10,000
그 밖의 유기성오니	51-01-99	① 2공장 슬러지 직투입 ② 2치장 슬러지 직투입	20 41	51	1.2	2.0	4,000 6,000	10,000
하수처리오니	51-01-02	① 2공장 슬러지 직투입 ② 2치장 슬러지 직투입	100 208	257	1.2	2.0	20,000 30,000	50,000
분뇨처리오니	51-01-03	① 2공장 슬러지 직투입 ② 2치장 슬러지 직투입	1 3	2	2.0	4.4	100 200	300
자동차폐타이어	51-15-01	① 3치장 ② 3소성보관장 ③ 6소성보관장 ④ 운동장보관장	1,000 1,007 1,007 1,007	10,873	0.4	26.5	20,000 10,000 10,000 10,000	50,000
폐합성수지류	51-03-01	① 3치장 ② 3소성보관장 ③ 3소성합성수지 ④ 6소성보관장 ⑤ 6소성 KBR	1,250 1,250 1,000 1,250 3,038	7,861	0.9	25.6	20,000 20,000 10,000 20,000 30,000	100,000

지자체에 신고된 시멘트 공장 반입 폐기물 목록에 분뇨 처리 오니가 있다.

하수 슬러지는 똥 슬러지의 다른 이름이다

전국 지자체에 분뇨 처리 결과에 대한 정보공개를 요청하자, 이튿날 아침부터 담당자들의 전화가 빗발쳤다. '분뇨처리장으로 온 분뇨 중에 물티슈 등 협착물만 걸러내고 하수종말처리장으로 보낸다. 분뇨와 하수가 함께 처리되기 때문에 분뇨 오니 발생량을 따로 계산할 수 없다'는 내용이었다. 강원도 양구군처럼 분뇨 오니가 직접 시멘트에 들어가기도 하지만, 하수 슬러지와 혼합해 시멘트 공장에 들어간다는 사실은 더 충격이었다. 전국 하수종말처리장에서 발생한 하수 슬러지가 시멘트 공장에 반입되는 것은 오래전부터 알고 있었다. 그러나 분뇨처리장과 하수종말처리장이 연계돼 하수 슬러지에 분뇨가 혼합된 것은 몰랐다. 경기도 구리시의 정보공개 청구 답변을 보자.

> 하수처리 시설과 연계 처리되어 분뇨처리장의 분뇨 처리 오니 발생량에 대한 별도 자료는 없으며 분뇨 오니는 자체 소각 시설에서 일부 소각되고 일부는 직접 제품 제조(시멘트 원료)로 반출됨.

대한민국 시멘트 공장은 강원도와 충북에 있다. 시멘트 공장과 멀리 떨어진 광주광역시 답변을 보자.

> 정보공개 청구 민원에 대하여 아래와 같이 답변드립니다.
>
> ◆ 우리 시 분뇨 처리는 위생처리장에서 협잡물 전처리 후 공

공하수처리장으로 연계 처리하고 있음.

◆ 공공하수처리장에서 발생되는 오니는 하수 슬러지 처리 시설에서 건조 후 화력발전소 및 시멘트 회사로 공급됨.

분뇨가 든 하수 슬러지가 화력발전소에서 건조 후 소각되는 것은 이해할 수 있다. 하수 슬러지와 유연탄을 태워 발생한 전기만 주택으로 돌아오기 때문이다. 그런데 왜 시멘트를 분뇨가 든 하수 슬러지로 만들까? 각종 쓰레기와 분뇨, 하수 슬러지가 타고 남은 시멘트가 우리 안방으로 돌아오는데 말이다.

분뇨처리장에서 관로를 통해 하수종말처리장으로 분뇨를 이송하면, 하수종말처리장에서 하수와 함께 처리한 뒤 슬러지를 시멘트 공장으로 보낸다.

아세아시멘트(주)가 위치한 제천시 하수종말처리장을 방문했다. 제천시에는 분뇨처리장이 있지만, 이곳에서 분뇨 오니가 발생하지 않는다. 분뇨처리장에서 관로를 통해 분뇨를 하수종말처리장으로 이송하고, 하수종말처리장에서 하수와 함께 처리한 뒤, 슬러지를 전량 아세아시멘트(주)로 반출한다.

똥이 타는 악취로 주민들 고통

시멘트 공장은 시멘트를 쓰레기로 만들며 '자원 재활용'이라고 주장한다. 분뇨는 어떤 자원 재활용일까? 분뇨와 하수를 혼합한 하수 슬러지는 시멘트에 필요한 성분이 아니다. 시멘트 공장에서 분뇨와 하수 슬러지로 많은 돈을 벌어들일 뿐이다.

시멘트 공장에서 하수 슬러지를 소각하는 과정에 발생하는 악취로 주민들은 고통에 시달린다. 시멘트 공장에 반입되는 하수 슬러지는 수분 함량이 많아 소성로에 직접 투입할 수 없다. 300~800℃ 예열기를 거치며 건조한 뒤, 소성로에서 폐타이어, 폐합성수지 등과 소각한다. 이 과정에 역겨운 악취가 시멘트 공장 주변 마을로 퍼진다.

우리는 왜 '쓰레기 시멘트'도 모자라, '똥 시멘트'에 갇혀 평생을 살아야 할까? 국민은 깨끗하고 안전한 시멘트로 지은 건강한 아파트에 살 권리가 있다.

입주민 건강을 위협하는 흉기가 된 신축 아파트

3

이제 막 입주를 앞둔 새 아파트 거실에서 라돈을 측정한 결과, 1746.03Bq/m^3가 검출됐다. 실내공기질관리법이 정한 라돈 권고 기준 148Bq(베크렐)보다 11.8배가 높은 수치다. 주간 라돈 평균은 1502.2Bq로 권고 기준의 10.15배, 야간은 1101.17Bq로 권고 기준의 7.4배다. 안방도 최대 1733.08Bq로 권고 기준의 11.7배에 이른다.

라돈은 세계보건기구와 국제암연구기관이 지정한 1급 발암물질이다. 새 아파트에서 라돈 수치가 높게 검출된 원인이 뭘까? 2022년 9월, 노웅래 의원이 환경부에서 받은 자료를 토대로 신축 아파트 15.7%가 라돈 권고 기준(148Bq/m^3)을 초과했다고 발표했다. 2021년 조사한 신축 공동주택 2531세대 중 399세대(15.7%)에서 권고 기준을 4~5배 초과한 아파트가 속출하고 있다는 것이다.

환경부가 제출한 자료에 따르면, 2021년 신축한 아파트 가운데 라돈 권고 기준을 초과한 건설사는 58곳이다. 대우건설이 지은 단지가 7개로 가장 많았고, 서희건설(6개), 태영종합건설(5개), 대방건설(5개), 롯데건설(4개), 포스코건설(4개), HDC현대산업개발(3개), 우미(3개), 두산건설(2개), SK에코플랜트(2개), GS건설(1개), 호반건

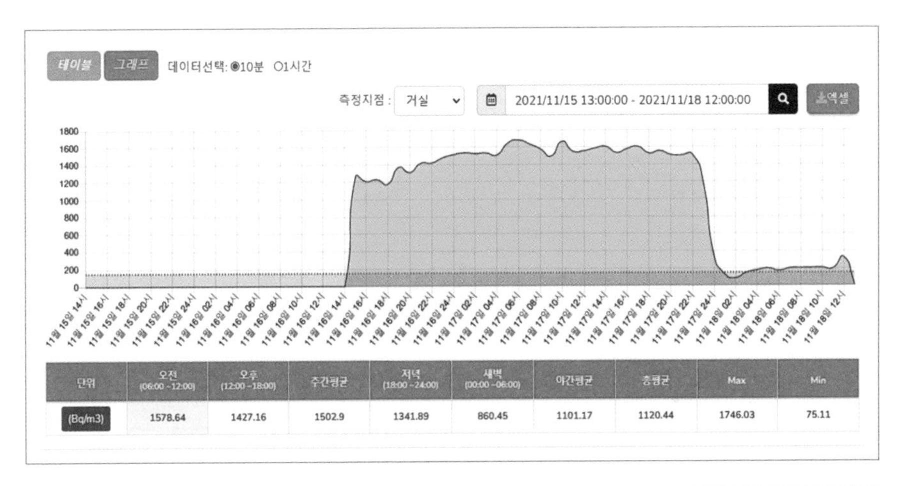

단위	오전 (06:00 ~12:00)	오후 (12:00 ~18:00)	주간평균	저녁 (18:00 ~24:00)	새벽 (00:00 ~06:00)	야간평균	총평균	Max	Min
(Bq/m3)	1578.64	1427.16	1502.9	1341.89	860.45	1101.17	1120.44	1746.03	75.11

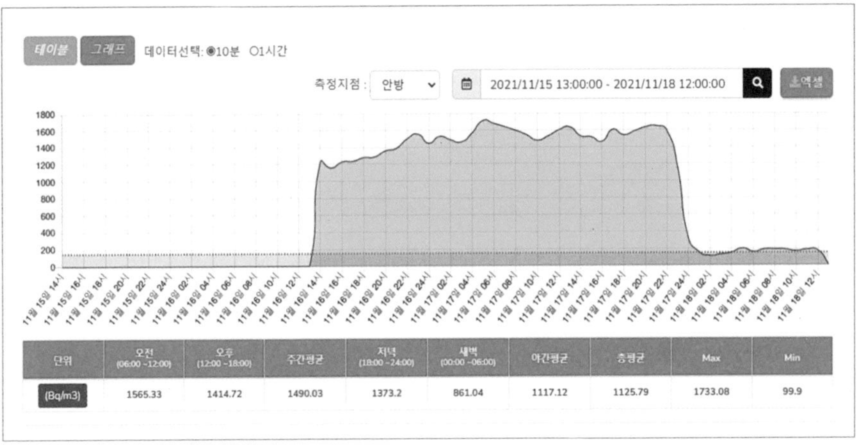

단위	오전 (06:00 ~12:00)	오후 (12:00 ~18:00)	주간평균	저녁 (18:00 ~24:00)	새벽 (00:00 ~06:00)	야간평균	총평균	Max	Min
(Bq/m3)	1565.33	1414.72	1490.03	1373.2	861.04	1117.12	1125.79	1733.08	99.9

신축 아파트 거실과 안방에서 라돈을 측정한 결과, 권고 기준보다 11배 이상 높은 수치가 검출됐다.

신축 아파트 라돈 측정 결과

(단위 : Bq/m^3)

구분	기준	최대	최소	주간 평균	야간 평균	총 평균
거실	148	1746.03 (11.8배)	75.11	1502.9 (10.15배)	1101.17 (7.4배)	1120.44 (7.57배)
안방		1733.08 (11.7배)	99.9	1490.03 (10배)	1117.2 (7.5배)	1125.79 (7.6배)

전국 곳곳에 새 아파트가 쑥쑥 올라가고 있다. 새 아파트는 얼마나 안전할까?

설(1개), 삼부토건(1개) 등으로 국내 유명 건설사가 대부분 포함됐다.

신축 아파트 15.7%에서 라돈이 권고 기준 이상 검출됐다는 환경부 자료에는 중요한 문제가 있다. 이 수치는 환경부가 직접 조사한 게 아니다. 신축 공동주택을 시공하는 건설사는 실내공기질관리법에 따라 입주 7일 전까지 환경부가 공인한 측정 대행업체를 통해 공기 질을 측정하고, 지방자치단체장에게 결과를 알려야 한다. 환경부 장관은 지자체장에게서 결과를 보고받는다.

최근 신축 아파트는 전체 아파트를 중앙 통제하는 공조기가 있다. 건설사가 공조기를 가동한 상태에서 라돈을 측정할 경우 수치가 축소된다. 따라서 실내공기질관리법이 정한 라돈 권고 기준 148Bq/m^{3}를 초과하는 아파트 비율이 환경부가 발표한 15.7%보다 훨씬 높을 가능성이 크다. 신축 아파트가 왜 입주민의 건강을 위협하는 흉기가 됐을까?

방사능 쓰레기 5시간 40분 추적해보니

4

진해항 인근 진해화학 터에 라돈이 함유된 인산석고가 쌓여 있다.

이른 새벽 덤프트럭이 줄지어 들어온다. 포클레인이 덤프트럭에 연신 흙을 퍼 담았다. 공사장 너머로 푸른 바다와 배가 보이는 곳은 진해항이다. 흙을 싣고 현장에서 빠져나가는 덤프트럭의 최종 목적지를 확인하기 위해 추적을 시작했다. 진해항에서 출발한 트럭이 진해 IC에서 고속도로를 탔다. 2시간을 달려 경주 IC를 빠져나왔다. 경주가 최종 목적지가 아니었다. 경주 시내를 통과하니 포항

경남 진해항에서 (주)삼표시멘트 삼척공장까지 5시간 40분 동안 방사능 오염토를 운반하는 트럭을 추적하는 데 성공했다.

이정표가 보였다. 포항도 최종 목적지가 아니었다. 트럭은 동해안으로 달려 울진과 영덕을 지나쳤다. 진해에서 10시 30분에 출발한 트럭은 5시간 40분 만에야 질주를 멈췄다. 최종 목적지는 강원도 삼척에 있는 (주)삼표시멘트였다.

무거운 짐을 가득 실은 트럭을 6시간 가까이 추적하기는 쉽지 않았다. 그러나 작전은 대성공이었다. 출발지와 목적지를 내 눈으로 확인했기 때문이다. 저 트럭에 실린 흙의 정체가 뭘까? (주)삼표시멘트는 왜 진해에서 삼척공장까지 저 흙을 가져왔을까? 진해에 있던 흙이 시멘트 제조에 필요한 재료일까?

방사능에 오염된 독성 물질로 시멘트를 만든다

경남 진해에서 (주)삼표시멘트 삼척공장으로 운반한 흙의 정체를 CNN 뉴스에서 찾았다. CNN은 2019년 11월 23일, 〈삼발레스에서 압수된 한국발 독성 폐기물(Toxic waste shipment from South Korea seized in Zambales)〉이라는 기사를 보도했다.

> 삼발레스에 도착한 상선에서 한국발 독성 물질 5만 3000t을 압수했다. 이 물질은 인간의 건강과 환경에 유해한 방사능을 함유한 비료의 폐기물인 인산석고로, 필리핀 당국이 수입을 허용하는 재활용 가능 물질이 아니다. 필리핀 당국은 독성 물질을 하역하는 승무원과 크레인 운영자를 체포했다.

CNN Philippines News World Business Entertainment Sports Desk Life Videos Transportation Community

Toxic waste shipment from South Korea seized in Zambales

By Eimor Santos, CNN Philippines
Published Nov 23, 2019 3:25:17 PM

Ads by Google

Source: Philippine Coast Guard

Metro Manila (CNN Philippines, November 23) — Authorities seized 53,000 metric tons of toxic substance from a merchant ship that arrived in Zambales from South Korea on Friday, the Philippine Coast Guard said Saturday.

대한민국에서 필리핀으로 보낸 독성 물질이 압수됐다는 CNN 보도

필리핀에서 압수된 화물과 (주)삼표시멘트 삼척공장으로 들어간 화물은 진해에서 출발한 같은 물질이다. CNN은 왜 필리핀 당국이 방사능과 독성 물질이라며 승무원을 체포했다고 보도했을까?

사건 내용은 이렇다. 트럭이 흙을 퍼낸 곳은 진해화학이 1965년부터 30년 이상 비료를 만들던 곳이다. 2003년 부도난 진해화학 터를 부영건설이 매입해 아파트 건설을 추진했다. 그러나 2006년 5월 토양오염 실태 조사 결과, 납과 불소가 토양오염 우려 기준을 초

과한 땅임이 밝혀졌다. 2007년 토양 정밀 조사에서는 지하 3m까지 불소, 니켈, 아연, 납, 카드뮴, 구리, 석유계총탄화수소(TPH) 등이 토양오염 기준을 초과했다. 창원시는 2007년 10월 23일, 부영건설에 2009년 10월 20일까지 토양 정화 조치 명령을 했다. 그러나 이를 지키지 않아 총 6차례 고발과 7차 정화 명령을 한 상태다.

필리핀에서 압수된 화물과 진해에서 (주)삼표시멘트 삼척공장으로 운반한 붉은 흙은 진해화학이 30년 동안 인광석에서 비료를 만들고 남은 인산석고다. 인산석고에는 인광석에 포함된 방사능이 그대로 있다. 산업안전보건연구원은 〈천연 방사성물질의 개인 노출 측정 및 분석 방법 연구〉(2018)에서 인광석과 인산석고에 함유된 라돈, 우라늄, 토륨 등 방사능에 대해 다음과 같이 기술한다.

> 지금까지 연구자들이 발표한 인광석 및 인산석고에 대한 방사능 농도 분석 결과를 보면, 인광석 내 함유한 방사성물질 Ra-226, U-238, Th-232의 방사능 농도 범위는 각각 0.3~1.6Bq/g, 0.9~1.7Bq/g, 0.002~0.1Bq/g으로 나타났고, 인산석고인 경우는 Ra-226, U-238, Th-232의 방사능 농도 범위가 각각 0.1~0.9Bq/g, 0.03-0.08Bq/g, 0.002~0.1Bq/g으로 나타났다.

석고에는 천연 석고와 화학석고가 있고, 화학석고는 인광석에서 인을 추출한 뒤 발생하는 폐기물 인산석고와 화력발전소에서 발생하는 배연탈황석고가 있다. 환경부는 2011년 6월 21일, 〈석고보드 잘못 사용하면 실내 라돈 농도 높여〉라는 보도 자료를 발표했다.

국내 유통 중인 17종의 석고보드에 대한 라돈 방출량을 조사한 결과, 인산부산석고를 원료로 한 석고보드가 배연탈황석고를 사용한 석고보드보다 25배 높은 라돈 방출량을 나타냈으며, 석고보드 제품 내에 있는 자연 방사성물질인 라듐, 토륨(^{232}Th), 칼륨(^{40}K)에 대한 농도를 조사한 결과, 인산부산석고에서 배연탈황석고의 약 16배에 해당하는 높은 라듐 농도를 나타냈다.

인산석고가 탈황석고보다 방사능 라돈 방출량이 25배 많다는 환경부 보도 자료

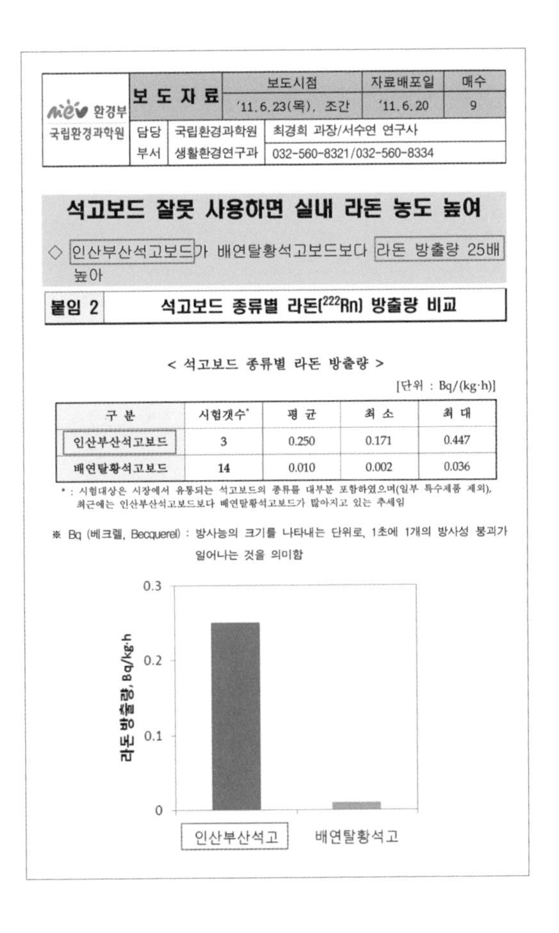

mev 환경부 국립환경과학원	보 도 자 료	보도시점	자료배포일	매수
		'11.6.23(목), 조간	'11.6.20	9
	담당 부서	국립환경과학원 생활환경연구과	최경희 과장/서수연 연구사 032-560-8321/032-560-8334	

석고보드 잘못 사용하면 실내 라돈 농도 높여

◇ 인산부산석고보드가 배연탈황석고보드보다 라돈 방출량 25배 높아

붙임 2 석고보드 종류별 라돈(^{222}Rn) 방출량 비교

< 석고보드 종류별 라돈 방출량 >

[단위 : Bq/(kg·h)]

구 분	시험갯수*	평 균	최 소	최 대
인산부산석고보드	3	0.250	0.171	0.447
배연탈황석고보드	14	0.010	0.002	0.036

* : 시험대상은 시장에서 유통되는 석고보드의 종류를 대부분 포함하였으며(일부 특수제품 제외), 최근에는 인산부산석고보드보다 배연탈황석고보드가 많아지고 있는 추세임

※ Bq (베크렐, Becquerel) : 방사능의 크기를 나타내는 단위로, 1초에 1개의 방사성 붕괴가 일어나는 것을 의미함

라돈이 폐암을 일으키는 방사성물질임은 잘 알려진 사실이다. 석고보드 업계는 라돈에 따른 국민의 폐암 발생 피해를 방지하기 위해 인산석고 대신 라돈 함량이 적은 배연탈황석고를 사용하고 있다. 석고보드 업체가 사용을 중단한 인산석고 폐기물이 왜 시멘트 공장으로 들어갈까?

이유는 돈 때문이다. (주)삼표시멘트는 진해화학 터에 쌓인 폐기물 약 30만 t을 처리하는 대가로 부영건설에서 520억 원을 받기로 했다. 라돈과 유해 물질이 든 폐기물을 시멘트 제조에 사용하기로 한 것이다. 진해에서 삼척까지 5시간 40분 동안 운반한 것은 라돈 방사능과 고농도 불소가 함유된 독성 폐기물이라 쓰레기 처리 비용을 많이 벌 수 있기 때문이다.

2017년 3월 29일, 통영어업피해대책위원회와 시민 단체들이 경남도청 프레스센터에서 기자회견을 열었다. 진해화학 터에 쌓인 인산석고가 통영의 덕포일반산업단지 부지 조성에 따른 공유수면 매립에 반입되는 것을 반대하기 위해서다. 이들은 "진해화학 부지에 쌓인 폐석고는 토양오염 물질인 불소가 최대 4141mg/kg 검출됐으며, 폐석고 재활용 공정인 정제 후에도 2456mg/kg이 검출돼 토양 환경기준인 400mg/kg을 크게 웃돈다"고 밝혔다.

2010년 시험성적서를 입수했다. 불소가 무려 2500ppm이나 검출됐다. 라돈 방사능과 불소 독성 물질로 오염된 폐기물로 만든 시멘트가 국민 건강에 안전할까? 돈이 되면 유해 물질이라도 시멘트에 넣겠다는 시멘트 공장의 부도덕한 현실이 참담하다.

시민 단체들이 (주)삼표시멘트 정문 앞에서 인산석고 반입을 규탄하는 시위 중이다.

필리핀에서 반송된 인산석고

CNN은 〈삼발레스에서 압수된 한국발 독성 폐기물〉 보도에서 “해안경비대와 필리핀국립수사국이 독성 화물을 내리는 동안 승무원을 체포했는데, 승무원은 이 화물이 대한민국 광양항에서 출발했다”고 전했다. 대한민국에서 필리핀으로 운반한 폐기물은 경남 진해항에서 출발했다. 그런데 CNN은 왜 전남 광양항에서 출발했다고 보도했을까?

여기엔 복잡한 사연이 있다. 부영건설이 진해화학 터에 쌓인 인산석고 폐기물을 필리핀에 보낸 것은 2019년 11월이 처음이 아니다. 2018년에 수차례 필리핀에 보냈다가 압수되거나 반송되기를 반복했고, 필리핀에 압수돼 반송을 기다리는 폐기물도 있었다. 2018년에도 진해항에서 필리핀으로 갔다가 반입이 거부됐다. 반송된 인산석고 오염토 5300t이 광양항에서 오래 방치됐다. 광양항에 쌓인 인산석고 오염토 5300t은 길이 100m에 이르렀다.

여수광양항만공사는 부영건설에 인산석고 오염토를 2019년 7월까지 치우라는 내용증명을 보냈다. 다급해진 부영건설이 광양항에 있던 인산석고 오염토 5300t을 2019년 11월 다시 필리핀으로 보내다 적발됐고, 이 내용을 CNN이 보도한 것이다. 필리핀에서 반송된 인산석고 오염토는 목포항에도 약 7000t이 쌓여 있었다.

중화 석고라는 거짓말

시멘트 업계는 인산석고가 아니라 중화 작업을 거친 중화 석고이기에 안전하다고 주장한다. 그러나 방사능 라돈은 중화 작업을 해도 그대로 남는다. 산업안전보건연구원은 〈천연 방사성물질의 개인 노출 측정 및 분석 방법 연구〉에서 인산석고보다 중화 석고의 라돈 농도가 높다는 조사 결과를 공개했다.

비료 제조사의 원료 및 부산물에서의 라돈 농도

(단위 : Bq/m^3)

제품명	시료 수	AM±SD	GM(GSD)	범위	비고
인광석	2	526.5±89.8	522.7(1.19)	463.0~590.0	창고에서 채취
중화 석고	3	465.3±9.8	465.3(1.02)	454.0~471.0	창고에서 채취
인산석고	3	347.3±21.2	346.9(1.06)	328.0~370.0	야적장에서 채취
계	8	436.4±85.9	429.1(1.22)	328.0~590.0	-

심지어 (주)삼표시멘트는 진해화학에서 가져온 인산석고 오염토 3만 t을 삼척시청에 반입 신고조차 하지 않았다. 이익을 위해 불법을 마다치 않는 기업의 '쓰레기 시멘트가 안전하다'는 주장을 과연 믿을 수 있을까?

폐암 유발 방사능 쓰레기도 시멘트에

5

2014년 3월 22일 방영한 KBS-1TV 〈추적 60분-라돈의 공포〉는 고층 아파트에서 기준치를 초과한 방사능 라돈이 검출됐다고 보도

집은 대형화 · 고급화되지만, 거주 공간의 안전성은 더 위험해지고 있다.

했다. 환경부 권고 기준은 4pCi(피코퀴리)인데, 5.2pCi가 검출됐다는 것이다. 방송은 라돈이 검출된 원인으로 석고보드를 지목했다. 라돈이 함유된 인산석고로 석고보드를 만들기 때문이라는 것이다. 이 방송 후, 석고보드 공장은 인산석고 대신 탈황석고를 사용하고 있다. 발전소에서 발생하는 탈황석고는 인산석고보다 라돈 농도가 훨씬 낮기 때문이다.

문제는 집을 짓는 시멘트다. 한국시멘트협회가 2014년 11월에

시멘트산업 공정 특성과 순환자원 재활용

한국시멘트협회

○ **"KBS 추적60분 – 라돈의 공포 2부 : 문제는 땅이다"('14.3.29)**

- 한 아파트에서 방사능물질인 라돈이 기준치를 초과한 5.2피코규리 검출 (환경부 라돈 권고기준 : 4피코큐리)
- 아파트에 사용된 석고보드의 일부에서 라돈 권고기준 초과
  - · 8개 석고보드 중 3개 초과 : 7.13 / 4.10 / 4.73 피코규리
  - · 일반 암석보다 우라늄이 높은 인광석 부산물인 인산석고를 석고보드에 사용한 것이 원인
- 콘크리트를 통해서도 라돈 방출 우려
  - · 콘크리트의 라돈은 골재에 의하여 영향을 받는 것으로 나타났음
  - · 콘크리트 제조용 골재를 채취하는 강원도 채석장 골재에서 10,000피코규리 이상의 라돈 검출

※ 방송에서 문제가 된 아파트의 라돈 검출은 인산석고를 사용한 석고보드와 골재가 원인으로 확인

아파트에서 라돈이 검출된 것은 인산석고를 사용한 석고보드가 원인이라는 한국시멘트협회의 해명은 시멘트 공장은 인산석고를 사용하지 않는다는 말과 같다.

작성한 〈시멘트 산업 공정 특성과 순환 자원 재활용〉을 입수했다. 협회는 "〈추적 60분〉 방송에서 문제가 된 아파트의 라돈 검출은 인산석고를 사용한 석고보드와 골재가 원인으로 확인됐다"고 해명했다. 이는 인산석고가 방사능 라돈 위험이 큰 폐기물임을 시멘트 공장도 잘 알고, 시멘트 제조에 인산석고를 사용하지 않는다는 말과 같다.

현실은 전혀 달랐다. 시멘트 공장은 2023년 현재까지 라돈이 함유된 인산석고로 시멘트를 만들고 있다.

인산석고란?

전남 여수 바닷가에 검은 비닐로 덮어둔 거대한 산이 있다. 자동차로 한참 달려야 끝에 이를 정도다. 검은 비닐로 덮은 물체는 남해화학이 인광석에서 인을 추출하고 남은 인산석고 2800만 t이다.

인구가 증가함에 따라 식량 증산을 위해 1960년대부터 화학비료 생산이 급증했다. 화학비료는 질소, 인산, 칼륨이 주성분이다. 인산은 인광석에서 인을 추출해 만들며, 이 과정에 인산석고라는 폐기물이 발생한다. 인광석은 모로코와 이스라엘 등에서 전량 수입한다. 문제는 인광석에 우라늄과 라듐, 토륨 등 방사능이 들었고, 인산석고에 라돈이 잔류한다는 사실이다.

남해화학
NAMHAE CHEMICAL CORP.

남해화학이 비료를 만들고 발생한 인산석고 2800만 t이 여수 바닷가에 있다.

폐암 유발하는 라돈

서울시는 2007년 10월 〈서울시, 지하철역과 생활환경의 라돈 농도〉를 발표했다. 신축 시멘트 건물이 라돈 농도가 높아 환기가 필요하다면서 미국환경보호청 자료를 인용해 미국은 라돈에 의한 폐암 사망자 수가 연간 2만 1000명으로 음주운전 사망자(1만 7000명)나 낙상사(8000명), 익사(3900명)보다 많다고 라돈의 위험성을 경고했다.

산업안전보건연구원은 2018년 〈인산석고 취급 공정에서의 라돈 농도 및 유효 선량 수준 평가〉에서 라돈의 위험성을 강조했다.

> 국제암연구기관에서는 라돈을 흡연 다음으로 폐암을 일으키는 인체 발암물질로 설정되어 있다. 세계보건기구에서도 라돈이 담배에 이어 폐암 발병 인자로 보고 있으며 폐암 발병의 3~14%를 차지하는 것으로 발표하였다. 우리나라 폐

미국의 연간 사망 원인과 사망자 수

사망 원인	사망자 수
라돈에 의한 폐암	21,000
음주운전 사망	17,000
낙상사	8,000
익사	3,900
화재	2,800

출처 : 미국환경보호청, 2005

암 사망자는 2005년 1만 3000명으로 이중 4~15%가 라돈 노출로 발생한 것으로 추정하고 있다. 또한 미국환경보호청은 미국에서 라돈으로 사망하는 사람이 매년 2만 명으로 폐암 사망자의 10%에 이를 것으로 추산하고 있다.

시멘트 공장은 왜 라돈 방사능 폐기물을 시멘트에?

남해화학 관계자가 내게 "남해화학에서 인산석고가 연간 100만 t 발생하며, 시멘트 공장이 그중 70만 t을 가져간다"고 설명했다. 국민일보는 2018년 7월 9일, 〈원자력안전위 관리·감독 '구멍'…수입 인광석에서 기준치 초과 방사능 검출〉이란 기사에서 남해화학의 인산석고 처리 결과를 보도했다.

인산석고 활용 현황

(단위 : 1000t)

	2013	2014	2015	2016	2017
석고보드	114	25	0	0	0
비료, 토양개량제	61	55	60	66	81
시멘트 응결 지연제	501	669	604	705	701
기타	30	176	178	207	267
계	756	925	842	978	1049

시멘트 공장은 라돈의 위험을 보도한 〈추적 60분〉 방송 이전인 2013년 인산석고 50만 1000t, 2014년 66만 9000t을 시멘트 제조에 사용했다. 방송 이후에도 2015년 60만 4000t, 2016년 70만 5000t, 2017년 70만 1000t을 사용했으며, 남해화학 관계자와 통화에서 지금도 연간 70만 t을 사용하고 있음을 확인했다.

석고보드 공장은 2013년 11만 4000t에서 2014년 2만 5000t으로 사용량이 급격히 줄었고, 2015년부터 인산석고를 사용하지 않는다. 이는 2014년 3월 방송 이후 인산석고 사용을 중단했음을 보여준다. 라돈이 폐암을 일으키는 폐기물임을 인식했기 때문이다.

산업안전보건연구원 조사 결과

산업안전보건연구원이 작성한 〈인산석고 취급 공정에서의 라돈 농도 및 유효 선량 수준 평가〉에도 석고보드 공장은 2014년부터 인산석고 사용을 중단했는데, 시멘트 공장은 사용하고 있다고 설명했다.

> 국내에서 석고보드를 생산하는 사업장은 2개 사로 A사는 2014년 4월부터 인산석고를 사용하지 않고 있었으며 B사는 2007년부터 탈황석고를 사용하여 석고보드를 제조하고 있었다. 인산석고가 들어간 석고보드가 사회적 이슈가 되면서 제조 공정에서 사용을 중지한 상태였다. 과거에는 석고보드

주원료가 인산석고였으나 지금은 화력발전소 등에서 발생하는 배연탈황석고를 사용하지만, 시멘트 공장들은 아직도 인산석고가 시멘트 제조에 사용된다.

국민의 건강을 생각지 않는 시멘트 업계의 안전 불감증은 〈인산석고 취급 공정에서의 라돈 농도 및 유효 선량 수준 평가〉에서 쉽게 확인할 수 있다. 산업안전보건연구원은 석고보드 공장 2곳과 인산석고를 사용하는 시멘트 공장 7곳을 조사한 결과, 시멘트 공장의 라돈 농도가 석고보드 공장보다 높다고 밝혔다. 석고보드 공장은 인산석고 대신 탈황석고를 사용하지만, 시멘트 공장은 라돈이 많

	라돈 농도 차이
석고보드 제조 사업장	· 인산석고가 들어간 석고보드가 사회적 이슈가 되면서 제조 공정에서 사용을 중지한 상태였다. 그래서인지 사업장의 각 공정에서 라돈 농도는 환경부 실내 공기 질 관리 기준인 148Bq/m³에도 훨씬 못 미치는 수준이었다. · 석고보드 공장이 라돈 농도가 낮은 이유가 인산석고 대신 탈황석고를 사용하기 때문.
시멘트 제조 사업장	· 시멘트 제조 사업장 인산석고 취급 공정의 라돈 농도는 적치장에서 최대 144.3Bq/m³로 환경부 실내 공기 질 관리 기준인 148Bq/m³에 근접하였다. - 시멘트 공장의 노동자들은 라돈으로 인해 연간 평균 0.63mSv/yr, 최대 3.81mSv/yr의 유효 선량에 노출된다. · 방사능 라돈에 노출된 시멘트 공장의 노동자들이 원자력안전법에서 규정하는 방사선 작업 종사자로 보고 관리되고 있는지 궁금하다. · 공기 중 라돈 딸핵종의 에어로졸은 미응결 입자(unattached particle)와 응결 입자(attached particle)를 만들어낸다. 시멘트 공장의 입자 분포를 측정한 결과 평균 34.6%(4.2~98.0%)로서 유럽위원회에서 발표한 나노 입자가 차지하는 비율 50%를 넘지 않았지만, 일부 사업장에서는 작업 시간대에 따라 50%를 넘는 경우도 있었다.

출처 : 〈인산석고 취급 공정에서의 라돈 농도 및 유효 선량 수준 평가〉, 2018

은 인산석고를 쓰기 때문이다.

산업안전보건연구원은 “석고보드 공장의 라돈 농도가 낮은 이유가 탈황석고를 사용하기 때문으로 분석되었으나, 방사능 라돈에 노출된 시멘트 공장 노동자들이 원자력안전법에서 규정하는 방사선 작업 종사자로 보고 관리되고 있는지 궁금하다”며 인산석고로 시멘트를 만드는 시멘트 공장의 방사능 라돈의 위험성을 지적했다. 우리에게 중요한 문제가 남았다.

‘인산석고가 들어간 시멘트로 지은 아파트는 과연 안전할까?’

얼마나 유해한데 우리가 아니면 누가?

6

성신양회(주) 단양공장에서 새파란 연기를 뿜어낸다. 이 공장에서 쓰레기를 하역하던 운전자가 유독가스에 질식사했다.

독성 슬러지로 시멘트를 만든다

2022년 11월 22일 오후 1시경, 성신양회(주) 단양공장에서 사망 사건이 발생했다. 슬러지 창고에 쓰레기 하역 작업을 하던 운전자가 슬러지의 유독가스를 흡입한 것이다. 공장 관계자가 즉시 병원으로 옮겼지만, 유독가스에 중독되어 사망했다. 쓰러진 운전자를 발견한 공장 관계자 역시 호흡곤란과 어지러움 등으로 치료받았다. 문제는 잠시 흡입한 운전자가 사망에 이르며 그를 발견한 직원까지 호흡곤란으로 치료받아야 할 유독 물질이 시멘트 공장에 반입되고, 그 물질로 시멘트를 만든다는 사실이다.

2022년 11월 19일, 경남 김해 해반천에서 물고기 수만 마리가 집단 폐사했다. 김해시가 원인을 조사해본 결과, 제련 업체에서 나온 폐수가 하천으로 흘러들어 벌어진 사건이었다. A사는 광물에 화학약품을 첨가해 값나가는 금속을 추출하던 공장으로, 2021년 10월 말 폐업했다. 최근 시설물을 철거하다 남아 있던 슬러지가 공장 바닥에 쏟아져 물청소했는데, 이 과정에 세척 폐수 일부가 해반천으로 유입됐다.

각종 공장에서 발생하는 오니와 슬러지에는 그곳에서 사용한 화학물질과 유독성 물질이 다량 함유됐다. 시멘트 공장에 반입되는 폐기물 목록에 전국 공장에서 발생하는 오니와 슬러지가 낱낱이 드러난다. 쓰레기 하역 작업을 하던 사람이 질식사할 만큼 유독성이 강한 오니와 슬러지로 만든 시멘트가 우리 안방으로 들어오고 있다.

한일현대시멘트(주)와 쌍용C&E 영월공장의 2018년 폐기물 반입 목록에서 하수와 폐수 오니류만 정리했다. 전기·전자 공장의 폐수 오니를 비롯해 염색 공단의 오니까지 온갖 공장의 유독성 오니류가 시멘트 공장에 반입된다.

<table>
<tr><th colspan="2">한일현대시멘트(주)</th><th colspan="2">쌍용C&E 영월공장</th></tr>
<tr><th>품목</th><th>공급 업체</th><th>품목</th><th>공급 업체</th></tr>
<tr><td rowspan="2">하수 오니</td><td rowspan="2">에코이앤오(주) 남양·향남·검단, 대구공공시설관리공단 달성·달서천·서부·신천사업소, 티에스케이워터 대관령·봉평·진부·평창하수처리장, (주)블루오앤엠 고촌, 대화하수처리장, (주)대양환경기술, 안양시상하수도사업소 박달·석수, 오산시환경사업소, 부산환경공단 남부·강변·녹산·정관·기장사업소, 환경시설관리(주) 아산(K-water컨소시엄), 태일환경관리(주) 신천</td><td>공정 오니</td><td>오디, (주)퍼시픽그라스, KC, 경인화학, 삼성SDI</td></tr>
<tr><td>정수 오니</td><td>한국수자원공사 성남권·충주권·보령권·포항권·밀양권·영남내륙권관리단</td></tr>
<tr><td rowspan="2">폐수 오니</td><td rowspan="2">CJ제일제당(주) 인천1·인천2·인천3·인천냉동식품·진천공장, 동무화이캠(주) 평택공장, 롯데칠성음료(주) 충주·충주2공장, CJ헬스케어(주), 삼성전자(주) 화성·기흥사업장, 아산디스플레이시티1일반산업단지입주기업체협의회, 삼성디스플레이(주) 그린7단계, 한국오웬스코닝(주), 하이앤텍LGD파주사업소, (주)올폼, 주식회사이라웰, 무림피앤피주식회사, 강원바이오에너지(주), 일신산업(주) 테라조공장, 현대중공업(주) 그린에너지, 양주염색산업단지입주기업체협의회, 에치플러스에코, SK하이앤지, (주)에스에이치, 대양이앤이주식회사, 모아, (주)알씨테, (주)영월이앤에스, 태경화학(주) 여수2공장, 대림비앤코(주) 제천공장, 태경에코(주) 천안공장, 태경에코화학(주) 화성공장, 경인화학산업 경주공장, (주)오미아코리아 안동공장, (주)서진인바이레테크, 현대제철(주), 원기업주식회사</td><td>폐수 오니</td><td>하이닉스엔지니어링, 삼성전자, 삼성전기, 삼성SDI, 흥원제지, 대흥건업, 한국전기초자, 신세계자원, 태경산업, 나리산업, 대명에프씨, 한국동서발전(주) 일산복합화력, 한국남동발전(주) 분당화력, 천안3공단, 두원스틸, DAP, 삼성토탈, LGPhilpsLCD(주), 삼성SD, 에스오일(주)</td></tr>
<tr><td>하수 오니</td><td>원주시상하수도사업본부, 춘천시환경사업국, 태백시수질환경소, 정선군·평창군상하수도사업소, 홍천군환경기초시설</td></tr>
</table>

저게 얼마나 유해한데 우리가 아니면 누가?

"저게 뭔지 아세요?" 쌍용C&E 영월공장 시설을 둘러보던 중, 안내하던 쌍용C&E 관계자가 시커먼 폐기물을 가리키며 물었다. 시멘트 공장 견학이 처음이니 어떤 폐기물인지 알 턱이 없었다. 이어진 그의 설명이 아직도 잊히지 않는다. "삼성전자 탕정공장 슬러지예요. 저게 얼마나 유해한데 우리가 아니면 누가 처리합니까?" 시멘트 공장 관계자도 반도체 공장의 슬러지가 유해하다는 것을 잘 알았다. 문제는 시멘트 공장이 모든 유해 물질을 완전 분해하는 최고의 쓰레기 소각 시설이라고 착각한다는 것이다.

삼성전자 탕정공장에서 발생한 슬러지

반도체 공장에서 왜 각종 암 환자가 발생할까?

2014년 2월 6일, 영화 〈또 하나의 약속〉이 개봉했다. 삼성전자에서 근무하다 급성 백혈병에 걸려 사망한 황유미 씨의 이야기를 다룬 영화다. 삼성전자반도체 공장에 근무하던 수많은 노동자가 백혈병, 유방암, 뇌종양, 난소암, 림프종, 재생불량성빈혈, 다발성신경병증 등 다양한 질병으로 사망하거나 고통을 겪었다. 소송도 끊이지 않았다. 2018년 9월, 법원은 TV 부품을 만드는 삼성전기 생

산 라인에 근무하던 노동자에게 발병한 백혈병을 산업재해로 인정했다.

> 첨단산업의 직업병 원인을 증명하기 곤란하지만 그렇다고 인과관계를 부정해선 안 된다. A씨가 삼성전기 사업장에서 근무하는 동안 지속적으로 노출된 납, 벤젠, 포름알데히드 등이 A씨의 체질 등 다른 요인과 함께 작용해 병을 발병케 했거나 적어도 발병을 촉진한 원인이 됐다고 판단하는 것이 경험칙에 부합하다. 반도체 사업장에서의 백혈병 발병률이 우리나라 전체 평균 발병률보다 높은 것 역시 상당 인과관계를 인정하는 데 유리한 사정이다.

반도체와 전자 등 첨단 전자 산업은 생산 방식이 수시로 변하면서 작업 공정은 물론 사용하는 화학물질도 계속 바뀐다. 문제는 발암물질이고 유독성이 있는 화학물질을 사용하지만, 관련 회사는 지금까지 관련 정보를 공개하지 않는다는 것이다. 프레시안은 2010년 9월 28일, 〈삼성 내부 보고서도 반도체 공장 위험 인정〉이란 기사에서 화학물질을 공개하지 않는 실태를 지적했다.

> 보고서에 따르면, 기흥공장 5라인에서 총 99종의 화학제품을 사용하고 있는데 삼성은 이 물질들의 성분에 대해 공급 업자가 제출하는 물질안전보건자료(MSDS)에 의존할 뿐 MSDS에 기재된 성분이 맞는지 자체적으로 확인하지 않은 것으로 나타났다. 또한 사용 제품의 60%는 언제부터 쓰이기

시작했는지조차 파악하지 못했다. 게다가 제품에 들어간 83종의 단일 화학물질 중 삼성이 작업 환경 측정 대상에 포함시키는 물질은 24종으로 28.9%에 불과했다. 10종은 영업 비밀을 이유로 제조사의 성분 자료조차 제대로 밝히지 않았다.

반도체 폐기물 분석 자료 제공도 못 하는 시멘트 공장

지난 2006년부터 쓰레기 시멘트의 유해성을 지적했다. 사회적 논란이 커지자, 환경부가 2008년 쓰레기 시멘트 안전 대책 마련을 위한 민관협의회를 구성했다. 민관협의회 위원으로 국립환경과학원과 함께 전국 시멘트 공장을 돌며 반입되는 폐기물을 조사했다.

시멘트 공장마다 전국에서 모은 쓰레기가 산을 이뤘다. 종류별로 쓰레기 샘플을 봉투에 담았다. 공장 관계자에게 삼성전자반도체 공장의 슬러지 샘플을 요구했다. 시멘트 공장마다 반도체 공장의 슬러지가 반입됨을 시인하면서도 "다른 슬러지 밑에 있어서 채취가 어렵다" "지금은 없다"는 등 이유를 대며 제출하지 않았다. 환경부 담당 과장에게 반도체 공장의 슬러지를 시멘트 공장 반입 금지 폐기물 목록에 넣으라고 요구했다. 환경부는 지금까지 방치하고 있다.

여기 우리가 고민해야 할 문제가 있다. 노동자에게 백혈병과 암 등을 일으키는 유독성 화학물질을 사용하는 반도체와 전기·전자 공장에서 발생한 오니와 관련 폐기물이 시멘트 공장에 반입된다는

시멘트 유해성 논란 설명자료

-시멘트산업 공정 특성과 순환자원 재활용-

한국시멘트협회
Korea Cement Association

2. 시멘트 소성로 특성

한국시멘트협회는 시멘트 소성로에서 쓰레기의 유해 물질이 완전 분해된다고 주장한다. 그러나 이는 사실이 아니다.

점이다. 환경부는 이런 유독성 슬러지와 오니로 만든 시멘트의 안전성을 검증한 바 없다. 이제 국민의 건강을 위해 시멘트 공장에 반입되는 폐기물의 유해성 검사와 사용 가능한 폐기물 기준을 새롭게 정립해야 한다. 시멘트 공장은 쓰레기 소각장이 아니라, 주택 건축재인 시멘트 제조 공장이기 때문이다.

이름만 바꾼다고 유독물이 안전해질까?

7

지정 폐기물 수집 운반 차량이 쌍용C&E 영월공장으로 들어간다.

폐기물 운반 차량이 쌍용C&E 영월공장으로 들어간다. '지정 폐기물 수집 운반 차량'이다. 유독성이 큰 지정 폐기물까지 시멘트 제조에 사용해도 될까? 시멘트 소성로에 사용하는 폐기물은 크게 고형 폐기물과 액상 폐기물로 나뉜다. 고형 폐기물은 폐타이어와 폐플라스틱, 폐고무, 폐목재 등이고, 액상 폐기물은 폐유와 폐윤활유, 폐유기용제, 폐페인트, 폐절삭유 등을 말한다. 특히 액상 폐기물은 유독성이 높은 지정 폐기물이 대부분이다. 시멘트 공장은 지정 폐기물을 혼합해 액상이나 슬러지 상태로 만들고, WDF(Waste Derived Fuel)라는 이름으로 시멘트 제조에 사용한다.

환경부는 2006년 한국환경자원공사(현 한국환경공단)가 작성한 〈WDF 제조 및 사용의 적정 관리 방안 마련〉이란 보고서 하나로 시멘트 공장의 지정 폐기물 사용을 합법화했다. 한국환경자원공사는 WDF를 '정제를 통한 재활용은 불가능하지만, 시멘트 소성로에서 열원으로 사용할 수 있는 지정 폐기물의 연료화 산물'이라고 강조했다. 여기에 국민 건강에 위해가 되는 심각한 문제가 있다. WDF는 '정제해도 재활용이 불가능한 유독 물질'이라는 사실이다. 다양한 산업 시설에서 각종 공정 후 오염된 기름류이기에 유독성이 높고, 열량은 적다. 이 보고서에 WDF를 만드는 폐유, 폐유기용제, 폐페인트의 특징과 유해성이 있다.

폐유, 폐유기용제, 폐페인트는 재활용 불가능할 만큼 인체와 환경에 해로운 독성 물질이다. 그런데 환경부는 이런 독성 물질을 열량이 있다는 이유만으로 국민의 집을 짓는 시멘트 제조에 사용하도록 허가했다. 독성 폐기물로 만든 시멘트가 우리 아이들에게 아무 해도 없다고 보장할 수 있을까?

폐유
- 폐유는 우리나라 지정 폐기물 발생량의 21%를 차지하고 있다. - 폐유는 납, 크롬, 비소 등 여러 종류의 중금속과 염소계 화합물, 할로겐 화합물 등 포함하고 있어서 수집하여 처리하지 않고 방치하면 자연을 오염시키는 공해 물질의 근원이 되며 소각할지라도 심각한 대기오염을 초래할 수 있다. - 폐유에는 자동차 폐윤할유, 절삭유, 절연유, 기타 윤활유계 폐유 등이 있다. - 자동차 폐윤활유에는 가솔린엔진유, 디젤엔진유, 기어유, 농기계용이 포함되고, - 절삭유는 금속 가공 과정에서 발생되는 열처리용유, 방청유, 압연유, 비수용성 절삭유가 포함되며, - 절연유는 변압기, 차단기, 축전기, 케이블 등의 전기 절연을 위해 사용되는 것을 말한다. - 기름걸레, 폐식용유, 폐유지류, 기타 등이 있다.
폐유기용제
- 우리나라 전체 지정 폐기물 발생량의 17.7%를 차지하고 있다. - 폐유기용제는 독성, 발화성, 폭발성, 반응성이 높아서 환경에 노출될 경우 인체에 심각한 위해를 줄 수 있으며 자연 생태계에 미치는 영향도 크다. - 할로겐족 유기용제에는 디클로로메탄, 트리클로로메탄, 테트라클로로메탄, 트리클로로에틸렌, 디클로로벤젠 등이 5% 이상 함유된 물질이 있다. - 기타 유기용제는 벤젠, 톨루엔, 자일렌, 메탄올, 에탄올, 부탄올, 이소옥탄, 헥산, 포름아미드 등 24종이 조사되었다.
폐페인트, 폐래커
- 폐페인트는 안료, 무기질, 유기질, 첨가제, 수지 등을 함유하고 있어 용도에 따라 물성의 변화가 심하고, 다량의 수분과 시너를 함유하고 있기 때문에 특유의 냄새를 가지고 있다. - 폐페인트를 그대로 자연계에 방출하는 경우 대기오염, 토양오염, 해양오염 및 수질오염 등 환경에 커다란 영향을 미치게 되므로 특정 유해 물질로 규정되어 있다. - 폐페인트 및 폐래커는 페인트 및 래커와 유기용제가 혼합된 것으로 페인트 및 래커 제조업, 폐기물을 재활용하는 시설에서 발생되는 것과 페인트 보관 용기에 잔존하는 페인트를 제거하기 위하여 유기용제와 혼합된 것을 포함한다.

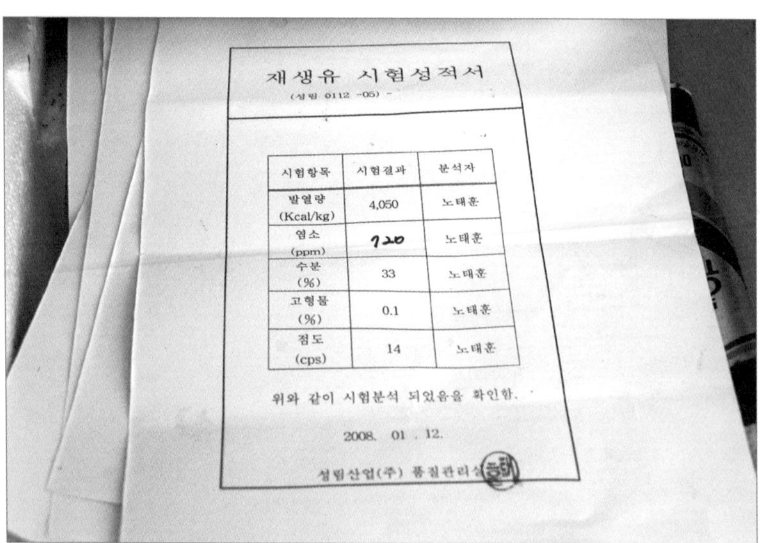

재생유 시험성적서

(성림 0112 -05) -

시험항목	시험결과	분석자
발열량 (Kcal/kg)	4,050	노태훈
염소 (ppm)	720	노태훈
수분 (%)	33	노태훈
고형물 (%)	0.1	노태훈
점도 (cps)	14	노태훈

위와 같이 시험분석 되었음을 확인함.

2008. 01 . 12.

성림산업(주) 품질관리실

지정 폐기물 수집 운반 차량이 WDF를 쌍용C&E 영월공장 저장고에 하역 중이다. 운반업자가 제출한 재생유 시험성적서에는 유해 물질 기준이 없다.

유독성 물질의 단순 혼합으로 안전한 연료가 될까?

〈WDF 제조 및 사용의 적정 관리 방안 마련〉에 WDF 제조 과정을 다음과 같이 설명한다.

> 액상 폐기물들은 성상과 특성에 따라 몇 종류의 저장 탱크에 분리 보관된 후 중간 저장 탱크에서 고상 또는 반죽상 폐기물들과 혼합된다. 그 후 3mm의 여과기를 통과하면 액상 폐기물 연료가 완성된다.

WDF 제조법은 간단하다. 유독성 지정 폐기물인 폐유, 폐유기용제, 폐페인트, 절삭유, 절연유 등을 분진 등과 혼합해 슬러지 형태로 만든 것뿐이다. 화학적인 변화가 전혀 없고, 다만 유해성이 증가했다.

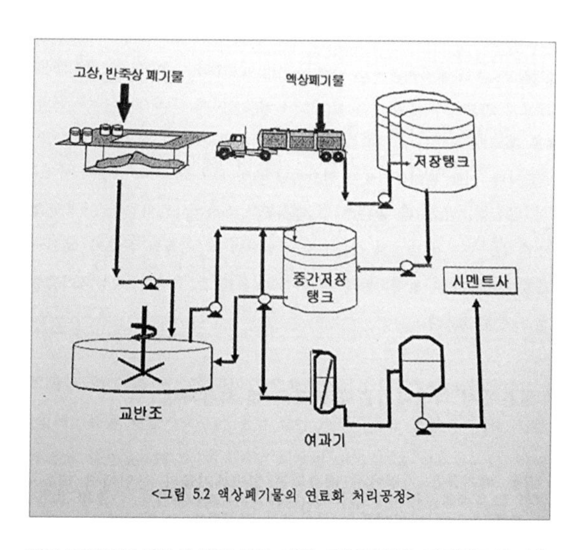

<그림 5.2 액상폐기물의 연료화 처리공정>

액상 폐기물의 연료화 처리 공정. 폐유, 폐유기용제, 폐페인트를 단순 혼합(교반), 여과해 시멘트 소성로에 투입하는 WDF를 만든다(출처 : 〈WDF 제조 및 사용의 적정 관리 방안 마련〉).

쌍용C&E 영월공장에 WDF가 반입되는 과정을 살펴봤다. WDF 운반업자가 꽂아둔 재생유 시험성적서 항목엔 '발열량, 염소, 수분, 고형물, 점도'뿐, 유해 성분 분석 항목은 찾아볼 수 없었다. 시멘트 공장도 유해성을 검증할 능력이 없다. WDF는 소성로 밖의 보일러에서 때는 연료가 아니다. 석회석과 각종 쓰레기를 혼합해서 태우는 소성로에 직접 투입한다. WDF의 유해 물질이 시멘트 제품 안전에 영향을 줄 수밖에 없다.

검찰의 처벌을 무력화한 환경부

2006년 12월 14일, 검찰이 쌍용양회(현 쌍용C&E)를 비롯한 시멘트 업체 7개와 WDF 제조업체 1개에 대한 수사 결과를 발표했다. 다음은 핵심 내용이다.

> 쌍용양회 등이 중간 처리업 허가 없이 폐유기용제 혼합물과 할로겐족 폐유기용제도 사용하고 있는 사실을 확인하였고, 현행법상 폐유기용제 혼합물은 지정 폐기물로서 시멘트 소성로에서 처리하려면 중간 처리업 허가를 받아야 하나, 환경부가 2006년 12월 20일 시멘트 소성로에서 보조 연료로 사용할 수 있도록 시행규칙 개정안을 공포 예정이므로 '범죄 후 법령 개폐로 형이 폐지되면 면소 판결이 선고'될 수밖에 없어 불입건한다.

시멘트 업체 수사 결과	
2006. 12. 14	형사 제2부

◆ **대상 업체**

○○양회 등 7개 시멘트 업체 및 1개 WDF 제조업체

* WDF : Waste oil Drived Fuel(폐유기용제·폐유·폐페인트 혼합 지정 폐기물)

◆ **주요 혐의점에 대한 수사 결과**

□ 폐유기용제혼합물(WDF) 사용 부분

○ 확인된 사항

- 폐기물 중간 처리업 허가 없이 ○○양회 등 2개 시멘트 업체 3개 공장에서 폐유기용제 혼합물을 사용하고 있는 사실 및 할로겐족 폐유기용제도 같이 사용하고 있는 사실 확인

* 다만 검출된 할로겐족(디클로로메탄, 트리클로로메탄, 디클로로메탄, 트리클로로에틸렌, 테트라클로로에틸렌, 클로벤젠)은 모두 법정 기준치 5% 이내였음

○ 처리(불입건)

- 현행법상 폐유기용제 혼합물은 지정 폐기물로서 시멘트 소성로에서 처리하려면 폐기물 중간 처리업 허가를 받아야 하나,

- 환경부에서 2006. 9. 21 시멘트 소성로에서 보조 연료로 사용할 수 있도록 하는 시행규칙 개정안을 입법 예고하여 2006. 12. 20경 공포 예정이므로

- 시멘트 업체에서 보조 연료로 사용하고 있는 현실 및 위와 같이 시행규칙이 개정되면 면소 판결이 선고될 수밖에 없으므로 불입건

* 개정안 내용 : 폐기물관리법 시행규칙 별표4 제6호 다목(2)(나)에 ⑤⑥ 및 ⑦ 신설하여 폐유, 폐유기용제, 폐페인트 등 지정 폐기물의 혼합물을 재생 연료유로서 사용할 수 있도록 하면서 품질 기준, 시설 기준 등 규정

* 범죄 후 법령 개폐로 형이 폐지되면 면소 판결 선고

법률신문 뉴스

뉴스 오피니언 Lawyter(해외변호사기자) 판결큐레이션 법률정보 한국법조인대관

서울중앙지검, 쌍용양회 영월공장 압수수색

폐기물로 시멘트 생산 혐의

홍성규 기자 desk@lawtimes.co.kr 입력 : 2006-10-26 오전 9:29:10

페이스북 트위터 인쇄 메일보내기 기사스크랩 스크랩 보기

서울중앙지검 형사2부(김종로 부장검사)는 20일 국내 1위 시멘트 제조업체인 쌍용양회 영월공장에 대해 압수수색을 했다고 23일 밝혔다.
검찰은 쌍용양회가 산업폐기물로 시멘트를 생산하며 환경오염 등을 일으킨 단서를 잡고 수사 중이다.

검찰은 시멘트 생산물질에 대한 시료를 압수·분석하며 산업폐기물이 들어간 시멘트의 인체 유해성 및 제조과정에서 불법성 여부 등을 확인할 방침이다.

검찰은 또 산업폐기물이 들어간 국내 시멘트가 아토피 증후군과 새집 증후군 등 인체에 해롭다는 지적이 제기됨에 따라 다른 업체의 시멘트 제조 과정 등에도 문제가 있는지 여부도 조사할 것으로 알려졌다.

서울중앙지검의 쌍용양회 압수 수색 관련 보도

검찰이 쌍용양회와 성신양회(주)를 압수 수색까지 하며 수사한 이유는 시멘트 소성로에 지정 폐기물을 사용한 것이 불법이기 때문이다. 환경부가 WDF의 시멘트 소성로 사용을 합법화한 때가 2006년 12월이다. 그런데 쌍용양회는 1998년부터 폐유와 폐유기용제 등을 시멘트 제조에 사용했다.

환경부가 시멘트 공장의 유독성 지정 폐기물 불법 사용을 몰랐을까? 2004년 12월, 환경부는 "폐유는 소각 정제 연료로 재활용해

야 하며 폐유 찌꺼기 등으로 만든 WDF는 재활용할 수 없다"고 했다. 2005년 7월엔 "폐유기용제와 폐유 등을 혼합하여 시멘트 소성로 연료로 사용하는 물질은 현재 제조 기준, 품질 기준 및 관리 기준 등이 제정되어 있지 않아 재활용 제품이 아닌 폐기물로 분류한다"고 했다. 환경부는 시멘트 공장의 불법 사실을 잘 알면서도 묵인해왔다. 놀랍게도 환경부는 검찰의 수사 발표를 앞두고 법령을 개정하며 시멘트 업계 처벌을 무력화했다.

환경부가 WDF의 시멘트 소성로 사용을 합법화한 근거인 〈WDF 제조 및 사용의 적정 관리 방안 마련〉은 참고문헌까지 126쪽짜리 보고서다. 짜깁기 수준의 형식적인 자료일 뿐, 유해성이 심각한 지정 폐기물의 시멘트 소성로 사용을 위한 연구라고 할 수 없다.

시멘트 공장의 이익을 위한 시녀로 전락한 환경부

환경부는 누구를 위해 존재할까? 국민의 건강과 환경은 안중에 없고, 시멘트 공장의 돈벌이를 위한 제도 마련이 환경부의 존재 이유가 되었다. 환경부는 시멘트 업계가 유해 폐기물을 사용해 막대한 쓰레기 처리 비용을 벌 수 있도록 환경 안전기준을 완화하고, 시멘트 공장이 환경오염 물질을 펑펑 뿜어내는 사실을 눈감았다. 시멘트 공장의 심각한 환경오염이 언론과 국회에서 문제가 되면 개선을 위해 민관협의회를 운영한다며 폼을 잡고, 개선하는 데 유예기간이 필요하다며 시멘트 공장의 지속적인 환경오염을 합리화했다.

유예기간이 지나면 생색내기용 개선안을 발표해 국민을 속였다.

대한민국 환경부는 특이한 존재다. 환경부와 이해관계가 없는 기업에는 엄격한 환경 기준을 적용하며 위세를 부린다. 그러나 골치 아픈 쓰레기를 치워주는 시멘트 공장을 위해서는 온갖 특혜를 베푼다. 〈WDF 제조 및 사용의 적정 관리 방안 마련〉에 시멘트 업계를 위한 환경부의 특혜를 다음과 같이 설명한다.

> 수은이나 비소같이 휘발성이 강한 중금속의 경우 시멘트 제품으로 유입되기보다는 대기 중으로 배출되는 것으로 알려져 있다. 그러므로 시멘트 품질 평가(규제)를 통해서뿐만 아니라 대기 중으로 배출되는 가스 중 중금속 농도의 평가(규제)를 통해 사용하고자 하는 폐기물 연료의 품질이 결정되는 것이 바람직하다. 그러나 불행하게도 현재 국내에서는 시멘트 소성로에서 배출되는 가스 중 중금속 농도에 대한 법적인 규제뿐 아니라 시멘트 품질에 관련된 법적인 규제가 전혀 없다.

쓰레기 산이 어디로 사라졌을까?

8

2019년 3월 3일, CNN이 경북 의성군에 방치된 거대한 쓰레기 산 문제를 집중 보도했다. CNN은 한국의 1인당 연간 플라스틱 소비량이 132kg으로 세계 최대 수준이라며 의성 쓰레기 산의 화재 장면을 전 세계에 알렸다. 낙동강 바로 옆 의성군 단밀면의 한적한 농촌이 쓰레기 악취에 오랫동안 시달려왔다. 이곳엔 축구장의 2배가 넘는 면적에 3층 건물 높이(15m)에 이르는 쓰레기 19만 2000t이 거대한 산을 이뤘다. 2000t 규모 처리 허가를 받은 폐기물 처리 업체가 90배가 넘는 폐기물을 10년 넘게 쌓아두면서 발생한 사건이다.

'제발 저희를 좀 살려주세요. 숨 쉴 수가 없어요.' 고통에 견디다 못한 주민들이 쓰레기 산 앞에 걸어둔 현수막 내용이다. CNN이 보도하기 전에 의성 쓰레기 산을 아무도 몰랐던 게 아니다. 쓰레기 더미에서 불이 나 소방차가 출동하는 일이 종종 있었기 때문이다. 주민들이 줄기차게 해결을 요구했지만, 지자체나 환경부는 해결할 의지가 없었다.

CNN이 전 세계에 보도하자 그제야 환경부가 나섰다. 대통령이 지시했기 때문이다. 조명래 전 환경부 장관은 문재인 대통령에게

경북 의성군의 쓰레기 산

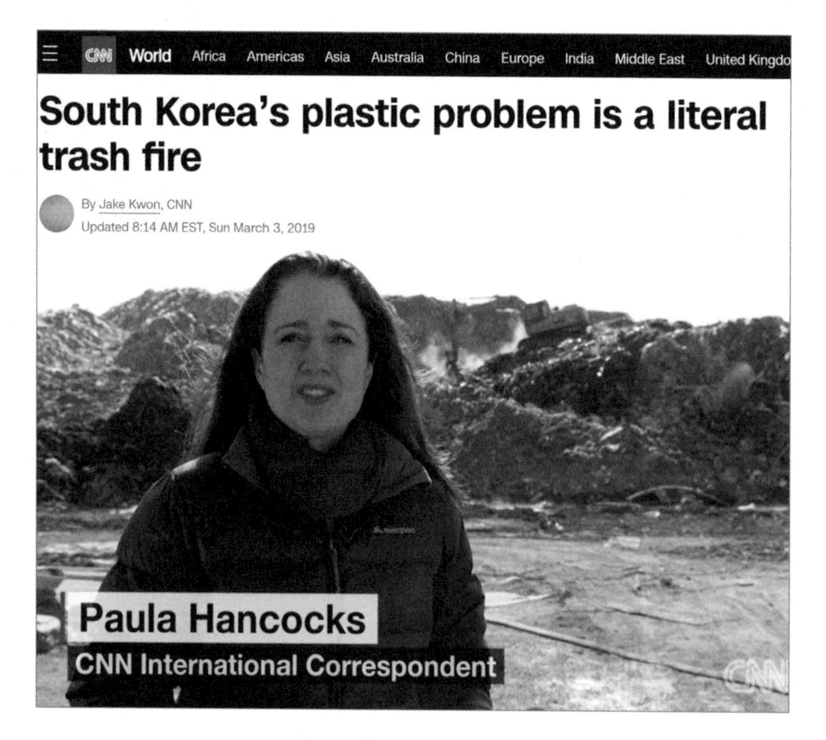

CNN 의성 쓰레기 산 보도

2019년 말까지 해결하겠다고 보고했다. 그러나 19만 t이 넘는 쓰레기를 몇 달 만에 해결하기는 쉬운 일이 아니었다. 결국 해를 넘겨 2020년에야 쓰레기 산이 사라졌다.

시멘트 공장이 쓰레기 산 해결사?

산을 이룬 쓰레기가 다 어디로 갔을까? 환경부는 시멘트 공장을 의성 쓰레기 산의 해결사로 선택했다. 환경부 통계에 따르면, 의성 쓰레기 산을 치우기 위해 총 282억 원(국비 185억 원, 지방비 97억 원)을 투입했다. 19만 2000t 가운데 13만 t(67.7%)을 시멘트 공장에서 가져갔고, 나머지를 매립과 소각으로 처리했다.

거대한 산을 이룬 의성의 쓰레기는 어디서 발생했을까? 의성 쓰레기 산 현장을 몇 차례 살펴봤다. 자동차 범퍼, 천막, 폐플라스틱부터 이불, 보일러 호스 등 한마디로 출처를 알 수 없는 온갖 쓰레기의 집합이었다.

중장비가 폐기물을 파내 선별기에서 토사를 털고 파쇄하면 대형 트럭이 시멘트 공장으로 가져갔다. 토사를 털어야 한다는 것은 출처를 알 수 없는 쓰레기라는 의미다. 환경부는 어디서 발생한 쓰레기인지, 어떤 감염성 유해 폐기물이 섞였는지 조사하지 않았다. 쓰레기 치우기에 급급해 시멘트 공장으로 보냈다. 출처도 알 수 없는 쓰레기로 만든 시멘트가 국민의 안방으로 돌아온 것이다.

의성 폐기물 처리 예산 및 처리 방법

구분	투입 예산(억 원)		폐기물 발생량(만 t)	처리 방법(만 t)		
	국비	지방비		재활용(시멘트 소성로)	매립	소각
처리 현황	185	97	19.2	13.0	4.8	1.4
	282		100%	67.7%	25.0%	7.3%

출처 : 환경부

이불, 폐플라스틱, 폐비닐 등 출처를 알 수 없는 쓰레기 범벅이다.

의성 쓰레기 분석해보니

시멘트 공장으로 보내기 위해 파쇄한 쓰레기 몇 점을 가져와 염소 분석을 의뢰했다. 한국화학융합시험연구원에서 연락이 왔다. 본 연구원의 염소 최대 분석치가 20만 ppm인데, 그 이상이어서 분석 결과를 줄 수 없다고 했다. 한국세라믹기술원에 다시 분석을 맡겼다. 결과는 놀라웠다. 20만~50만 ppm에 이르는 염소 수치가 나왔다. 시멘트 공장에 사용 가능한 폐기물의 염소 기준이 2만 ppm

이니 10~25배다.

시멘트에 염소 성분이 많으면 철근을 부식시켜 건축물의 안전을 위협하고, 시멘트 제조 과정에 소성로에 점착되어 이상 반응을 초래한다. 의성 쓰레기를 가장 많이 가져간 기업이 쌍용C&E다. 전국 시멘트 공장에서 가장 많은 폐기물을 사용하는 쌍용C&E는 염소더스트가 발생하지 않는다며, 지정 폐기물인 염소더스트를 콘크리트와 혼합해 공장 곳곳에 불법 매립했다. 환경부의 잘못된 폐기물 정책이 쌍용C&E의 염소더스트 불법 매립을 초래한 셈이다.

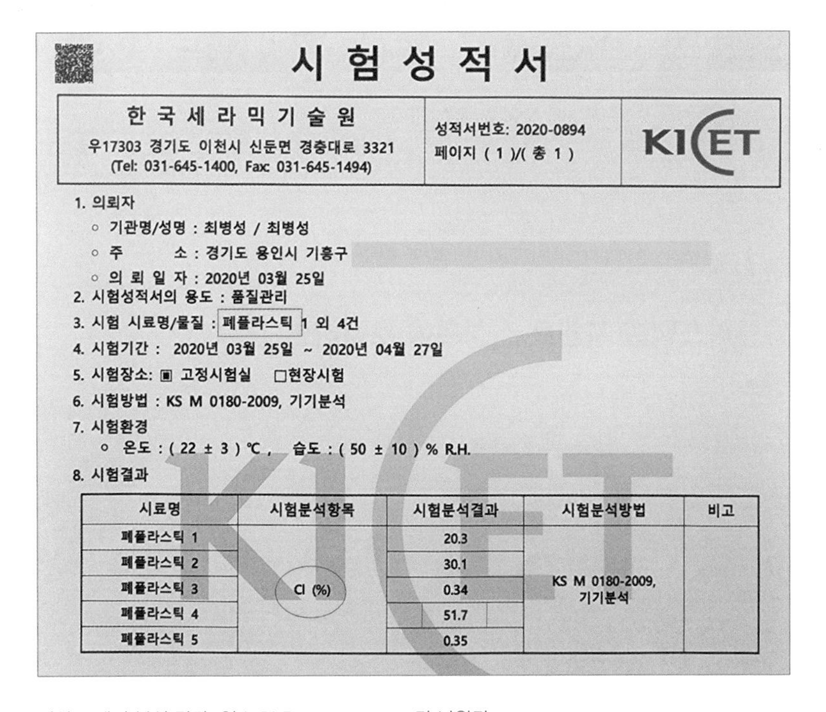

시 험 성 적 서

한 국 세 라 믹 기 술 원
우17303 경기도 이천시 신둔면 경충대로 3321
(Tel: 031-645-1400, Fax: 031-645-1494)

성적서번호: 2020-0894
페이지 (1)/(총 1)

KICET

1. 의뢰자
○ 기관명/성명 : 최병성 / 최병성
○ 주 소 : 경기도 용인시 기흥구
○ 의 뢰 일 자 : 2020년 03월 25일
2. 시험성적서의 용도 : 품질관리
3. 시험 시료명/물질 : 폐플라스틱 1 외 4건
4. 시험기간 : 2020년 03월 25일 ~ 2020년 04월 27일
5. 시험장소: ▣ 고정시험실 □현장시험
6. 시험방법 : KS M 0180-2009, 기기분석
7. 시험환경
○ 온도 : (22 ± 3) ℃ , 습도 : (50 ± 10) % R.H.
8. 시험결과

시료명	시험분석항목	시험분석결과	시험분석방법	비고
폐플라스틱 1	Cl (%)	20.3	KS M 0180-2009, 기기분석	
폐플라스틱 2		30.1		
폐플라스틱 3		0.34		
폐플라스틱 4		51.7		
폐플라스틱 5		0.35		

의성 쓰레기 분석 결과, 염소 51.7%(51만 7000ppm)가 나왔다.

의성 쓰레기 산의 쓰레기를 가장 많이 소각해 시멘트를 만든 쌍용C&E 동해공장

폐플라스틱을 시멘트 소성로에 소각하면

염소가 다량 함유된 가연성 폐기물을 소각해 시멘트를 만들어도 문제가 없을까? 아니다. 한국세라믹기술원은 2011년 작성한 〈시멘트 산업에서의 녹색 기술〉에서 "가연성 폐기물을 대체 연료로 사용할 경우, 환경 유해성 문제가 야기될 수 있다"며 다음과 같은 고려 사항을 지적했다.

가연성 순환 자원(폐기물)의 종류와 성상의 다양성 때문에 시멘트 제조 공정에서 요구하는 품질관리와 소성 공정의 관리 조건 및 환경 안정성을 만족하기 위해서는 이에 준하는 적정 투입 기술의 개발과 아울러 시멘트 제조 공정 최적화 및 생산 클링커의 품질에 미치는 영향 평가가 선행되어야 한다. 순환 자원을 대체 연료로 적용할 경우, 순환 자원에 함유되어 있는 염소, 알칼리, 중금속 등의 유해물 성분에 의한 공정 불안정/품질 저하 문제뿐만 아니라 환경 유해성 문제가 야기될 수 있다.

이 보고서는 가연성 폐기물을 대체 연료로 사용할 경우, 폐기물에 염소 함량이 많으면 예열실에 코팅을 형성하고 과다한 일산화탄소가 발생하며, 시멘트 제품의 품질 저하를 초래하고, 유해 물질이 분해되지 않고 대기 중으로 배출된다고 강조한다. 실험 결과 플라스틱이 시멘트 소성로에서 불완전 연소돼 다양한 문제를 일으킨다고도 수차례 강조한다. 이는 고온이라 쓰레기의 유해성이 완전 분해된다는 시멘트 업계의 주장이 거짓임을 증명한다.

플라스틱은 종류별로 발열량, 염소 함량 등이 상이하다. 플라스틱 대체 연료 투입량 증가에 따라 메인 버너의 화염이 약화되고 장염이 되는 경향이 나타났으며 킬른 후단부에 코팅이 형성되었다. 킬른 내에서의 일산화탄소 발생량이 증가하고 킬른 내 상태가 약화되는 경향을 나타냈다.

환경부는 오래전부터 방치 폐기물을 잘 알았다

환경부는 오래전부터 방치 폐기물의 사회적인 문제를 잘 알고 있었다.

〈방치 폐기물 발생 방지를 위한 제도적 장치 마련 연구〉

(환경부, 2006. 9.)

〈방치 폐기물 처리 제도의 실효성 확보 방안 연구〉

(환경부, 2007. 9)

〈방치 폐기물 이행 보증 제도 개선 방안 연구〉

(한국환경연구원, 2002. 8)

1998년 IMF 외환 위기 직후 경제가 어려워지자 방치 폐기물이 급증했다. 이에 환경부와 관련 기관에서 방치 폐기물의 발생 원인과 대안 등을 조사했다. 그러나 환경부는 방치 폐기물 발생을 예방하기 위한 제도를 마련하지 않았다. 환경부의 직무 유기로 의성과 전국에 방치 폐기물이 넘쳐난 셈이다.

일본 역시 우리와 같은 소비 국가로 쓰레기가 다량 발생하지만, 방치 폐기물이 심각한 사회문제가 되지 않는다. 폐기물 유통 과정을 법으로 철저히 관리하기 때문이다. 지난 2008년, 환경부와 함께 일본의 폐기물 업체와 시멘트 공장을 견학하고 돌아왔다. 환경부는 일본은 폐기물의 철저한 추적이 가능하지만, 우리는 불가능하다고 발표했다. 15년이 지난 지금도 달라지지 않았다.

시멘트 공장이 유일한 폐기물 해결책일까?

최근 환경부는 시멘트 공장에 수십억씩 퍼주며 폐플라스틱을 시멘트에 소각하는 연구를 해오고 있다. 시멘트 소성로 외에는 폐플라스틱을 처리할 방법이 없을까? 아니다. 폐합성수지와 폐플라스틱, 폐타이어를 에너지로 환원하는 다양한 방법이 있다. 환경부는 진짜 재활용엔 눈감고, 시멘트 공장에 쓰레기를 몰아주며 국민을 속여왔다.

폐플라스틱과 폐비닐, 폐타이어는 기름으로 만든다. 이 과정을 반대로 하면 폐플라스틱과 폐비닐, 폐타이어가 기름으로 환원된다. 높은 온도를 가하거나 촉매 물질을 넣어 고분자를 끊어 다시 석유로 만드는 것이다. 이 기술을 '도시 유전'이라 부르기도 한다. 폐기된 배터리나 전자 기기에서 광물을 뽑아내는 것을 '도시 광산'이라 부르는 것과 같다. YTN은 2022년 9월 14일 〈한국에서 기름이 난다니… 세계가 탐낸 역대급 기술!〉이라는 기사를 보도했다.

> 폐비닐을 잘게 잘라 기계에 넣어주면 400~500℃로 가열된 반응기에서 열분해가 일어납니다. 기름에서 비닐을 뽑아내는 과정을 거꾸로 돌리는 셈인데, 기체로 변한 기름을 식히면 중질유와 경질유를 얻을 수 있습니다. 국내 석유화학 업계가 폐비닐이나 플라스틱을 화학적으로 재활용하는 열분해 기술 개발에 속도를 내고 있습니다. SK이노베이션은 지난해부터 일부 정유 · 석유화학 공정에 열분해유를 원료로 투입하기 시작했고, 현대오일뱅크는 국내 정유사 최초로

〈한국에서 기름이 난다니… 세계가 탐낸 역대급 기술!〉, YTN, 2022. 9. 14

열분해유 국제 친환경 제품 인증을 취득하며 세계시장 진출을 준비하고 있습니다.

노윤상(현대오일뱅크 정책지원팀 책임매니저)　지난해 (폐플라스틱) 열분해유를 공정 원료로 사용할 수 있도록 규제 샌드박스를 신청해 실증을 위한 규제 특례를 받았습니다. 다음 달까지 열분해유를 4800t까지 공정에 투입해 친환경 나프타를 생산할 계획입니다.

열분해 방식이 아닌 세라믹 촉매가 만든 파장 에너지로 석유를 만드는 기업도 등장했습니다. 설비 안에 들어간 라면 봉지가 비닐 부분은 기름으로 빠져나가고 알루미늄만 남았습니다. 열을 가하는 대신 전자레인지처럼 탄소 분자의 고리를 끊어 기름을 추출하는 방식입니다. 기술력을 인정받아 세계 20여 개 나라에서 특허를 받았고, 영국엔 수출 계약도 마쳤습니다.

함동현(도시유전 본부장) 비연소 시설로써 자체 개발한 파장 에너지를 통해서 비닐 플라스틱의 분자구조를 끊어내는 친환경적인 방식으로 처리되기 때문에 처리 과정상에서 연소가 일어나지 않고…

쓰레기도 소중한 자원으로 거듭나는 시대, 재활용은 이제 선택이 아닌 필수가 되고 있습니다.

환경부는 그동안 뭘 했을까? 폐합성수지와 폐플라스틱의 재활용 촉진을 장려하기보다 각종 규제를 통해 재활용을 금지해왔다. 대한민국 환경부에겐 쓰레기를 해결해주는 시멘트 공장이 있었기 때문이다.

폐플라스틱의 다양한 재활용 방법이 있다

환경부는 시멘트 공장이 배출하는 환경오염 물질이 심각하다는 사실을 가장 잘 알고 있다. 쓰레기 시멘트는 국민 건강에 악영향을 미친다. 그런데도 환경부가 시멘트 공장에 수십억 원씩 몰아주며 폐플라스틱의 시멘트 소성로 사용을 연구하는 것은 다른 방법이 없기 때문일까? 아니다. 2008년 《고무 기술(Rubber Technology)》 9권 2호에 실린 〈플라스틱 리사이클 기술의 개발 동향〉에서 폐플라스틱 재활용 방법을 설명한다.

폐플라스틱의 재활용 방법은 다양하고, 열분해를 비롯해 폐플라

폐플라스틱의 처리 방법

구분	리사이클 방법	이용 사례
재료 리사이클	재이용	병, 트레이
	재생 이용	일용품, 대용 목재
화학적 리사이클	유화	
	가스화	
	모노머화	
	고로 연료화	
	코크스로 화학연료화	
서멀 리사이클	직접 연료, 에너지 회수	발전 소각로
	연료화	보일러, 발전, 시멘트 킬른
자연 분해	미생물, 광분해	매립 처분장
소각		쓰레기 소각로
매립		매립 처분장

스틱을 다시 석유로 만드는 기술을 오래전부터 연구해왔다. 환경부가 국민의 건강과 환경을 생각했다면 이런 기술 개발을 지원하고 상용화하는 데 노력했어야 한다. 그러나 환경부는 오늘도 시멘트 공장에 쓰레기를 몰아주느라 열심이다. 대한민국엔 진정한 환경부가 존재하지 않는다. '환경부'라는 명칭을 단 '환경오염조장부'가 있을 뿐이다.

대한민국은
일본의 쓰레기 식민지다

9

동해에서 가장 아름다운 바다, 추암해수욕장. 바로 위에 동해바이오발전소 석탄재 매립장이 있다.

촛대바위가 우뚝 솟아 있는 추암해수욕장. 동해안에서 가장 아름다운 해변이다. 기암절벽의 절경을 자랑하는 추암해수욕장 뒤쪽에 직선으로 방파제가 있고, 방파제 안쪽에는 화력발전소에서 발생한 석탄재가 매립됐다.

하동화력발전소, 삼천포화력발전소, 한국동서발전 동해바이오발전소 등 대한민국의 모든 화력발전소가 바닷가에 있다. 발전 연

아름다운 동해를 막아 석탄재 매립장으로 만들었다.

료인 유연탄을 수입하고 연소 후 발생하는 석탄재를 매립하기 쉽기 때문이다. 화력발전소의 석탄재 매립장 건설로 아름다운 해변이 사라지고 있다.

2008년 12월 22일 미국 킹스턴에 있는 화력발전소 석탄재 매립장이 붕괴했다. 매립장에 있던 석탄재가 에모리강으로 유입됐다. 물고기가 떼죽음하고, 주택이 석탄재에 파묻히는 환경 재앙이 발생했다. 붕괴한 석탄재를 처리하기 위해 900명이 넘는 노동자가 투입됐다. 이들 중 36명이 뇌종양과 폐암, 백혈병, 기타 질병으로

서해안 바닷가를 매립한 보령화력발전소

사망했으며, 200명 이상이 지금까지 후유증에 시달린다. 일부 생존자는 지팡이를 짚고 걸어야 하고, 대부분 피부에 묻은 비소 때문에 물집이 생겼으며, 많은 사람이 주머니에 흡입기를 가지고 다닌다고 보고됐다.

국내 화력발전소마다 바닷가에 매립한 석탄재 매립장이 영구히 안전하리라는 보장이 없다. 온난화로 해수면이 상승하고, 태풍이 더 많이 발생하며 그 위력도 점점 더 커지고 있다. 당장은 석탄재를 처리한 듯 보이지만, 언젠가 바다를 오염하는 재앙에 맞닥뜨릴 것이다.

남해에 석탄재를 매립 중인 하동화력발전소 석탄재 매립장

미국 킹스턴화력발전소 석탄재 매립장 붕괴 사고 현장

일본 석탄재 수입 현장

강원도 삼척항, 화물선에서 시커먼 물체를 부둣가에 하역하고 있다. 일본에서 수입한 석탄재다. 국내 화력발전소는 석탄재를 처

일본에서 수입한 석탄재를 삼척항에 하역하고 있다.

리하지 못해 바닷가에 매립하는데, 시멘트 공장은 일본에서 석탄재를 수입하고 있다. 일본에서 쓰레기 처리 비용을 많이 주기 때문이다. 한국환경연구원은 〈화력발전소 회 처리에 따른 환경 영향 최소화 방안 연구(Ⅱ)〉(2015)에서 일본 석탄재 수입이 국내 석탄재 재활용에 걸림돌이 된다며 다음과 같이 지적했다.

석탄재 수입은 수출용 시멘트 제조에 필요한 물량으로 최소화한다는 것이 핵심이었으나, 일본에서 수입되는 석탄회 물량이 해마다 늘어나고 있어 논란이 예상된다. 일본에서의 석탄회 수입은 국내 석탄회 재활용에 큰 걸림돌이 되고 있다. 일본으로부터의 석탄회 반입은 그 양만큼 국내 석탄회 재활용의 제한 요소가 되고 석탄회 투기장으로의 매립 처분이 불가피하므로, 국내 시멘트 회사는 일본으로부터의 석탄회 수입을 자제하는 것이 바람직하나 이를 강제적으로 막을 수 있는 방안은 없다.

일본 석탄재 수입에 따른 환경오염 현장

일본에서 석탄재를 실은 배가 떠났다는 제보를 받고 삼척항에 잠복했다. 어슴푸레 동이 트는 새벽, 인근 바다에 머물던 배가 삼척항으로 들어왔다. 화물선 뚜껑이 열리고 석탄재 하역 작업이 시작됐다. 포클레인이 석탄재를 연신 퍼내 부두에 쌓았다. 다가가 보니 부두는 석탄재 범벅이었다. 해양생태계에 심각한 영향을 주는 석탄재가 그대로 바다에 들어가고 있었다. 한겨레는 2002년 5월 1일 〈석탄재로 지은 건축물 우리 곁으로〉라는 기사에서 "석탄재는 인체 해로운 중금속과 다환방향족화합물이 들어 있어 환경 안전성 평가가 필요하며, 석탄재 적치장 근처 하천 등에서 수서생물의 번식률 저하, 어린 개체의 기형 발생, 사망률 증가, 성장률 저하 등의 현상이 나타나고 있다"고 강조했다.

동양시멘트(현 (주)삼표시멘트) 공장에 잠입했다. 공장 뒤에 쓰레기가 산을 이뤘다. 일본에서 수입한 석탄재 아래 시퍼런 물이 가득 고여 있었다. 불법으로 쌓아둔 석탄재에서 침출수가 발생한 것이다.

일본 환경성을 방문해서 수입 중단을 이끌어냈다

지난 2008년, 환경부 관계자와 함께 일본 환경성을 방문했다. 민관협의회 차원에서 일본의 시멘트 공장과 폐기물 처리 과정을 살펴보기 위함이었다. 사전에 협의한 질의응답 시간이 끝나갈 무렵, 준비한 사진을 꺼냈다. 일본 석탄재를 수입하는 과정에 바다를 오염한 사진이었다. 앞에 앉은 일본 환경성 관계자에게 말했다. "오늘 내가 이 자리에 선 것은 질문이 아니라 부탁이 있어서다. 일본에서 대한민국으로 보내는 석탄재와 폐타이어, 철 슬래그 등이 심각한 환경오염을 일으키고 있다. 한일 양국의 우호 관계를 위해 더는 폐기물을 보내지 않기를 부탁한다." 가져간 사진을 '선물'이라며 건넸다. 효과가 즉각 나타났다. 일본 석탄재 대한민국 수출이 중단된 것이다. 놀라운 쾌거다.

그 후 이상한 일이 벌어졌다. 대한민국 환경부 자원순환과 최종원 과장이 일본 환경성 기무라 과장에게 공문을 보냈다. '지난번 일본 방문 시 제기한 문제가 다 해결됐으니 석탄재를 다시 보내달라'는 쓰레기 구걸 공문이었다. 일본 환경성이 환호했다. 대한민국이

시멘트 공장 뒷산에 불법으로 쌓아둔 일본 석탄재에서 발생한 시퍼런 침출수가 환경오염을 일으키고 있다.

아니면 일본 석탄재를 처리할 수 없었기 때문이다.

일본 환경성은 홈페이지에 석탄재 처리 현황을 공개하고 있다. 세계 경제 10위라는 대한민국이 2002년부터 일본 석탄재를 처리한 유일한 국가다. 일본에 쓰레기 처리 비용을 구걸하는 시멘트 공장 때문이다. 2013년부터 홍콩, 2017년부터 태국이 일본 석탄재 수입을 시작했지만, 주 수입국은 대한민국이다. 일본 환경성 홈페이지의 2017년 석탄재 수출 신고 내역은 145만 5077t이다. 이중 홍콩이 7만 8000t으로 약 5.36%, 태국이 1만 9360t으로 1.33%다. 나머지 93.31%는 대한민국이 수입한다. 일본 환경성 홈페이지 폐기물 수출 목록에 기록된 끝없이 나열된 한국, 한국, 한국…이 우리를 부끄럽게 한다.

일본 석탄재 수입 근절을 위한 국회 토론회

일본 경제산업성이 2019년 7월 1일, 반도체 생산에 필수 품목인 포토레지스트(PR)와 고순도 불화수소(에칭가스), 플루오린 폴리이미드(FPI)의 한국 수출규제 강화 조치를 발표했다. 포토레지스트와 플루오린 폴리이미드는 세계 전체 생산량의 90%, 고순도 불화수소는 약 70%를 일본이 점유해 대한민국의 반도체 산업에 큰 타격이었다.

반일 감정이 높아졌고, 일본 제품 불매운동이 전국으로 퍼졌다. 이 기회를 이용해 일본 석탄재 수입 문제를 다시 언론에 공개했다.

여론이 불리해지자, 한국시멘트협회 관계자는 "일본 화력발전소 석탄재는 반도체 공정의 불화수소와 같이 시멘트 제조에 필요한 물질"이라고 언론에 해명했다. 연도별 시멘트 생산량을 살펴보면, 한국시멘트협회 관계자의 해명이 거짓말임을 쉽게 알 수 있다. 일본 석탄재를 수입하는 시멘트 공장은 (주)삼표시멘트, 쌍용C&E, 한일시멘트(주), 한라시멘트(주)뿐이다. 아세아시멘트(주), 성신양회(주), (주)고려시멘트, (주)유니온은 일본 쓰레기를 수입하지

일본 석탄재 수입 금지를 위한 국회 토론회를 열었다.

않고도 시멘트를 잘 만들고 있다.

쌍용C&E가 2002년 가장 먼저 일본 석탄재 수입을 시작했다. (주)삼표시멘트 창립은 1957년 6월, 쌍용양회는 1962년 5월, 한일시멘트(주)는 1961년 12월이다. 반도체 공장의 불화수소라는 일본 쓰레기가 없었는데 40여 년 동안 시멘트를 어떻게 생산해왔을까? 일본 쓰레기 처리 비용을 벌기 위해 거짓말을 서슴지 않는 이들이 또 무슨 일을 벌일지 걱정된다.

환경부의 일본 쓰레기 수입 금지, 믿어도 될까?

2019년 8월 29일, 환경재단과 국회, 경기도와 함께 국회에서 일본 석탄재 수입 금지를 위한 토론회를 개최했다. 이 자리에 발제자로 나섰다. 국회의원들과 언론 앞에 일본 석탄재 수입 문제를 설명했다. 결국 환경부가 일본 석탄재 수입 포기를 선언했다. 시멘트 공장이 당장 일본 석탄재 수입을 중단하기 어려우니, 순차적으로 줄여 2023년 일본 석탄재 수입을 전면 중단하겠다는 것이다.

환경부의 일본 석탄재 수입 중단 발표를 과연 믿을 수 있을까? 2006년부터 일본 석탄재 수입 문제를 계속 제기했다. 덕분에 2008년 환경부 국정감사에서 일본 석탄재 수입 문제가 집중 거론됐다. 환경부가 일본 석탄재 수입 중단을 위한 대책을 내놓았다. 환경부, 시멘트 업계, 한국전력공사가 모여 일본 석탄재 수입량을 줄여가겠다는 자발적 협약을 맺은 것이다.

1. 화력발전소의 석탄재 단순 매립 및 석탄재 매립장 신·증설을 지양하고,
2. 국내 발생 석탄재의 최우선 사용으로 수입을 억제하며,
3. 2008년 수입 물량을 기준으로 점진적으로 감축한다.

그러나 이 협약은 불리한 여론을 모면하려는 환경부와 시멘트 업계의 대국민 사기극이었다. 2020년 7월 15일, 환경부에 시멘트 공장의 연도별 수입 내역 정보공개를 요청했다. 환경부가 공개한 일본 석탄재 수입 내역에서 놀라운 사실을 발견했다. 2008년 수입 물량 기준으로 점진적 감축하겠다던 협약을 백지화한 것이다.

쌍용C&E는 2008년 43만 4333t을 수입했다. 그런데 자발적 협약을 맺은 2009년 이후 계속 수입량이 증가해 2013년에는 64만 1002t을 수입했다. (주)삼표시멘트도 2008년 18만 1008t에서 2017년 45만 2706t으로 늘었다. 한라시멘트(주) 역시 2008년 11만 647t에서 2018년 30만 7746t으로 수입량이 증가했다.

시멘트 회사 일본 석탄재 수입 현황

(단위 : 1000t)

	2008	2009	2010	2011	2012	2013	2014	2015	2016
쌍용C&E	434	496	530	581	586	641	591	605	581
(주)삼표시멘트	181	187	318	363	406	416	378	413	413
한라시멘트(주)	110	107	107	121	102	115	175	187	177
한일시멘트(주)		2	4	46	138	175	166	144	154
합계	762	792	959	1,111	1,232	1,347	1,310	1,349	1,325

여기 충격적인 사실이 하나 더 있다. 그동안 일본에서 석탄재를 수입한 시멘트 기업은 쌍용C&E, (주)삼표시멘트, 한라시멘트(주)였다. 공장이 해안가에 위치하여 수입이 용이했기 때문이다. 놀랍게도 수입량을 줄여가겠다고 협약을 맺은 직후인 2009년부터 한일시멘트(주)가 일본 석탄재 수입에 가세했다. 한일시멘트(주)는 충북 단양에 있지만, 운송비가 추가돼도 일본에서 주는 쓰레기 처리 비용이 더 큰 이익이기 때문이다.

시멘트 업계의 시녀로 전락한 환경부의 2023년 일본 석탄재 수입 전면 중단을 과연 믿을 수 있을까? 지켜볼 일이다.

전 세계 쓰레기가 대한민국으로

10

쌍용C&E 동해공장에 수입한 폐타이어가 쌓여 있다.

특이하게 생긴 쓰레기가 쌍용C&E 동해공장에 산처럼 쌓였다. 저 시커먼 쓰레기의 정체는 뭘까? 쌍용C&E가 미국, 영국, 이탈리아 등에서 수입한 폐타이어다. 컨테이너에 꽉꽉 눌러 담으려고 압축해서 이상한 모양이 된 것이다.

환경부는 국내 산적한 폐타이어를 처리하기 위해 시멘트 공장을 선택했다. 시멘트 제조에 폐타이어 사용이 허가되자, 시멘트 업계는 일본 폐타이어를 수입했다. 이제 미국, 이탈리아, 영국 등 전 세계에 쌓인 폐타이어까지 소각하며 시멘트를 만들고 있다. 운임이 많이 들어도 비싼 유연탄을 사용하는 것보다 이득이기 때문이다. 대한민국은 전 세계 쓰레기를 처리하는 국가로 전락했다.

일본에서 폐타이어를 실은 배가 동해항으로 들어온다.

일본에서 수입한 폐타이어를 동해항 부두에 하역한다.

시멘트 공장으로 가져가기 위해 폐타이어를 트럭에 담는다.

배에서 하역한 폐타이어에 JAPAN이란 글씨가 선명하다.

폐타이어로 시멘트를 만들면?

시멘트 제조에 폐타이어를 사용해도 아무 문제 없을까? 〈폐기물 유형에 따른 소각재의 중금속 용출 특성 연구〉에 따르면, 폐타이어를 소각한 비산재에 아연 11만 5025mg/kg, 납 504.1mg/kg, 구리 155.3mg/kg, 카드뮴 17mg/kg, 바닥재에 아연 1만 5821mg/kg, 납 34.7mg/kg, 구리 92.1mg/kg 등이 남았다.

폐타이어 소각재 성분

(단위 : mg/kg)

	아연	납	구리	카드뮴
비산재	115,025	504.1	155.3	17.0
바닥재	15,821	34.7	92.1	

출처 : 〈폐기물 유형에 따른 소각재의 중금속 용출 특성 연구〉

시멘트 소성로가 고온이라고 폐타이어의 유해 성분이 사라지지 않는다. 폐타이어는 시멘트 제품과 환경에 부정적 영향을 끼친다. 〈미국과 멕시코 시멘트 산업의 유해 폐기물과 타이어 소각 : 환경과 건강상의 문제(Hazardous Waste and Tire Incineration in the U.S. and Mexican Cement Industries: Environmental and Health Problems)〉에 따르면, 시멘트 제조에 폐타이어를 사용할 경우 아연 함량이 많은 폐타이어가 시멘트 제품에 문제를 일으키고, 다이옥신과 퓨란 발생이 증가한다.

Hazardous Waste and Tire Incineration in the U.S. and Mexican Cement Industries: Environmental and Health Problems

Mike Ewall and Katy Nicholson
Energy Justice Network
(Nov 2005; updated Nov 2007)

www.EnergyJustice.net/cementkilns/

Dioxin Emissions from Tire Burning

Data From	TDF Content (% TDF compared to 100% coal)	Dioxins/Furans
4 California Cement Kilns	<20%	Increased between 53% and 100%
5 Canadian Cement Kilns		Increased 37% and 247% in two tests Decreased 54% and 55% in two other tests
Victorville, CA Cement Kiln	24.60%	Dioxins increased 139-184% Furans increased 129%
Cupertino, CA Cement Kiln		Increased 30%
Davenport, CA Cement Kiln	30%	Dioxins increased 398% and 1,425% in two tests Furans increased 58% and 2,230% in two tests
Davenport, CA Cement Kiln	20%	Increased 25%
Lucerne Valley, CA Cement Kiln	20%	Dioxins and some dibenzofurans increased
Chester, PA Paper Mill	4-8%	Increased 4,140%
U Iowa, Iowa City, IA Industrial Boiler	4%	Decreased 44%
U Iowa, Iowa City, IA Industrial Boiler	8%	Decreased 83%

Chemical Composition of Tires

Description	% By Weight, as Received
Moisture	0.62
Ash	4.78
Carbon	83.87
Hydrogen	7.09
Nitrogen	0.24
Sulfur	1.23
Oxygen (by difference)	2.17
Total	100

Elemental Mineral Analysis (Oxide Form)	
Zinc	1.52
Calcium	0.378
Iron	0.321
Chlorine	0.149
Chromium	0.0097
Fluoride	0.001
Cadmium	0.0006
Lead	0.0065

High zinc levels in tires prevent cement kilns from using high percentages of tire-derived fuel, as the zinc presents a problem for formation of Portland cement, making it harden too quickly

Tires have lots of zinc in the steel belted radials and since tires may be burned whole rather than removing the steel belts, there are major challenges if the zinc content is too high.

Representative Analysis of TDF Produced By WRI
(Source: TDF Produced From Scrap Tires with 96+% Wire Removed)
Source: U.S. Rubber Manufacturers Association / Scrap Tire Management Council

폐타이어에 든 아연이 시멘트 제품에 문제를 일으키고, 다이옥신과 퓨란 발생이 증가한다는 연구 결과가 있다.

쌍용양회기술연구소와 한국지질자원연구원이 작성한 〈철강 산업 슬러지의 복합 처리에 의한 실용화 기술 개발〉 보고서도 아연이 증가할수록 소성로에 코팅이 증가하고, 시멘트 응결이 지연되며, 강도가 떨어지는 등 품질에 문제가 있다고 지적한다. 쌍용C&E

영월공장 주변 마을 주택 지붕에서 검댕이 흔히 보인다. 검댕은 점착성이 있어 비가 와도 씻기지 않는다. 주민들은 시멘트 공장에서 폐타이어를 소각하며 날아온 검댕이라고 증언한다. 시멘트 공장의 폐타이어 소각은 안전하지 않고, 시멘트 소성로가 고온이라 유해물질이 완전 분해되지도 않는다.

폐타이어, 결코 안전한 연료가 아니다

쌍용C&E 영월공장 밖 숲속 야적장에 폐타이어가 무더기로 쌓여 있다. 쌍용C&E 동해공장 야적장도 마찬가지다. 영동고속도로를 달리다 보면 폐타이어를 가득 실은 대형 트럭을 쉽게 만난다. 시멘트 공장으로 가는 트럭이다. 이렇게 전국에서 수거한 폐타이어를 포클레인이 연신 시멘트 소성로에 집어넣는다. 소성로에 투입된 폐타이어는 석회석, 온갖 쓰레기와 함께 탄다.

또 다른 시멘트 공장 야적장에 시커먼 물체가 가득하다. 손바닥만 하게 자른 폐타이어다. 폐타이어는 원형 그대로 소성로에 넣거나, 작게 잘라 소성로에 넣는다. 일본에서 들여온 폐타이어는 손바닥 크기로 자른 형태였다.

2021년 8월, 한국타이어에서 근무하던 노동자가 급성 골수성 백혈병으로 산업재해 인정을 받았다. 업무상질병판정위원회는 백혈병이 업무에서 비롯했다고 만장일치로 판단했다.

쌍용C&E 영월공장 시멘트 소성로에 폐타이어를 투입하는 장면

SAMSUNG

과거 타이어 공장 역학조사에서 해당 백혈병과 관련해 유해 인자 노출이 확인됐고 고무 산업 종사와 혈액암의 관련성이 역학 연구 결과를 통해 잘 알려진 점, 과거에 정련 공정 업무를 수행할 때 벤젠이 포함된 물질을 사용한 점 등을 종합적으로 고려하면 신청인의 병과 업무 사이에 상당한 인과관계가 인정된다.

2006~2007년 한국타이어 노동자 15명이 집단 사망하면서 타이어 제조에 맹독성 물질 사용 문제를 제기했다. 2008년에는 폐섬유증, 폐암, 비인두암 등으로 노동자 4명이 숨졌고, 2009년에는 뇌종양, 폐렴, 신경섬유종 등으로 6명, 2010년에도 급성심근경색, 폐암, 뇌경색 등으로 6명이 사망했다. 2007년 이후 폐암이나 백혈병, 심근경색, 뇌출혈 등으로 사망한 한국타이어 노동자가 190여 명에 이르는 것으로 밝혀졌다. 한국타이어뿐만 아니다. 금호타이어도 백혈병과 암 등으로 사망하는 노동자가 발생하고 있다.

타이어는 고온과 고압을 견디도록 다양한 화학물질을 첨가한다. 이런 물질은 인체에 해로운 유독 물질이다. 폐타이어 역시 안전한 연료가 아니다. 시멘트 소성로가 고온이라도 유해 물질을 완전 분해할 수 없다. 폐타이어 사용이 시멘트 제품의 안전을 위협하고, 지역 환경에 문제를 일으킨다. 그런데 시멘트 공장에는 오늘도 폐타이어가 산을 이룬다.

미군 기지 오염토도 시멘트 공장으로

11

쌍용C&E 영월공장에서 미군 기지 오염토로 시멘트를 만들다가 새까만 분진이 자동차와 마을을 뒤덮은 사건이 발생했다.

새까만 분진이 온 마을에 쏟아졌다. 자동차에도, 주택 지붕에도, 초등학교 잔디에도, 심지어 배추와 상추 등 농작물까지 분진이 덮쳤다. 2021년 6월, 쌍용C&E 영월공장에서 나온 새까만 분진이 마을을 뒤덮었다. 무슨 일일까? 주민들은 쌍용C&E가 최근 반입한 미군 기지의 오염토를 시멘트 제조에 사용하다가 사고가 발생했다고 설명했다. 믿기지 않았다. 아무리 이윤 창출에 목을 건 시멘트 공장이라도 미군 기지의 오염토까지 시멘트에 넣다니….

영월군청 환경과에 문의했다. 주민들의 설명이 사실이었다. 쌍용C&E가 서울 용산 미군 기지의 오염토를 반입해 시멘트 제조에 사용하다 사고가 발생한 것이었다.

두 달 전인 4월 14일, 매일경제 기사 〈쓰레기 산 태우는 시멘트의 친환경 변신…"5년 내 脫석탄 하겠다"〉에 쌍용C&E 홍사승 회장의 인터뷰가 실렸다. 홍 회장은 "공장 지대의 오염된 토양을 정제하는 토양오염 정화 사업에도 진출한다. 오염된 토양을 킬른(소성로)에 넣고 고온에 소성하면 기름이 모두 타고 토양만 남게 된다"고 강조했다. 홍 회장의 주장과 달리 미군 기지의 오염된 토양 때문에 마을이 새까만 분진으로 뒤덮였다. 미군 기지 오염토로 만든 시멘트가 국민 건강에 안전할까?

용산 미군 기지 오염토란?

한미 주둔군지위협정(SOFA)에 따라 반환되는 미군 기지는 토양 오염 정밀 조사를 하고, 오염 물질이 발견되면 반드시 정화 작업을 해야 한다. 국내 미군 기지마다 기름 유출 사고가 발생해, 토양과 지하수 오염이 심각한 것은 잘 알려진 사실이다.

녹색연합과 관련 단체들이 2017년 공개한 자료에 따르면, 용산 미군 기지에서 1990~2015년 기름 유출 사고 84건이 발생했다. 미군 기지에서 유출된 기름은 대부분 경유와 항공유이며, 연료 탱크나 연료관의 노후와 파손이 주원인이었다. 녹색연합은 2018년 12월 21일 배포한 〈지난 10년간 미군 기지 주변 지역 오염 실태 종합 분석〉 자료에서 "2018년 용산 기지 주변 지하수에서 1군 발암성 물질 벤젠이 기준치 1171배 초과했다"며 미군 기지의 심각한 토양·지하수 오염을 강조했다. 특히 용산 남영동 캠프 킴에서는 맹독성

미군 기지에 파묻힌 드럼통과 오염된 토양(사진 제공 : 춘천시)

1군 발암물질 다이옥신 오염이 확인됐고, 주거 지역으로 사용될 경우 토양 가스 등으로 인해 100명 중 2명이 암에 걸릴 수 있는 위해도의 오염이 확인됐다고 강조했다.

2013년 《환경영향평가》 22권 5호에 실린 〈반환 미군 기지 기능별 토양오염 특성에 관한 연구〉에서 미군기지 오염에 대해 다음과 같이 설명한다.

> 토양오염도 조사 결과 군부대에서 발생하는 대표적인 토양 및 지하수 오염 유발 물질은 석유류 저장 및 차량 정비를

녹색연합 활동가들이 미군 기지 오염의 심각성을 알리는 시위를 한다(사진 제공 : 녹색연합).

통해 발생하는 유류 및 솔벤트류와 소총, 기관총, 전차, 포, 항공기 등 각종 화기 사격장에서 발생하는 납과 구리 등의 중금속 오염이며, 오염 물질의 종류도 다양하고 오염 지역 규모도 민간 지역보다 넓은 특징이 있다.

반환 미군 기지는 우리나라 토양환경보전법에 있는 조사 대상 오염 물질 항목 중 석유계총탄화수소와 휘발유 오염에서 나타나는 BTEX가 기준을 초과하여 검출되었고, 중금속 중에서는 아연, 납, 구리, 니켈, 카드뮴이 우려 기준을 초과한 것으로 나타났다.

쌍용C&E는 왜 미군 기지의 오염토까지 시멘트에 사용하는 무리수를 뒀을까? 춘천 미군 부대 1차 정화 사업비가 37억 6000만 원, 2차 정화 비용은 60억 원에 이른다. 2017년 7월 11일 한겨레 기사 〈전문가들 "용산 기지 정화 비용 수천억 폭탄 우려… 오염 상태 빨리 공개해야"〉에서 녹색연합 윤상훈 사무처장은 "용산 기지 면적의 18분의 1에 불과한 동두천 캠프캐슬 반환지도 국방부가 196억 원의 정화 사업 발주 공고를 냈다. 용산 기지 오염 정화 비용은 1조 원을 충분히 넘을 것"이라고 강조했다.

시멘트 공장은 돈벌이를 위해 우리가 살 집을 짓는 시멘트를 미군 기지의 오염된 토양까지 소각해 만들고 있다. 국민 건강을 담보로 한 잘못된 쓰레기 시멘트 정책을 언제까지 지속해야 할까?

전 국토 오염하는 환경부의 자원 순환 사회

12

산불이 지나간 임도에 건설 폐기물이 깔려 있다.

초록 잎사귀가 무성한 2022년 5월 31일, 경남 밀양에서 산불이 발생해 6월 4일에야 진화됐다. 거센 바람도 없는데 왜 진화에 5일이나 걸렸는지 원인을 찾으려고 현장을 찾았다. 놀랍게도 산불이 임도를 타고 번졌다. 산림을 관리한다며 나무를 베고 낸 임도를 따라 바람이 이동했기 때문이다.

산불 현장을 조사하다가 충격적인 현장을 목격했다. 임도에 건설 폐기물이 깔려 있었다. 내 눈으로 보고도 믿기지 않았다. '순환

재건축을 위한 아파트 철거 현장

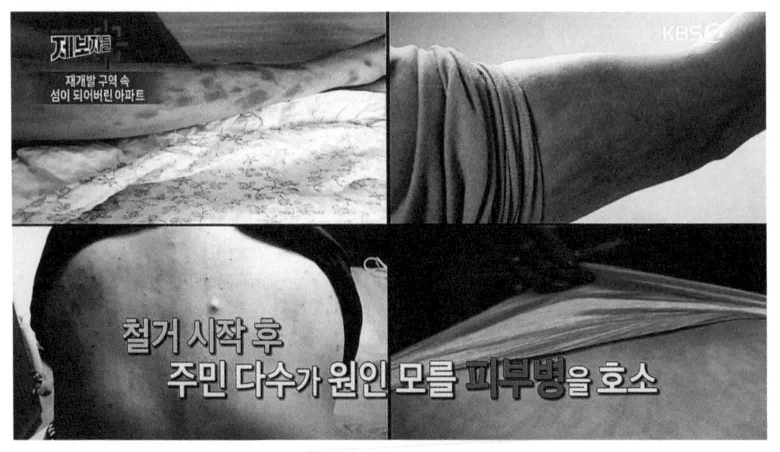

KBS-2TV 〈제보자들—재개발 구역 속 섬이 되어버린 아파트〉에 건축물 철거 현장에서 날아온 시멘트 분진으로 피부 질환이 생긴 주민들의 모습이 방영됐다.

골재'라고 포장했지만, 그 안에 함유된 중금속과 유해 물질은 달라지지 않는다. 임도에 노출된 순환 골재는 지나다니는 차량과 산성비에 부서지며 주변 토양을 오염하고, 산림 생태계에 악영향을 미친다.

환경부 원주지방환경청	보 도 자 료		
	보도일시	2018년 9월 5일 조간(9. 4. 12:00 이후)부터 보도하여 주시기 바랍니다.	
	담당 부서	기획평가국 환경관리과	장석 과장 / 김소연 주무관 033-760-6041 / 6056
	배포일시	2018. 9. 5. / 총 3매(별첨 1건)	

원주지방환경청-한국시멘트협회, 제6차 「자원순환촉진 포럼」 개최

◇ 9월 5일 일산 킨텍스에서 「자원순환기본법」 운영 방향, 유럽 순환자원 재활용 정책 및 국내 시멘트산업 순환자원 재활용 활성화 방안 논의

□ 환경부 원주지방환경청(청장 박연재)은 오는 5일 일산 킨텍스에서 한국시멘트협회와 공동으로 제6차 「시멘트산업분야 자원순환촉진포럼」을 개최한다고 밝혔다.

원주지방환경청의 '자원 순환 촉진 포럼' 보도 자료

대한민국의 아파트 수명은 30년에 불과하다. 30년이 지나면 재건축한다며 철거한다. 철거한 콘크리트는 잘게 부숴 순환 골재라는 이름으로 전국 도로 건설 현장에 사용한다. 그런데 깊은 산속의 임도까지 건설 폐기물을 깐 것이다.

2020년 5월 27일, KBS-2TV 〈제보자들-재개발 구역 속 섬이 되어버린 아파트〉를 방송했다. 재개발을 위해 건축물 철거 현장에서 날아온 시멘트 분진으로 주민들이 피부 질환과 알레르기에 시달리며 약을 먹어야 하고, 창도 열지도 못한다는 내용이었다.

2016년 9월 원주지방환경청이 시멘트 산업 분야 '자원 순환 촉진 포럼'을 개최했다. 시멘트 업계와 전문가 등 70여 명이 자원 순

환 사회 구축을 위한 시멘트 산업의 역할과 발전 방향을 논의했다. 순환 자원 재활용을 적극 실천하기로 의견을 모았다는 것이다.

시멘트 업계의 '자원 순환 사회 구축'이란 시멘트에 더 많은 쓰레기를 넣겠다는 말이다. 쓰레기 사용 기준도, 배출 가스 허용 기준도, 시멘트 제품 안전기준도 어느 나라보다 허술한 상황에서 쓰레기 사용량만 늘리며 '자원 순환'이라고 포장해 국민을 기만하고 있다. 쓰레기 시멘트는 '유해 물질의 순환'이다. 쓰레기의 유해 물질이 시멘트에 들어가 아파트에 살아가는 국민에게 고통을 준다. 30년 뒤 건축물을 철거하면 순환 골재가 돼서 전국 도로와 산림 등에 퍼져 토양과 지하수를 오염한다. 환경부의 소망대로 쓰레기의 유해 물질이 돌고 도는 순환 세상이 되는 것이다. 쓰레기를 넣지 않은 시멘트를 만들면 아파트에 살아가는 국민도 안전하다. 30년 뒤 철거해 순환 골재로 사용해도 2차 환경오염 발생이 줄어든다.

시멘트 업체의 모임인 자원순환센터가 2016대한민국환경대상에 선정됐다. 시멘트에 유해 쓰레기를 열심히 넣어 유해 물질이 순환하는 세상을 만드는 공을 세웠다는 이유다. 정신 나간 환경부를 지켜보기가 슬프다.

아파트를 지으려면 시멘트가 필요하다. 시멘트가 되기 전, 광산과 시멘트 공장 주변 마을의 환경문제를 살펴본다.

아파트 숲이 된 대한민국

6

환경부 특혜가 환경오염 주범이다

1

시원한 파도가 연신 밀려오는 동해, 여름이면 더위를 피하려는 사람들이 강원도의 산과 바다와 계곡을 찾는다. 개발이 덜 된 강원도를 대한민국 최고의 청정 도시로 생각하기 때문이다. 이 생각은 틀렸다. 환경부 공식 통계상 강원도는 대한민국 환경오염 2위다.

2022년 6월 8일 환경부가 발표한 〈시도별·업종별 환경오염 물질 배출량〉에 따르면, 충청남도(3만 4200t/yr)에 이어 강원도(3만 4066t/yr)가 2위를 차지했다. 화력발전소가 많은 충남에 근소한 차이로 강원도가 환경오염 도시 1위를 빼앗긴 것이다. 환경부는 강원도가 전국 1위 환경오염 도시라는 또 다른 통계를 제시했다. 대기오염 배출 항목 중에 먼지 + 황산화물 + 질소산화물만 계산하면 강원도(3만 4018t/yr)가 충남(3만 3901t/yr)을 제치고 대한민국 1위 환경오염 도시가 된다.

강원도에 아무리 다녀도 울산, 여수, 인천처럼 공장이 밀집한 대단위 산업 단지를 만나기 어렵다. 공장도 별로 없는 강원도가 왜 대한민국 최고의 환경오염 도시가 됐을까?

시도별 업종별 대기오염물질 배출량 현황 (2020.5. 환경부 발표결과)

(단위 : ton/yr)

구분	합계	발전업	시멘트 제조업	제철 제강업	석유화학 제품업	기타
합계	**277,696**	**112,218**	**63,587**	**57,871**	**26,933**	**17,085**
충남	58,776	34,133		17,842	5,610	1,191
강원	**49,368**	**8,296**	**40,950**	**19**		**103**
전남	40,155	10,506	1,250	19,432	8,150	817
경남	25,427	24,463		33		931
충북	**22,867**	**382**	**21,360**	**77**		**1,048**
경북	21,825	1,959	10	17,776	622	1,458
울산	17,647	3,046	17	2,277	11,389	918
경기	15,669	9,868			105	5,696
인천	13,159	11,306		357	711	785
전북	5,743	2,960		39	346	2,398
제주	2,378	2,302				76
부산	1,658	1,502		19		137
대구	1,450	962				488
세종	569	289				280
대전	497	127				370
서울	430	117				313
광주	76					76

시멘트공장 지역의 대기오염 배출 현황 지표 (2020.5. 환경부 발표결과)

<충북 및 강원 시·군별 오염물질별 배출량>

(단위 : kg/yr)

구분	합계	먼지	SOx (황산화물)	NOx (질소산화물)	HCl (염화수소)	HF (불화수소)	NH_3 (암모니아)	CO (일산화탄소)
합계	72,235,147	1,225,445	3,409,403	67,318,201	110,300			171,798
강원	49,368,093	922,763	3,286,097	45,115,196	16,055			27,982
강릉	**8,962,618**	**127,983**	**51,818**	**8,782,245**	**572**			
동해	**17,171,265**	**289,469**	**2,564,632**	**14,306,673**	**2,626**			**7,865**
삼척	**13,186,909**	**399,419**	**658,471**	**12,127,967**	**1,052**			
속초	17,092	118	617	11,694	1,245			3,418
양양	8,473	348		3,763	293			4,069
영월	**9,704,063**	**97,865**		**9,600,521**	**5,677**			
원주	50,729	293		42,072	2,579			5,785
인제	3,185	86		2,780	70			249
정선	5,647	5,647						
춘천	221,141	960	5,118	213,714	254			1,095
태백	16,082	297	4,684	9,738	1,018			345
홍천	6,339	232	757	4,754	493			103
화천	11,096	39		6,133	135			4,789
횡성	3,454	7		3,142	41			264
충북	22,867,054	302,682	123,306	22,203,005	94,245			143,816
괴산	3,402	50		2,546	558			248
단양	**16,798,347**	**255,614**	**76,834**	**16,432,189**	**33,710**			
영동	282	13	4	172				93
옥천	7,006	126		6,287	200			393
음성	15,859	214	780	10,748	1,258			2,859
제천	**4,624,711**	**19,399**		**4,596,060**	**7,064**			**2,188**
진천	47,442	2,344	69	42,256	277			2,496
청주	1,341,823	24,423	45,540	1,088,530	49,270			134,060
충주	28,182	499	79	24,217	1,908			1,479

쌍용C&E 동해공장에서 정체불명의 시커먼 연기가 뿜어져 나온다.

시도별·업종별 환경오염 물질 배출량

(단위 : t/yr)

구분		발전업	시멘트 제조업	제철·제강업	석유화학제품업	기타	합계
강원도		4,755	29,196	18	-	97	34,066
		13.96%	85.7%	0.05%	-	0.28%	99.99%
충청북도		261	19,959	49	-	825	21,094
		1.23%	94.6%	0.25%	-	3.91%	99.99%

출처 : 환경부 2022년 6월 8일 보도 자료

강원도를 환경오염 도시로 만든 주범은 시멘트 공장이다. 동해시에 쌍용C&E 동해공장, 삼척시에 (주)삼표시멘트, 강릉시에 한라시멘트(주), 영월군에 쌍용C&E 영월공장과 한일현대시멘트(주)가 있다. 시멘트 공장 5개가 강원도를 대한민국 최고 환경오염 도시로 만들었다. 환경부가 공개한 〈시도별 · 업종별 환경오염 물질 배출량〉에 따르면, 강원도의 전체 환경오염 물질 배출량 가운데 화력발전소와 제철소는 각 13.96%, 0.05%에 불과하다. 시멘트 공장이 무려 85.7%를 배출하고 있다.

환경부 보도 자료에 따르면, 환경오염 물질 배출 도시 4위는 충북이다. 화력발전소는 대부분 충남에 있고 충북엔 산업 시설이 별로 없는데 4위인 이유 역시 시멘트 공장 때문이다. 놀랍게도 시멘트 공장이 충북 환경오염 물질 배출량 94.6%를 차지한다. 충북은 단양군에 성신양회(주), 한일시멘트(주), 한일현대시멘트(주)와 제천시에 아세아시멘트(주)가 있다. 몇 개 되지 않는 시멘트 공장이 강원도의 85.7%, 충북의 94.6%에 이르는 환경오염 물질을 뿜어내고 있다. 이는 시멘트 공장이 심각한 환경오염 물질 배출 시설임을 의미한다.

시멘트 공장을 위한 환경부 특혜

강원도가 대한민국 최고 환경오염 도시가 된 것은 시멘트 공장 때문이다. 그러나 환경오염 주범은 따로 있다. 시멘트 공장이 환경오염 물질을 펑펑 뿜어내도록 각종 특혜를 준 환경부다. 정부는 2017년 환경오염 시설 관리 강화를 목적으로 '환경오염 시설의 통합 관리에 관한 법률'을 제정하고, 화력발전소와 철강, 석유화학, 폐기물 소각장 등 98개 업종을 포함했다. 그러나 국내 환경오염 물질 배출 2위 시멘트 제조업은 통합 관리 대상에서 제외했다.

환경영향평가법에 1일 100t 이상 폐기물 처리 시설은 환경 영향 평가 대상으로 규정한다. 시멘트 공장은 연간 1000만 t이 넘는 폐기물을 시멘트 제조에 사용하고, 사용량도 급증하고 있다. 그러나 환경부는 시멘트 제조업을 환경 영향 평가 대상에서 제외했다.

시멘트 공장을 위한 환경부의 눈물겨운 특혜는 또 있다. 만성 기관지염과 폐렴 발병 원인이 되는 질소산화물의 배출 기준이다. 유리 제조업은 180ppm, 철강 170ppm, 폐기물 소각 시설은 50ppm인데, 시멘트 제조업은 무려 270ppm이다. 시멘트 공장이 질소산화물을 펑펑 뿜어내게 해, 국민을 미세먼지 관련 질병으로 몰아간 주범은 환경부다.

정부는 국내 초미세먼지 저감을 위해 '대기관리권역의 대기환경개선에 관한 특별법'을 제정하고 연간 질소산화물 4t, 황산화물 4t, 먼지 2t을 배출하는 27개 배출 시설을 관리 대상으로 지정했다. 환경부 통계에 따르면, 2021년 시멘트 공장의 질소산화물 배출량은 무려 4만 9192t으로 화력발전소(4만 4813t)를 제치고 1위를 차지했다. 그런데 질소산화물을 펑펑 뿜어내는 시멘트 공장이 몰려 있는 강원도는 대기관리권역의 대기환경개선에 관한 특별법 관리 대상에서 제외했다. 환경부의 이런 특혜 덕분에 강원도의 환경은 최악이 된 것이다.

시멘트 공장에 대한 환경부의 각종 특혜로 주민들이 고통에 시달리고 있다.

세계 신기록이 될 쌍용C&E 시멘트 분진

2

눈이라도 왔을까? 놀랍게도 돌담에 쌓인 것은 눈이 아니라 시멘트다. 혹시나 하고 톡톡 두드려 깨봤다. 떨어져 나온 시멘트 덩어리는 사람의 작품이 아님을 입증했다. 기적 같은 시멘트 돌담을 만든 주인공이 금방 눈에 띄었다. 곁에 있는 쌍용C&E 동해공장에서 펑펑 뿜어낸 시멘트 가루가 세계 신기록이 될 작품을 만든 것이다. 기와지붕은 더 기막혔다. 시멘트 분진이 쌓이고 쌓여 골이 보이지 않았다. 기와지붕 위에 있던 돌은 공룡 알 화석이 됐고, 전선에는 시멘트 종유석이 주렁주렁 달렸다.

몇 해 전 쌍용C&E 동해공장 부공장장과 인터뷰했다. 그는 "설탕 공장에 설탕 날리고, 시멘트 공장에 시멘트 가루 날린다"며 시멘트 분진이 발생하는 게 당연한 듯 이야기했다. 정말 그럴까? 전 세계에 시멘트 공장이 있다. 그러나 대한민국 시멘트 공장처럼 시멘트 분진을 펑펑 쏟아내는 나라는 없다. 이 기막힌 시멘트 분진 예술은 오직 대한민국에서 만날 수 있다. 쌍용C&E가 세계 시멘트 역사에 길이 남을 기념작을 만든 것이다.

시멘트 공장 주변 마을 풍경. 왼쪽 위부터 시멘트 분진으로 뒤덮여 공룡 알 화석이 생긴 담, 골이 메워진 기와지붕(쌍용C&E 동해공장), 장독대 뚜껑, 지붕(쌍용C&E 영월공장), 배춧잎, 비닐하우스(한일시멘트)

오래전 분진이라는 거짓말

시멘트 업계는 오래전 분진이라고 주장한다. 지금은 시멘트 분진이 날리지 않는다는 이야기다. 이 해명이 사실일까? 2022년 11월 쌍용C&E 동해공장 인근 마을을 돌아봤다. 기와지붕이 시멘트 가루로 하얗게 변했다. 시멘트 가루로 뒤덮인 태양광 패널이 눈에 들어왔다. 시멘트 분진으로 뒤덮인 태양광 패널이 전기를 제대로 생산할 수 있을까? 주민들의 설명이 기막혔다. 깊은 산속 나무 그

쌍용C&E 동해공장의 시멘트 분진으로 뒤덮인 태양광 패널

창도 열지 못하고 살아가는 시멘트 공장 주변 마을의 아픔을 방송했다.

늘처럼 전기 생산량이 거의 없고, 수시로 고장이 나서 밤낮을 구분하지 못한다는 것이다. 일주일 뒤 쌍용C&E 동해공장에 다시 찾아갔다. 동네 노인들이 시에서 하는 노인 일자리라며 지붕 위 태양광 패널에 쌓인 시멘트 분진을 씻어내고 있었다. 태양광 패널이 제 모습을 찾았다. 그러나 잠시뿐, 며칠 지나지 않아 다시 시멘트 가루로 뒤덮였다.

2020년 7월 4일, 시멘트 공장이 있는 단양에 갔다. 성신양회(주)

공장 앞에 다다랐을 때 놀라운 광경을 봤다. 시멘트 분진이 공장을 뒤덮었다. 굴뚝뿐만 아니라 공장 전체가 시멘트 분진 배출구였다.

2020년은 기후 이상으로 장마 기간이 가장 길고, 비가 많이 쏟아졌다. 기상청은 8월 16일, 54일간 이어진 장마가 끝났다고 발표했다. 분진 배출 사진을 찍은 7월 4일은 장마 기간이었다. 성신양회(주) 공장 뒷산에 놀라운 광경이 펼쳐졌다. 신록이 우거진 7월인데, 시멘트 공장 뒤쪽만 눈이 온 듯 흰색이었다. 성신양회(주)에서 펑펑 뿜어낸 시멘트 분진이 숲을 뒤덮은 것이다. 얼마나 분진을 뿜어냈으면 장대비가 쏟아지는 장마 때 뒷산이 하얘졌을까?

시멘트 분진을 뿜어내는 공장은 성신양회(주)뿐만 아니었다. 한일시멘트(주) 단양공장에서 폭우로도 잠재우지 못하는 시멘트 분진이 사방으로 날렸다. 세계사에 기록된 시멘트 분진은 오래전 일도, 우연한 실수도, 한두 공장의 특별한 사건도 아니다. 대한민국 모든 시멘트 공장의 일상이다.

성신양회(주) 공장 뒷산이 장마철에도 하얀 시멘트 가루로 뒤덮였다.

시멘트 공장 악취로 고통에 시달리는 주민들, 대책이 시급하다

한 시민이 커다란 피켓을 들고 1인 시위를 하고 있었다. 이유를 물으니 "쓰레기를 소각하며 생기는 악취와 분진을 견딜 수 없어 지역의 환경을 지키고자 나왔다"고 대답했다. 시멘트 공장 인근 마을에는 머리가 깨질 듯한 악취가 진동한다. 창을 열 수 없고, 숨을 쉬

시멘트 공장의 환경 오염을 알리기 위해 1인 시위 중인 주민

기도 힘들다. 몇 해 전 단양군청 앞 교회에서 쓰레기 시멘트 강연이 있었다. 강연이 끝나고, 장소를 빌려준 목사님이 내게 다가와 부끄러운 듯 한마디 했다. "새벽 예배 가려고 집을 나서는 순간, 나도 모르게 욕이 나옵니다."

영월군은 시멘트 공장 주변을 '악취관리지역'으로 지정, 특별 관리한다. 악취방지법 6조에 따르면, '악취와 관련된 민원이 1년 이상 지속되고, 악취가 배출 허용 기준을 초과하는 지역'을 악취관리지역으로 지정한다. 이는 시멘트 공장의 악취가 일회성 사건이 아니라 지속된 환경 재난임을 뜻한다. 단양군은 2014년부터 2018년 8월까지 비산 먼지, 악취, 소음 진동, 폐수 배출, 대기오염 물질 관련 민원이 66회 접수됐고, 개선 명령과 경고 등 행정처분을 22회 집행했다. 영월군은 2018년 6월, 한일현대시멘트(주)에 악취 발생으로 과징금 2000만 원을 부과했다. 그러나 두 지역은 지금도 분진과 악취에 시달린다. 막대한 쓰레기 처리 비용을 포기하느니, 벌금 몇 푼 내면 그만이기 때문이다.

영월과 단양은 맑은 강이 흐르고 경관이 아름답지만, 주민들은 시멘트 공장에서 날아오는 분진과 악취에 시달린다. 석회석 광산에서 발파하는 굉음과 충격으로 집이 흔들리고 깜짝깜짝 놀라는 고통 속에 살아간다. 이 처참한 현실에서 벗어나고자 집을 팔고 떠나려 하지만, 분진과 악취로 가득한 마을에 들어오는 사람이 없다. 떠나지 못하고 억지로 사는 사람이 많다. 오늘도 전국 곳곳에 고층 아파트가 쑥쑥 올라간다. 그 이면엔 시멘트 공장의 분진과 소음과 악취로 고통에 시달리는 주민들의 눈물이 있다.

마을 분진 배출 범인은 시멘트 공장

시멘트 공장 주변 마을에 떨어진 분진에 자석을 대봤다. 시커먼 가루가 자석에 붙었다. 이 엄청난 중금속은 어디서 나왔을까? 이곳은 시멘트 공장 외에 다른 공장이 없다. 분진의 출처를 확인하기 위해 요업기술원(현 한국세라믹기술원)에 분석을 의뢰했다. 범인은 예상대로 시멘트 공장이었다. 마을에 떨어진 분진에 철과 알루미늄 성분 함량이 많고, 납과 아연, 망간, 바륨 등 시멘트 성분 비율과 유사했기 때문이다.

2008년 단양의 한 주민이 시멘트 공장 때문에 피해를 봤다고 소송을 제기했다. 법원에서 창틀과 주변 암석, 자동차에 떨어진 분진의 성분 검사를 위해 현장검증 했다. 법원이 요업기술원에 의뢰한 분진 분석 결과, 알루미늄과 철 함량이 1만 mg/kg이 넘고, 망간과 아연, 납 등 중금속이 다량 함유돼 있었다. 쌍용C&E 영월공장이

성분 시험 항목	시멘트	쌍용C&E 영월공장 분진	한일현대시멘트(주) 마을 분진		
			창틀	암석 표면	차량 윗부분
알루미늄	45,100	-	16,600	10,400	15,200
철	29,700	21,900	16,700	10,900	31,700
망간	760	494	354.1	268.7	437.4
니켈		2.64	18.3	9.44	25.2
지르코늄		-	29.6	18.7	22.4
아연	2700	726	517.6	121.2	487.4
일산화탄소		-	6.01	3.77	6.31
구리	180	-	62.0	22.9	61.0
바륨		271	95.0	66.6	90.8
스트론듐		-	269.1	229.6	162.9
납	300	193	211.0	116.6	171.1
카드뮴	3	7.38	10.2	2.87	4.92
T-Cr	50	48.3	42.2	22.5	56.9
수은	불검출	4.38	불검출	불검출	불검출
비소	140	15.0	7.63	5.87	3.90
바나듐			24.5	14.0	23.5
6가크롬		불검출	불검출	불검출	0.244

자리한 마을에 떨어진 분진과 법원에서 분석을 진행한 한일현대시멘트(주) 인근 마을의 분진 분석 결과를 시멘트와 비교했다. 역시 영월과 단양 마을에 떨어진 분진은 시멘트 분진이었다.

이렇게 유해 물질 가득한 분진을 날마다 숨 쉬며 살아가는 주민들의 건강은 어떨까? 모발검사로 시멘트공장의 영향을 살펴봤다. 예상대로 비교군인 서울에 사는 사람보다 청정한 산골 마을인 시멘트 공장 주변 마을 주민의 모발 속 중금속 함량이 더 많고, 중금속의 특징 역시 시멘트 성분과 유사했다.

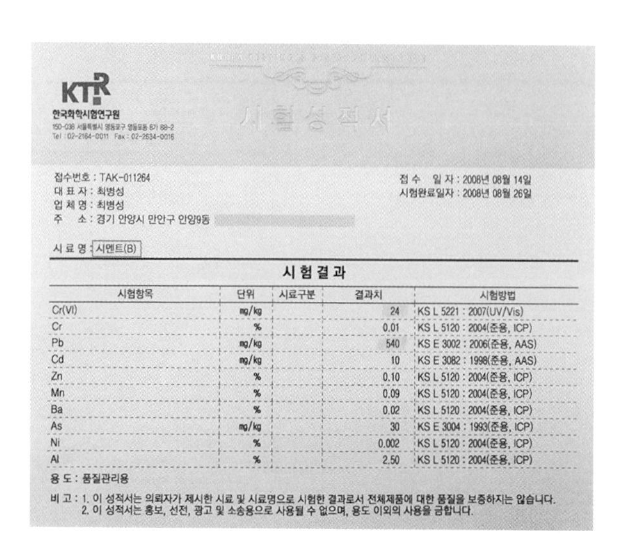

KTR
한국화학시험연구원
150-038 서울특별시 영등포구 영등포동 8가 88-2
Tel : 02-2164-0011 Fax : 02-2634-0016

시험성적서

접수번호 : TAK-011264
대 표 자 : 최병성
업 체 명 : 최병성
주 소 : 경기 안양시 만안구 안양9동

접 수 일 자 : 2008년 08월 14일
시험완료일자 : 2008년 08월 26일

시 료 명 : 시멘트(B)

시험결과

시험항목	단위	시료구분	결과치	시험방법
Cr(VI)	mg/kg		24	KS L 5221 : 2007(UV/Vis)
Cr	%		0.01	KS L 5120 : 2004(준용, ICP)
Pb	mg/kg		540	KS E 3002 : 2006(준용, AAS)
Cd	mg/kg		10	KS E 3082 : 1998(준용, AAS)
Zn	%		0.10	KS L 5120 : 2004(준용, ICP)
Mn	%		0.09	KS L 5120 : 2004(준용, ICP)
Ba	%		0.02	KS L 5120 : 2004(준용, ICP)
As	mg/kg		30	KS E 3004 : 1993(준용, ICP)
Ni	%		0.002	KS L 5120 : 2004(준용, ICP)
Al	%		2.50	KS L 5120 : 2004(준용, ICP)

용 도 : 품질관리용

비 고 : 1. 이 성적서는 의뢰자가 제시한 시료 및 시료명으로 시험한 결과로서 전체제품에 대한 품질을 보증하지는 않습니다.
2. 이 성적서는 홍보, 선전, 광고 및 소송용으로 사용될 수 없으며, 용도 이외의 사용을 금합니다.

마을에 떨어진 분진을 분석한 결과, 시멘트 성분과 유사한 결과를 보인다.

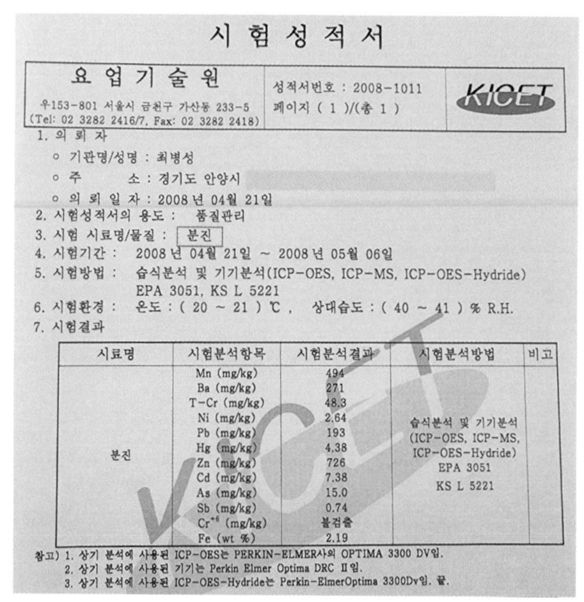

시 험 성 적 서

요 업 기 술 원
우153-801 서울시 금천구 가산동 233-5
(Tel: 02 3282 2416/7, Fax: 02 3282 2418)

성적서번호 : 2008-1011
페이지 (1)/(총 1)

KICET

1. 의 뢰 자
○ 기관명/성명 : 최병성
○ 주 소 : 경기도 안양시
○ 의 뢰 일 자 : 2008 년 04월 21일
2. 시험성적서의 용도 : 품질관리
3. 시험 시료명/물질 : 분진
4. 시험기간 : 2008 년 04월 21일 ~ 2008 년 05월 06일
5. 시험방법 : 습식분석 및 기기분석(ICP-OES, ICP-MS, ICP-OES-Hydride)
EPA 3051, KS L 5221
6. 시험환경 : 온도 : (20 ~ 21) ℃ , 상대습도 : (40 ~ 41) % R.H.
7. 시험결과

시료명	시험분석항목	시험분석결과	시험분석방법	비고
분진	Mn (mg/kg)	494	습식분석 및 기기분석 (ICP-OES, ICP-MS, ICP-OES-Hydride) EPA 3051 KS L 5221	
	Ba (mg/kg)	271		
	T-Cr (mg/kg)	48.3		
	Ni (mg/kg)	2.64		
	Pb (mg/kg)	193		
	Hg (mg/kg)	4.38		
	Zn (mg/kg)	726		
	Cd (mg/kg)	7.38		
	As (mg/kg)	15.0		
	Sb (mg/kg)	0.74		
	Cr^{+6} (mg/kg)	불검출		
	Fe (wt %)	2.19		

참고) 1. 상기 분석에 사용된 ICP-OES는 PERKIN-ELMER사의 OPTIMA 3300 DV임.
2. 상기 분석에 사용된 기기는 Perkin Elmer Optima DRC II 임.
3. 상기 분석에 사용된 ICP-OES-Hydride는 Perkin-ElmerOptima 3300Dv임. 끝.

시멘트 공장 주변 마을 주민들의 모발 검사 비교

성분	비교군 (서울 50명)	한일현대 시멘트(주)(30명)	쌍용C&E (60명)	아세아시멘트 (주)(51명)	단양 (성신양회(주), 한일시멘트(주)) (35명)
알루미늄	12.8	28.82(2.2배)	19.56(1.5배)	22.26(1.7배)	18.96(1.4배)
철	7.12	23.61(3.3배)	20.9(2.9배)	25.2(3.5배)	20.61(2.8배)
납	0.69	1.43(2.0배)	1.55(2.2배)	1.38(1.98배)	1.29(1.8배)
크롬	0.08	0.55(6.8배)	0.46(5.6배)	1.52(6.4배)	1.37(4.6배)
카드뮴	0.016	0.03(1.8배)	0.04(2.7배)	0.03(1.8배)	0.02(1.7배)
망간	0.26	0.62(2.3배)	0.55(2.0배)	0.56(2.1배)	0.43(1.6배)

세계 최초의 놀라운 사건

2006년부터 쓰레기 시멘트의 유해성 문제를 제기했다. 시멘트 공장 주변 마을 주민들의 모발검사를 통해 시멘트 공장의 환경오염이 심각함을 입증했다. 여론에 밀린 환경부가 마침내 시멘트 공장 주변 마을 주민들의 환경 피해를 조사했다. 결과는 충격적이었다. 광산에 근무한 적이 없는 주민들에게서 진폐증이 발견됐다. 전국 시멘트 공장 주변 마을마다 진폐증 환자가 속출했다. 시멘트 공장의 환경오염은 한두 공장의 문제가 아니었다.

환경부가 전국 시멘트 공장 주변 주민들에게서 진폐증이 발생했다는 세계 유례없는 사실을 밝혀냈다. 그러나 시멘트 업계는 시멘트 공장의 분진 때문이라는 과학적인 증거가 없다고 억지를 부렸다. 강원대학교병원 환경보건센터 김우진 센터장은 2020년 2월

지역	건강 영향 조사	
	결과	조사 기간(수행 기관)
		대상 / 수검자
강원 영월	만성폐쇄성폐질환 211명, 진폐증 3명	2008년 12월~2010년 7월(인하대)
		대상 : 3,418명 / 수검자 : 1,843명
충북 제천 · 단양	만성폐쇄성폐질환 205명, 진폐증 8명 (제천 71명, 4명 / 단양 134명, 4명)	2010년 5월~2011년 3월(충북대)
		대상 : 9,423명 / 수검자 : 3,058명
강원 삼척	만성폐쇄성폐질환 278명, 진폐증 17명	2011년 5월~2012년 12월(고려대)
		대상 : 6,137명 / 수검자 : 3,058명
강원 강릉 · 동해	만성폐쇄성폐질환 159명, 진폐증 3명 (강릉 93명, 3명 / 동해 66명, 0명)	2012년 5~9월(고려대)
		대상 : 5,872명 / 수검자 : 2,083명
전남 장성	만성폐쇄성폐질환 64명, 진폐증 3명	2013년 4~12월(충북대)
		대상 : 4,198명 / 수검자 : 1,479명
충북 청원	만성폐쇄성폐질환 16명, 진폐증 0명	2014년 6월~2015년 4월(충북대)
		대상 : 1,459명 / 수검자 : 209명
강원 동해	결핵성 병변 37명, 폐결절 · 폐렴 36명, 무기폐 5명, 석회화 병변 6명 등	2015년 6월~2016년 1월 (가톨릭관동대, 강원대)
		수검자 : 272명

〈호흡기 질환 및 권역형 환경보건센터 성과 보고서〉에서 시멘트 분진에 의해 기도와 폐가 손상된다는 연구 결과를 세계 최초로 발표했다.

김 센터장은 이듬해 국립중앙의료원, 서울아산병원 연구진과 함께 〈도심 지역과 먼지에 노출된 교외 지역 만성폐쇄성폐질환 환자에서의 CT 결과 비교 연구〉를 호흡기 분야 영문 학술지 《호흡기 연구(Respiratory Research)》 2월호에 게재했다. 시멘트 공장 지역에 거주

하는 만성폐쇄성폐질환 환자는 일반적인 도심 지역 환자보다 많은 기관지 염증을 호소하고, 기도 벽이 두꺼워졌으며, 호흡기 증상의 심각성을 나타내는 지수가 23.10점으로 도심 지역 환자(11.70점)보다 2배가량 높다는 내용이었다.

일본 시멘트 공장과 비교해보니

일본 시멘트 공장도 대한민국처럼 시멘트 분진을 펑펑 내뿜고, 주민들이 병드는 상황을 당연히 여길까? 2008년 1월, 환경부와 함께 태평양시멘트를 방문했다. 국내 시멘트 공장과 큰 차이를 느낄 수 있었다. 악취도 분진도 없고, 공장 주변 마을은 깨끗하고 활기찼다.

대한민국은 시멘트 공장이 있는 지역에 들어서면 갑자기 달라진 공기를 느낀다. 시멘트 공장이 보이지 않는데도 악취에 숨을 쉬기 어렵다. 시멘트 분진 때문에 목이 간질거리기 시작한다. 시멘트 공장이 가까워지면 시멘트 분진에 뒤덮인 생기 없는 마을을 만난다. 시멘트 공장 주변 마을에 세운 자동차는 접착성 시멘트 가루로 뒤덮였다. 주민들은 자동차에 엉겨 붙은 시멘트 가루를 벗기기 위해

태평양시멘트 굴뚝 바로 옆 마을. 지붕에 분진이 없고, 자동차는 반짝이고, 베란다에 빨래가 널렸다.

염산으로 세차한다.

태평양시멘트 담장 바로 옆에 붙어 있는 주택도 지붕이 반짝였다. 집마다 베란다나 마당에 빨래가 널렸다. 하얀 아기 옷도 있었다. 창을 열 수도, 베란다나 마당에 빨래를 널 수도 없는 대한민국 시멘트 공장 주변 마을과 대조적이었다. 태평양시멘트 정문 앞에서 더 놀라운 광경을 만났다. 닛산자동차 전시장에 있는 자동차가

분진으로 뒤덮인 대한민국의 시멘트 공장 주변 마을, 일본은 시멘트 공장 굴뚝이 바로 옆에 있지만 분진과 악취가 전혀 없다.

번쩍번쩍했다.

태평양시멘트와 쌍용C&E는 시멘트 제조 공장이다. 그런데 왜 이렇게 다를까? 시멘트 공장에 분진이 날리는 게 당연한 일이 아니다. 일본은 분진이 발생하지 않도록 철저히 관리한다. 2008년 일본의 시멘트 공장 견학을 다녀온 뒤, 환경부는 일본 시멘트 공장은 분진 민원이 없다며 대한민국과 일본 시멘트 공장의 환경 관리 차이

일본과 대한민국의 시멘트 공장 비교

구분	일본	대한민국
폐기물 사용 허가	- 폐기물 처리 · 처분업 허가와 처리 시설 설치 허가 - 특례로 재생 이용 인정 제도 운영(폐타이어, 폐육골분)	- 재활용 신고
공해 방지 협정	- 지자체와 공해 방지 협정	- 없음
폐기물 자율 관리	- 공장별 자율 기준 설정, 엄격 관리	- 최근 자율 기준 마련
폐기물 유통 경로	- 투명한 경로 추적(허가제)	- 경로 추적 미흡(신고제)
분진 관리	- 지속적인 시설 보완(밀폐, 살수) * 공장 인근 분진 거의 없음	- 미흡 * 공장 인근 분진 민원 많음
정보공개	- 지자체 보고 - 기업의사회적책임(CSR) 보고서 발간	- 법적인 보고 외 자발적 정보공개 미흡

출처 : 환경부

를 표로 작성해 발표했다.

15년이 흘렀다. 시멘트 공장은 환경을 얼마나 개선했을까? 오늘도 시멘트 가루가 펑펑 날리고 악취를 뿜어낸다. 달라진 게 있다. 시멘트 공장의 환경은 개선하지 않았는데, 시멘트에 투입하는 쓰레기 사용량은 급증했다. 시멘트 공장 창고는 전국에서 가져온 쓰레기가 산처럼 쌓였다. 시멘트를 쓰레기로 만들어 막대한 이득을 보면서도 환경 개선은 등한히 해온 시멘트 공장, 온갖 특혜로 시멘트 공장의 환경오염을 조장하는 환경부. 대한민국의 슬픈 자화상이다.

아파트 숲은 여기에서 나온다

3

커다란 산봉우리가 싹둑 잘렸다. 잘린 산봉우리는 어디로 사라졌을까? 이곳은 충북 단양의 한일시멘트(주) 석회석 광산이다. 대한민국 석회석 광산은 갱도를 파고드는 석탄과 달리, 산봉우리부터 통째로 잘라내는 식으로 개발한다.

우리는 시멘트로 지은 아파트에 살고, 시멘트로 포장한 길을 걷고, 시멘트로 지은 사무실에서 일한다. 하루 24시간 시멘트에 갇혀 살지만, 시멘트를 어떻게 만드는지 잘 모른다.

도심에 아파트 숲이 펼쳐지는 만큼 어딘가 산봉우리가 잘렸다.

동양시멘트(현 (주)삼표시멘트)가 1957년, 쌍용양회(현 쌍용C&E)가 1962년에 시멘트 공장을 시작했다. 60~70년간 석회석을 채굴해온 강원도와 충북의 광산 모습은 어떨까? 내가 사는 집을 지은 시멘트의 출처를 알아보기 위해 석회석 광산으로 떠나보자. 시멘트는 우리 삶의 한 부분이기 때문이다.

백두대간 보전 대책이 시급하다

한라시멘트(주)가 석회석을 캐는 강원도 자병산이다. 백두대간에 있는 이곳은 다른 석회석 광산과 개발 형태가 다르다. 석회석 광산은 대부분 봉우리 하나를 싹둑 잘라내는 형태로 위부터 내려온다. 그런데 한라시멘트(주)는 자병산의 측면을 끝없이 파먹고 있다. 한라시멘트(주)의 석회석 채취로 처참히 망가지는 자병산 너비는 3km가 넘는다. 영월 배거리산에 있는 한일현대시멘트(주) 광산은 너비 1.3km다. 영월 다래산의 아세아시멘트(주) 광산은 너비 1.7km, 단양의 한일시멘트(주)와 성신양회(주) 광산은 합해서 너비 4.4km다. 한라시멘트(주)의 산림 훼손이 얼마나 심각한지 보여주는 증거다.

한라시멘트(주)가 다른 공장보다 시멘트 생산량이 많기 때문이 아니다. 한국시멘트협회 홈페이지에 게시된 시멘트 생산량 자료에 따르면, 한라시멘트(주)의 연간 시멘트 생산량은 쌍용C&E, (주)삼표시멘트, 성신양회(주)에 이은 4위인데 산림 훼손 상태는 가장 심각하다. 보전해야 할 백두대간이 흉물로 변한 까닭이 뭘까? 한라 시멘트(주)가 능선을 따라 백두대간을 훼손하는 이유는 깊이 파고 들수록 석회석의 품질이 떨어지기 때문이다. 자병산은 백두대간의 중심부에 있다. 현재 자병산은 복구가 불가능할 만큼 망가졌다. 백두대간을 보전하기 위해 국가 차원에서 대책 마련이 시급하다.

국내 석회석 광산 가운데 환경 훼손이 가장 심각한 강원도 자병산의 한라시멘트(주) 광산

만화영화에 나올 법한 광산

한반도지형(명승)으로 유명한 영월 서강 변에 있는 한일현대시멘트(주) 광산이다. 서강이 휘감아 흐르는 배거리산 정상을 싹둑 잘라냈다. 광산 오른쪽 면이 복원된 듯 보인다. 그러나 겨울이 돼서

강원도 영월 서강 변의 한일현대시멘트(주) 광산

잎이 떨어지면 흉물스러운 모습이 드러난다. 등덩굴로 한여름에만 살짝 가리기 때문이다. 이 광산은 앞으로 100년, 1000년이 흘러도 저 모습으로 남을 것이다. 광산 개발 허가만 하고, 복원에 대한 책임을 요구하지 않는 산림청의 무능과 무책임이 빚은 참사다.

배거리산 광산에서 돌을 실어 내리는 대형 트럭이 개미처럼 보인다. 오래전 저 광산 꼭대기에 오른 적이 있었다. 한참을 빙글빙글 올라야 할 만큼 높은 곳이었다. 사방 어디서든 복원이 불가능한 모습이다. 바람이 불면 주변 마을로 먼지 폭풍이 퍼져간다.

서강은 맑은 강물이 굽이굽이 휘감고 돌아 대한민국에서 손꼽는 경관을 자랑한다. 그러나 광산의 처참한 풍경에 날마다 발파 폭음과 분진에 시달려 살아가는 사람도, 찾는 사람도 많지 않다. 시멘트 기업은 50~60년간 광산을 파먹어 재벌로 성장하며 향토 기업임을 내세운다. 그러나 현실은 시멘트 공장과 광산에 따른 환경오염으로 사람들이 찾지 않는 죽음의 도시로 전락하고 있다.

이곳에 사람이 묻혀 있다

4

금방이라도 우르르 무너질 것 같다. 처참히 망가진 라파즈한라시멘트(현 한라시멘트(주)) 광산이다. 언제든 사고가 발생할 수 있는 위태로운 장면이었다. 우려는 현실이 됐다. 2012년 8월 23일 오후 6시 40분경, 광산이 붕괴했다. 산봉우리가 무너지며 정상에 있는 송전탑도 쓰러졌다. 보전해야 할 백두대간 마루금이 사라졌다.

한라시멘트(주) 광산 붕괴 현장

200만 t에 이르는 돌무더기 아래 작업자 세 명이 파묻혔다. 사망자 두 명과 부상자 한 명이 발생했다. 구조 작업이 종료되고 광산 복구 작업도 끝냈지만, 사고 발생 10년이 지난 현재까지 시신 한 구는 찾지 못하고 있다. 저 광산 어디쯤 돌무더기에 온몸이 갈기갈기 찢긴 채 묻혀 있을 것이다.

사고 발생 7년여 만에 튀어나온 산림청 보고서

이 사고는 분명 인재다. 그러나 합동조사단은 광산 붕괴 원인을 '자연재해'로 종결지었다. 모두의 기억 속에서 사라져가던 2019년 12월, 한라시멘트(주) 광산 붕괴가 인재라는 산림청 현장 조사 보고서가 튀어나왔다. 시민 단체들이 기자회견을 열고 대검찰청과 국민권익위원회에 진정을 넣는 등 한라시멘트(주) 광산 붕괴 의혹 재조사를 줄기차게 외쳤지만, 2023년 현재까지 의혹은 풀리지 않고 있다.

한라시멘트(주) 광산 붕괴가 인재라고 판단한 산림청 조사 보고서부터 살펴보자. 산림청은 2012년 10월 10일, 지방산림청장과 전문가 18명이 붕괴 형태와 광산 채굴 현장을 살펴본 뒤 "자연재해로 인한 산사태는 아닌 것으로 판단되며, 인위적 요인에 따른 불안정한 사면을 보강하지 않아 붕괴한 인위적 피해로 판단됨"이라며 광산 붕괴 원인이 인재라고 결론지었다. 당시 현장을 돌아본 전문가 모두 인재로 판단한 산림청의 의견서는 다음과 같다.

이름	자병산 붕괴 원인
김남춘 (단국대학교 교수)	사고 현장의 나무들이 먼저 무너진 아래쪽의 토석류에 걸쳐 있는 모습을 보여 산사태로 인한 붕괴는 아닌 것으로 판단되며, 붕괴 원인은 발파로 인한 경사면의 균열, 과도한 채석으로 인한 장대 사면이 불안정한 것으로 추정.
전근우 (강원대학교 교수)	산사태라기보다는 심층 붕괴에 의한 재해로 판단됨.
이현규 (상지대학교 교수)	자연재해에 의한 산사태로 볼 수 없으며 사면 하단의 훼손에 의한 원인으로 사료됨.
김석우 박사	지금까지 국내에서 발생한 강우와 산사태 간의 경험적 관계와 비교할 때, 산사태를 유발시킬 정도의 강우량은 아닌 것으로 판단되며, 이번 붕괴 사고는 연약 지반 지역에서 지반 특성을 고려하지 않은 산지 훼손이 주된 요인이라 판단됨.
김종선 (전 산림청 치산복원과장)	자연재해(산사태)로 볼 수 없으며 채광으로 인한 불안정 사면이 인위적 요인 등에 의해 붕괴됨.
최선 박사	산지 훼손에 따른 산지 재해임.

의혹 가득한 합동조사단의 '자연재해' 결론

산림청의 모든 전문가가 인재라고 판단한 것과 달리, 합동조사단은 자연재해로 판단했다. 합동조사단이 자연재해로 판단한 근거는 크게 세 가지다.

1. 사면 경사각이 38°로 적합하다.
2. 광산 붕괴 현장이 10년 이상 채광하지 않은 곳이다.
3. 불규칙하게 발달한 석회암 공동에 의한 붕괴로 추정된다.

자연재해라는 합동조사단의 결론은 수많은 의혹이 있다. 경사각이 38°가 넘고, 사고 직전에도 채굴했으며, 사고 현장 조사 결과 공동이 발견되지 않았기 때문이다.

의혹 1 | 사면 경사각이 38°로 적합하다?

정확한 붕괴 원인을 규명하기 위해 2001년 사진을 입수했다. 광산이 붕괴하기 11년이다. 광산의 모든 소단(bench)이 선명하다. 5번 소단으로 덤프트럭이 지나는 것을 볼 수 있다. 채굴한 사면의 안전성을 확보하고 광산 붕괴를 막기 위해 계단식 소단으로 채굴해 내려온다.

한라시멘트(주) 광산 붕괴 원인을 입증할 결정적인 사진 한 장을 찾았다. 광산 붕괴 5개월 전인 2012년 3월 27일에 찍은 사진이

2001년 사진에 소단이 선명하다.

다. 2001년 사진에서 덤프트럭이 다니던 소단이 모두 사라지고 하나만 남았다. 언제든 붕괴할 수 있는 위태로운 지형이 된 것이다. 합동조사단은 붕괴한 사면이 38°로 적합하기에 자연재해라고 주장했다. 그러나 붕괴 5개월 전 찍힌 사진을 보자. 소단의 흔적은 있지만, 수평 하단부가 없는 급경사다. 붕괴 현장은 합동조사단의 주장처럼 38° 경사면이 아니다.

의혹 2 | 10년 전에 채광을 종료했다?

합동조사단은 붕괴한 광산은 10년 전에 채굴을 종료했기에 자연재해라고 주장했다. 그러나 붕괴 직전까지 채굴했다는 다양한 증거를 찾았다. 먼저 모든 소단이 선명한 2001년 사진과 소단이 하나만 남은 붕괴 5개월 전의 사진이 합동조사단의 주장이 거짓임을 입증한다. 더 확실한 증거도 있다. 카카오맵 항공지도에서 2008년과 2010년 모습을 비교했다. 천공기로 바위에 구멍을 뚫고, 발파하고, 로더로 64t 덤프트럭에 싣는 장면이 보인다. 2012년 붕괴 직전까지 채굴한 것이 확실하다.

광산 붕괴가 일어난 날도 사고 지점 하단에서 채굴했다. 작업자 세 명이 무너진 돌무더기에 깔린 것이 그 증거다. 이날 붕괴 사고로 덤프트럭 두 대, 로더 한 대, 굴삭기 한 대, 착암기 한 대가 무너진 돌무더기에 파묻혔다. 착암기 운전사 매몰 사망, 덤프트럭 운전사 매몰 실종, 또 다른 한 명이 다쳤다. 착암기는 발파를 위해 암반에 구멍을 뚫는 기계다. 붕괴한 날도 착암공이 작업했다는 것은 붕괴 지역 아래에서 계속 발파해왔다는 뜻이다.

매몰됐다가 구조된 생존자 홍종남 씨를 강릉에서 만나 사고 당

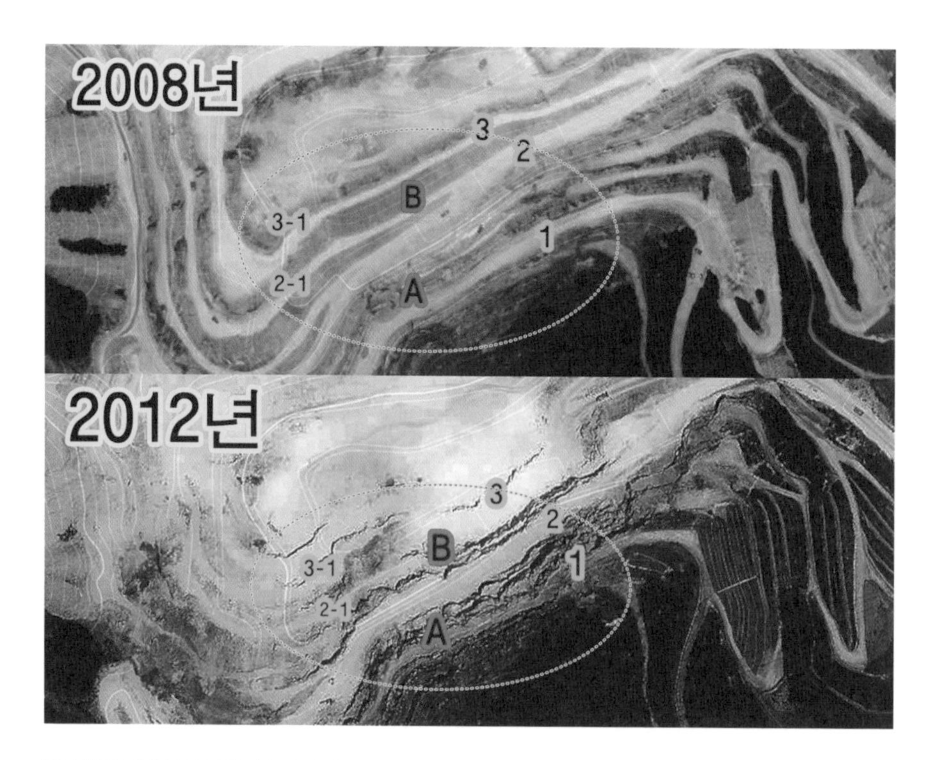

광산 붕괴 직전 10년 동안 계속된 발파와 채취로 소단이 사라지는 과정이 카카오맵 항공사진에 잘 나타난다.

시 상황을 상세히 들었다. 그는 64t 덤프트럭 운전사로, 포클레인이 잘게 부순 돌을 담으면 옮기는 일을 했다고 증언했다.

의혹 3 | 공동에 의해 붕괴한 자연재해다?

합동조사단은 광산 붕괴가 "단층대를 따라 불규칙하게 발달하는 석회암 공동 등의 지질구조적인 요인에 의한 자연재해"라고 강조했다. 그러나 합동조사단은 전기 비저항 탐사까지 하고도 공동을 발견하지 못했다. 명백한 인재를 자연재해로 바꾸기 위해 이유가 필요했다. 그래서 만든 근거가 "공동이 있을 것으로 추정된다"였다. 가톨릭관동대학교 박창근 교수는 "석회암 공동에 의해 무너졌다면 공동의 존재를 밝혀야 한다. 그런데 공동을 추정했다. 전기 비저항 탐사까지 했는데 공동을 발견하지 못했다는 것은 없다는 것이다"라고 강조했다.

석회암은 절리와 단층이 발달한다. 켜켜이 쌓은 시루떡처럼 암반과 암반 사이에 틈이 벌어진 절리가 있다. 붕괴 5개월 전에 찍은 사진에 비스듬한 절리가 선명하다. 소단이 남았다면 잘라낸 암반이 밀려 붕괴하지 않는다. 그러나 한라시멘트(주)는 절리가 발달한 암반을 소단 없이 수직으로 채굴했다. 발파하고, 무거운 돌을 실은 덤프트럭이 경사진 언덕 중간을 오가며 계속 진동이 발생했다. 빗물이 절리와 단층 사이로 스며들어 암반이 밀리며 붕괴한 것이다.

붕괴 12년 전에 사고를 예고한 논문이 있다

2001년에 자병산 광산의 붕괴 위험을 경고한 연구 보고서를 찾아냈다. 강원대학교 임한욱 교수는 〈수치 해석에 의한 석회암 채굴 사면의 안정성 해석〉이라는 논문에서 한라시멘트(주) 광산 붕괴 위험을 경고했다.

> 일부 구간에서 지층의 경사와 평행하게 조성된 계단에서는 대규모 미끌림(sliding) 붕괴가 우려된다. 계단 조성 과정

에서 지층을 절단하여 노출된 불연속면이나 층리 사이로 우수의 침투와 대형 중장비의 지속적인 통행으로 침투수에 의한 점착력 약화와 장비 통행, 발파 진동 등 외력에 의하여 층리가 피로한계에 도달하면 사면 붕괴가 일어날 수 있을 것으로 우려된다.

임 교수는 "옥계 광산의 채굴 사면 중 안전성이 가장 우려되는 곳이 42번 철탑 하부"라고 2012년 붕괴한 바로 그 지점의 붕괴 위험을 지적하며 "안전 대책 마련이 필요하다"고 강조했다. 2001년 임 교수가 붕괴 위험을 지적한 42번 송전탑 아래 광산의 모습을 추정할 수 있는 사진을 찾았다. 1999년 5월 13일 《한겨레21》 257호

터널과 지하공간, 한국암반공학회
Vol. 11, No. 3, 2001, pp. 270~278

TUNNEL & UNDERGROUND Vol. 11, No. 3, 2001, pp. 270-278
J. of Korean Society for Rock Mech.

수치해석에 의한 석회암 채굴 사면의 안정성 해석

임한욱[1] · 김치환[2] · 백환조[3]

의하지 아니하고는 사면 붕괴는 일어나지 않고 다만 발파에 의한 균열대에서 소규모로 부석이나 낙석 현상이 일어난다. 그러나 일부 구간에서 지층의 경사와 평행하게 조성된 계단에서는 대규모 미끌림(sliding) 붕괴가 우려된다. 계단 조성 과정에서 지층을 절단하여 노출된 불연속면이나 층리 사이로 우수의 침투와 대형 중장비의 지속적인 통행으로 침투수에 의한 점착력 약화와 장비 통행, 발파진동 등 외력에 의하여 층리 사이가 피로한계에 도달하면 사면 붕괴가 일어날 수 있을 것으로 우려된다. 특히 하반 경계에 묘봉층 직상부와 인접한 지역에서는 석회암과 점토 광물질이 교호상으로 퇴적되어 있어 안정성에 저해 요인이 되고 있다.

따라서 금번 연구 대상 구간은 옥계 광산의 채굴 사면 중 안정성이 가장 우려되는 42번 철탑하부 2~3개 계단과 SL440 통행로 끝자락 부분으로 대체로 그 길이는 150 m, 높이가 약 58 m 되는 구간인데 전반적인 모습은 Fig. 1과 같다. 사진 중앙부에서 보이는 바와 같이 부분적으로 소규모 붕괴가 일어나고 있다.

4.6 안정성 확보를 위한 제안

암반을 연속체로 가정하고 실시한 FLAC 해석과 암반을 불연속체로 고려하여 해석한 UDEC의 결과에 따르면 사면의 표면에서 미끄러짐이 발생한 곳에서 사면의 안정성을 확보하기 위해서는 사면의 구배와 높이의 조정이 요구된다. 즉 사면의 높이를 현재의 58 m에서 대체로 45 m로 축소하고 사면의 구배를 70°에서 55° 내외로 조정할 것을 추천한다.

5. 결　론

본 연구에서는 절리 암반의 안정성을 위하여 암반을 연속체로 가정한 FLAC 해석과 암반내 각종 불연속면의 존재와 이들의 영향을 고려할 수 있는 UDEC 해석을 실시하였다.

앞으로 안정적인 사면 유지를 위해서는 사면의 높이를 58 m 에서 대체로 45 m 로 축소하고 구배 역시 70° 에서 55° 내외로 조정하면 절리의 방향과 강도를 고려할 때 사면의 안전율은 약 1.3으로 예상되어, 안정된 상태를 유지할 것으로 판단된다.

에 실린 〈아! 자병산〉이라는 기사다. 임 교수의 지적처럼 송전탑 아래 일부 사면에 급경사가 심하고, 소규모 붕괴가 일어나고 있었다.

임 교수는 42번 송전탑 아랫부분의 붕괴 위험을 지적하며 "소단의 높이를 줄이고, 경사도를 낮추라"고 지적했다. 그런데 한라시멘트(주)는 오히려 사면의 소단을 모두 채굴해 급경사로 만들었다. 붕괴를 촉진하는 공사를 10년 동안 진행해온 것이다. 합동조사단은 이렇게 명확한 증거가 있는데도 인재를 자연재해로 둔갑시켰다.

합동조사단은 왜 자연재해라고 했을까?

합동조사단의 구성과 조사 보고서를 살펴보면 그들이 자연재해로 판단한 이유를 짐작할 수 있다. 먼저 합동조사단 구성은 동부광산안전사무소 보안관 3명, 한국지질자원연구원 3명(정소걸 · 최영섭 · 송원경 박사), 강릉경찰서 강력형사팀 6명 등 총 12명이다. 동부광산안전사무소 보안관은 지질 전문가가 아니라, 인재로 판명되면 광산 관리 부실 책임을 져야 하는 사람들이다. 강릉경찰서 강력계 형사 역시 지질과 산사태 전문가가 아니다.

합동조사단의 전문가는 한국지질자원연구원의 3명이 전부다. 그런데 2018년 12월 26일 MBC-TV 뉴스 〈라파즈한라시멘트 광산 붕괴 사고의 진실은?〉 보도에서 한국지질자원연구원 한 사람이 놀라운 인터뷰를 했다. "현장에 가서 한 번만 회의했고, 특히 라파즈한라시멘트 측에서 붕괴 현장은 별도로 강원대 이상은 교수에게

1999년 《한겨레21》 기사에 실린 사진과 붕괴 5개월 전에 모든 소단이 사라진 사진. 2001년 강원대 교수가 붕괴 위험을 경고했는데도 10년 넘게 공사가 계속됐다.

맡기고 나머지 안전해 보이는 곳을 추가 조사해달라고 해서 사고 구역은 조사하지 않았다."

합동 조사 보고서엔 38일간 조사했다고 기록했으나, 한 번 모였을 뿐이라는 의혹이 제기되는 이유다. 2019년 6월 19일 KBS춘천방송총국 〈시사토크쇼 강냉이–강릉 라파즈 광산 붕괴 사고〉에서도 놀라운 사실이 공개됐다. 한국지질자원연구원 최영섭 · 송원경 박사는 현장에 참여하지 않고 이름만 빌려줬다는 본인들의 통화 녹음이 방송된 것이다.

합동조사단의 보고서를 쓴 유일한 전문가인 한국지질자원연구원 정소걸 박사의 연구 내역을 입수했다. 정 박사는 라파즈한라시멘트 광산 붕괴 합동 조사가 한창인 기간에 한라시멘트(주)에서 6

연구과제명	계정번호	책임자	계약기간	연구비(천원)	의뢰처
라파즈한라 석회석광산의 사면안정성 평가및 대책수립연구	12-5105	정소걸	2012.10.05-2013.06.30	350,000,000	라파즈한라시멘트(주)
라파즈한라 석회석광산의 사면 안정성 평가및 대책수립 연구(2)	13-5101	정소걸	2013.02.27-2013.06.30	300,000,000	라파즈한라시멘트(주)
독도 지반안정성 모니터링	14-5201	송원경	2014.03.03-2014.11.24	198,850,000	해양수산부
독도 지반안정성 모니터링	15-5801	송원경	2015.03.06-2015.12.30	222,992,000	해양수산부

2012-2015 연구용역 과제 현황

관리번호	연구책임자	지원기관명	지원기관사업명	연구시작일	연구종료일	연구비	과제명
220150046	이상은	주식회사 태영이엠씨 삼도광업소	용역	2015-05-20	2015-10-19	44,000,000	무건리 지반 침하 관련 안전진단
220140026	이상은	백산엔지니어링 주식회사	용역	2014-01-01	2014-11-30	12,650,000	고효율 지반보강기술 개발
220130059	이상은	라파즈한라시멘트(주)	용역	2013-06-01	2013-12-31	80,000,000	옥계 석회석 광산의 채광발파에 따른 석구사면의 안정성 해석
220130032	이상은	라파즈한라시멘트(주)	용역	2013-03-20	2013-09-19	130,000,000	광산내부 지질조사와 안전대책수립 용역
220130029	이상은	백산엔지니어링 주식회사	용역	2013-01-02	2013-12-31	40,000,000	고효율 지반보강기술 개발
220130019	이상은	한국광해관리공단	용역	2012-12-15	2013-11-14	18,270,000	석탄회 갱내충전의 전산해석 확산모델 연구용역(3차년도)
22 20070	이상은	백산엔지니어링 주식회사	용역	2012-06-01	2012-12-31	20,000,000	고효율 지반보강기술 개발(고효율 공압식 갱내 충전을 위한 실험실 모형실험

한국지질자원연구원 정소걸 박사와 강원대학교 이상은 교수의 라파즈한라시멘트(주) 용역 내용

산사면 붕괴 원인조사 보고서 검토 의견

(정선군 임계면 가목리 산8-2번지)

(검토의견: 한국지질자원연구원)

2012. 9.24-25 광산 합동조사시 현장 확인 조사 결과를 근거로 하여 강원대학교의 사면붕괴 원인 조사 보고서의 내용을 검토하였음. 강원대학교에서 제출한 보고서는 지표지질조사, 시추조사, 물리탐사, 선구조분석, 공내 영상촬영, 입체 영상촬영, 수목의 생장특성 조사 등 다양한 조사 및 분석내용을 포함하고 있는 것으로 판단되며 검토결과는 다음과 같이 요약될 수 있음.

정소걸 박사는 이상은 교수의 사면 붕괴 원인 조사 보고서 내용을 검토했다고 썼다.

억 5000만 원을 받고 〈라파즈한라 석회석 광산의 사면 안전성 평가 및 대책 수립 연구〉 보고서를 작성했다. 특히 합동조사단은 "강원대학교에서 본 사고를 용역 중으로 결과가 나오는 대로 검토할 예정"이라고 했다. 강원대학교에 용역 중인 보고서란 한라시멘트(주)가 강원대학교 이상은 교수에게 1억 2000만 원을 주고 맡긴 용역이었다. 붕괴를 자초한 한라시멘트(주)가 용역비를 주고 조사한 보고서에 광산 붕괴 원인을 제대로 밝힐 수 있었을까?

이상은 교수의 조사 결과가 10월 말에 나왔고, 합동조사단은 11월에 조사 결과를 발표했다. 광산 사고 발생 주체인 한라시멘트(주)가 책임을 피하기 위해 돈을 주고 맡긴 용역 보고서를 합동조사단이 그대로 인용하며 자연재해로 결론지은 것이다. 심지어 이 교수는 그 직후 한라시멘트(주)에서 2억 1000만 원을 더 받아 보고서 두 개를 썼다. 합동조사단은 한국지질자원연구원 정소걸 박사의 종합 의견을, 정 박사는 한라시멘트(주)의 용역을 받은 이 교수의 보고서를 베꼈다.

합동조사단의 자연재해 결론에 한라시멘트(주)가 얻은 이득은?

합동조사단의 자연재해 결론은 한라시멘트(주)에게 엄청난 이득이 됐다. 광산 관리 부실에 대한 형사처벌을 면했고, 200억 원이 넘는 보험금을 받았다. 한국전력공사는 한라시멘트(주)에 붕괴한

42번 송전탑과 전력선 41~43호 541m 복구 비용 37억 원의 손해배상을 청구했다. 그러나 법원은 자연재해라는 이유로 13억 원만 배상하도록 강제조정 결정을 했다. 결국 송전탑 복구에 세금 24억 원이 들었다.

1984년부터 한라시멘트(주) 광산에서 덤프트럭 운전사로 28년째 근무하던 홍종남 씨는 무너진 돌무더기에 묻혔다가 살아났다. 갈비뼈와 팔다리 등 온몸이 부서졌다. 그 엄청난 돌무더기에 깔리고도 살아난 게 기적이었다. 그는 2년 동안 병원에서 치료받았으나 산재 처리됐을 뿐, 지금까지 한라시멘트(주)의 사과나 보상은 받지 못했다. 광산 붕괴 원인이 자연재해라는 합동조사단의 조사 때문이다. 홍종남 씨가 생존하고, 광산 저 아래 어딘가에 한 사람이 묻혀 있다. 지금이라도 검은돈에 의해 묻힌 진실 규명이 필요하다.

사고가 아니라 살인 사건이다

5

설 연휴가 시작된 2022년 1월 29일, 경기도 양주시에 있는 삼표산업 골재 생산 채석장이 붕괴했다. 작업하던 노동자 세 명이 흙더미에 매몰돼 사망했다. 많은 언론이 연약 지반의 지질조사 없는 무

매몰된 노동자 구조 작업이 진행 중이다.

리한 채굴이 광산 붕괴 원인이라는 지질 전문가의 설명을 보도했다. 그러나 이 사고의 진실은 연약 지반의 광산이 붕괴한 게 아니다.

매몰 현장은 대형 사고가 예견된 곳이다. 삼표산업은 작업장에서 경사면을 따라 15년 넘게 슬러지를 흘려보냈다. 한쪽으로 기운 시루떡 같은 형태로, 언제든 흘러내릴 수 있는 위험한 지형이었다. 삼표산업은 슬러지 하단부에서 채굴 작업을 했고, 심지어 발파까지 했다. 발파하는 진동에 15년 넘게 쌓인 슬러지가 흘러내리며 노동자를 덮친 것이다. 삼표산업의 양주 채석장 붕괴는 사고가 아니다. 무너질 수 있음을 알면서도 무리한 작업 지시로 노동자를 사망에 이르게 한 살인 사건이다.

채석장에 슬러지는 왜?

사고 원인을 카카오맵 항공사진에서 확인했다. 경사면을 따라 대형 트럭이 슬러지를 붓고, 점액질의 슬러지가 흘러내리며 채석장 하단부 파인 곳을 채운다. 채석장에서 왜 슬러지가 발생했을까? 예전엔 강에서 파낸 모래와 잔자갈로 집을 지었다. 그러나 이제 강에 파낼 모래와 자갈이 없다. 바닷모래 채취도 어렵다. 바다 어장이 황폐해진다며 어민들이 반대하기 때문이다.

결국 채석장에서 캐낸 돌을 부숴 만든 잔자갈과 모래를 사용한다. 큰 돌을 잘게 부수는 과정에 석분이 발생한다. 석분이 콘크리트에 들어가면 유동성 저하, 건조 수축 증가 등 콘크리트 품질에 문제

연약 지반이 붕괴한 게 아니라 15년 이상 투기한 슬러지가 무너졌다(사진 제공 : 카카오맵).

를 일으켜서 분리해야 한다. 물과 폴리아크릴아미드 등 응집제로 분리한 석분이 채석장의 슬러지다. 석분은 채석장 모래 생산량의 15~20%까지 발생하는 폐기물이다. 이를 배출하면 막대한 폐기물 처리 비용이 들어, 대다수 사업자가 채석장 한쪽에 쌓았다가 돌을 캐낸 곳을 메우는 데 사용한다.

2010년 《자원환경지질》에 실린 〈석산 개발에 따른 주변 환경오염 및 석분토 처리를 위한 연구〉에 따르면, 세 명이 사망한 사고가 발생한 양주의 삼표산업 채석장은 12mm와 25mm 자갈 200만 t(m^3), 5mm 이하 모래 150만 t(m^3) 등 연간 350만 t(m^3)에 이르는 자갈과 모래를 생산한다. 석분 슬러지도 해마다 약 40만 t 발생하는

데, 이는 전체 생산량의 6~7%다. 이 논문은 석분 슬러지 처리 방법에 대해 다음과 같이 설명한다.

> (석분 슬러지를) 토양과 1:1의 비율로 섞어서 채석장에 보관 후, 90일 이내에 사업장 매립지에 매립한다. 이에 소요되는 처리 비용은 t당 3만 원(사업장 폐기물 기준)에 달한다. 한편 석분토(슬러지)는 매립 이전에 석산 내에 90일까지 보관할 수 있으므로 석분토의 침식 혹은 붕괴로 인하여 발생할 수 있는 탁류를 효과적으로 예방하기 위해서 저류조가 설치되어 있는 것이 일반적이다.

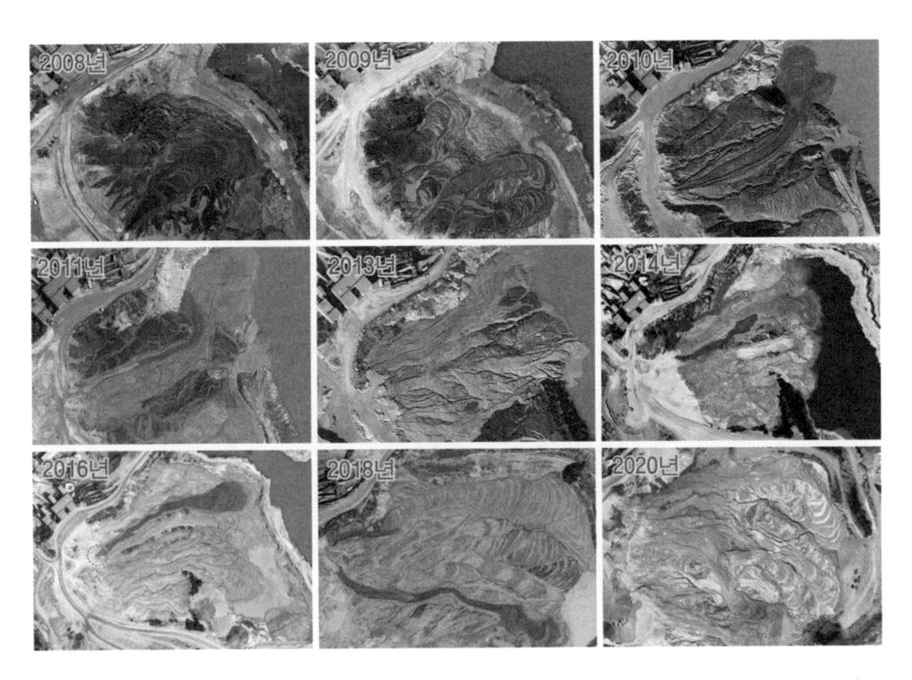

삼표산업은 슬러지를 15년 이상 광산에 불법 투기해왔다. 최근 이 슬러지 하단부를 채굴하다 붕괴 사고가 발생한 것이다.

폐기물관리법에 따르면, 석분 슬러지는 양질의 흙과 1:1로 섞어 매립해야 하며, 채석장 내에 90일까지 보관하도록 규정돼 있다. 그러나 삼표산업 붕괴 사면의 슬러지는 회색으로, 흙과 1:1로 섞어야 한다는 규정을 지키지 않은 듯하다. 연간 발생하는 석분 슬러지 40만 t 처리 비용을 계산하면 약 120억 원(400,000t×30,000원)이다. 연간 120억 원을 절감하기 위해 채석장에 90일까지 보관할 수 있다는 규정을 어기고 15년 이상 불법 투기한 것이다.

카카오맵이 항공사진을 제공하기 시작한 2008년에도 슬러지를 투기한 정황이 확인된다. 2008년부터 지금까지 경사면을 따라 슬러지를 부은 변화 과정을 쉽게 확인할 수 있다. 오랫동안 슬러지를 투기한 결과, 면적과 높이가 증가했다. 총 600만 t(400,000t×15년)이 넘는 슬러지를 채석장에 불법 투기한 것이다.

삼표산업은 왜 무리하게 채굴했을까

붕괴한 토사 더미에 광산 관계자 세 명이 올라서서 주변을 돌아보고 있다. 무너진 토사 상부에 있는 사람들이 개미처럼 보일 만큼 투기한 슬러지 양이 엄청나다. 무너진 토사량이 얼마나 많은지 짐작할 수 있다.

경기도 화성에 삼표산업이 운영하는 또 다른 채석장을 살펴보자. 산봉우리가 통째로 날아가고, 땅속으로 깊이 파먹었다. 광산 왼쪽 경사면에 슬러지를 계속 투기하는 모습도 보인다. 슬러지를 부

슬러지가 흘러내린 삼표산업 양주 채석장 붕괴 현장

은 웅덩이에 고인 물빛이 주변과 다르다. 석분 응집제로 사용한 폴리아크릴아미드 같은 화학물질이 들었음을 보여주는 증거다.

이번 사고가 발생한 삼표산업 양주 채석장은 1978년부터 지금까지 45년 동안 돌을 캐냈다. 1986년 삼표산업이 이곳을 인수한 뒤로도 여러 차례 허가를 연장해, 2026년까지 골재 채취가 가능하다. 도락산 정상과 등산로가 있는 쪽은 이제 돌을 캐낼 수 없다. 복구가 어려울 만큼 소단이 좁고 위태롭다. 왼쪽도 다른 공장이 있어 채석이 어렵다. 채취가 가능한 곳은 광산 오른쪽 정도다.

삼표산업 화성 채석장. 사진 왼쪽 아래 언덕에서 투기한 슬러지가 흘러내리고, 웅덩이에 고인 물빛도 다르다.

산림청이 채취 허가를 연장했지만, 45년 동안 돌을 캐서 더 파먹을 데가 없다. 오래전부터 슬러지를 부은 곳의 바닥을 무리하게 파내다 사고가 발생한 것이다. 사고 현장엔 매몰됐던 천공기와 포클레인이 나뒹굴었다. 삼표산업 양주 채석장 붕괴는 사고가 아니라 살인 사건이다.

수도권 2000만 시민의 식수가 위험하다

6

초록 물의 정체는?

초록 물이 하천을 뒤덮었다. 겨울이니 녹조가 아니다. 이 물은 200m 떨어진 쌍용C&E 영월공장 석회석 광산에서 시작됐다. 이곳은 쌍용C&E가 1960년대부터 석회석을 캐던 폐광이다. 쌍용C&E가 친환경 사업을 한다며 60년 동안 파먹은 폐광에 산업폐기물 매립장 건설을 추진하고 있다. 축구장 26개 면적(19만 m²)으로, 국내 산업폐기물 매립장 가운데 규모가 두 번째로 크다. 쌍용C&E 폐광에 산업폐기물 매립장을 건설해도 아무 문제가 없을까?

2020년 여름에는 장마가 54일간 이어졌다. 장마가 한창이던 8월 4일, 매립장 예정지를 살펴봤다. 웅덩이에 빗물이 가득했다. 2주 남짓 지난 8월 21일에 다시 현장에 갔다. 아직 장마가 끝나지 않았는데 웅덩이에 가득하던 빗물이 사라졌다. 광산 바닥의 암반 균열과 공동으로 새어 나간 것이다.

54일이나 이어진 장마 기간에 빗물이 사라진 사진을 공개했다. 쌍용C&E가 충격을 받았다. 산업폐기물 매립장으로 취하려던 1조

쌍용C&E 매립장 예정지에서 우라닌이 3일 만에 쌍용천으로 흘러나와 서강까지 초록으로 물들였다.

원이 넘는 이득이 한순간 날아갈 판이기 때문이다. 쌍용C&E가 지반의 안전성을 입증하겠다며 우라닌이라는 형광물질을 부어 추적자 시험을 했다. 쌍용C&E는 환경영향평가서에 지반의 안전성을 다음과 같이 기록했다.

> 지반이 안정되어 매립장 바닥에 차수막을 하지 않아도 침출수가 샐 경우 200m 거리에 있는 쌍용천까지 15년이 걸린다.

쌍용C&E가 산업폐기물 매립장 건설을 추진하는 폐광에 54일간 장마로 가득하던 빗물이 며칠 만에 사라졌다. 지하 암반에 균열과 공동이 많기 때문이다.

쌍용C&E는 지반이 안정돼 침출수가 새도 15년이 걸려야 쌍용천에 도달한다고 했다. 그러나 쌍용C&E가 부은 형광물질이 3일 만에 쌍용천은 물론 서강까지 진초록으로 물들였다. 이곳에 산업폐기물 매립장을 건설하면 수도권 2000만 시민의 식수가 위험해진다는 것을 쌍용C&E 스스로 입증한 셈이다.

대한민국의 대표적인 카르스트지형인 서강

쌍용C&E가 추진하는 산업폐기물 매립장 건설이 절대 불가인 이유가 많다. 먼저 지질 문제다. 이곳은 석회석을 캐던 폐광이다. 석회암이 오랜 시간 물에 녹아서 평지가 되거나 녹다가 남은 암석을 카르스트지형이라고 한다. 쌍용C&E의 산업폐기물 매립장 예정지를 포함해 서강 한반도지형 인근은 우리나라의 대표적인 카르스트지형이다. 지질학을 공부하는 이들에게 서강 변은 카르스트지형 박물관이다.

석회암이 부분적으로 녹아 생긴 둥그런 평지를 돌리네, 돌리네가 연속해서 발달하면 우발레라고 한다. 울창한 숲속에 깔때기 형태인 돌리네와 우발레가 밭으로 이용된다. 지하에 절리와 공동이 많아, 배수로가 없어도 우발레 안에 있는 싱크홀로 물이 빠져나가기 때문이다. 특히 빗물이 절리 사이를 흐르며 주위의 암석을 끝없이 침식하고, 시간이 흘러 그 틈이 커지면 동굴이 생긴다. 카르스트지형의 돌리네와 우발레 지하에는 수많은 동굴이 있으며, 이 때문에 종종 무너지기도 한다.

이곳에 산업폐기물 매립장을 건설하면 안 되는 이유는 '쌍용'이라는 이름에 있다. 《쌍용양회 30년사》에 사명의 유래를 다음과 같이 기술한다.

> 쌍용이라는 고유명사는 영월광업소와 양회 공장 건설 부지로 예정되어 있던 강원도 영월군 서면(현 한반도면) 쌍용리의 지명에서 연유한 것이다. 쌍용리에 현 영월공장 원석 야적장 부근에는 절벽을 이룬 석회석 산에 두 개의 수직굴이 있었는데 이곳에는 용과 관련된 여러 전설이 전해져왔다. 쌍용리의 지명도 이 쌍용굴에서 기원한다.

《쌍용양회 30년사》에 수직굴이 있던 자리를 발파했다는 기록이 있다. 수직굴과 발파, 이곳에 산업폐기물 매립장이 들어서면 안 되는 이유를 스스로 입증한 것이다.

수직굴이던 쌍용굴이 석회석 채굴로 사라졌고, 쌍용굴이 있던 주변은 폐광이 됐다. 커다란 수직굴이 있었을 만큼 절리와 공동이 발달한 카르스트지형에 건설한 산업폐기물 매립장이 결코 안전할 수 없다.

카르스트지형에 산업폐기물 매립장 건설이 불가한 까닭

A사가 충북 단양군 매포읍에 산업폐기물 매립장 건설을 추진했다. 단양군이 주민의 안전을 위해 불허했다. 그러나 A사는 2013년 10월 7일 ▲시추 조사, 시추공 영상 촬영, 지하수 조사로 지반의 안전성을 검토했고 ▲침출수 발생을 근원적으로 막고자 매립장 전체를 에어 돔으로 씌울 예정이며 ▲바닥엔 3중 차수 시설을 하고 ▲그래도 발생하는 침출수는 배출해 침출수 유출 가능성을 원천 봉

쇄하는 완벽한 매립장을 만들 예정이라며 소송을 제기했다. 청주지방법원은 2014년 11월 6일, 석회석 폐광에 매립장을 지을 수 없다며 그 까닭을 판결문에 적시했다.

> ▲ 이곳이 석회암의 특성상 수직 절리 또는 균열이 발달하여 싱크홀이 발생하는 지역이며 ▲ A사가 과학적인 지반 조사를 했다 할지라도 석회암의 특성상 현재 상태가 앞으로도 동일하게 유지된다고 단정할 수 없어 폐기물 매립장 부지로 적합하지 않으며 ▲ 외국에서도 카르스트지형에 매립장을 짓는 것은 위험하다.

유사 사건이 있다. 대구지방환경청은 2019년 10월 16일, B사가 경북 문경시 신기동에 건설을 추진하던 폐기물 매립장 환경영향평가서를 '부동의' 결정하여 사업을 백지화했다. 이유는 명백하다.

> 사업 지구 지질이 석회암층으로 매립 종료 후 차수막 훼손 및 침출수 유출 시 석회암과 반응해 지반침하(싱크홀 발생)로 인한 지하수와 하천 오염 가능성이 크다.

쌍용C&E가 산업폐기물 매립장 건설을 추진하는 예정지는 대한민국의 대표적인 석회암층이다. 차수막 시설을 아무리 잘해도 석회암의 지형적 특징인 지반침하가 일어날 경우, 매립된 산업폐기물 유독 물질이 서강을 타고 결국 수도권 2000만 시민의 식수인 한강을 오염하게 된다.

쌍용C&E가 매립할 산업폐기물의 유독성은 수천수만 년 지속되지만, 매립장 바닥에 깔 차수막은 두께 1.2mm에 불과하다. 매립장의 법정 관리 기간은 수십 년이다. 청주지방법원과 대구지방환경청이 지적한 것처럼 향후 석회암층에서 필연적으로 발생하는 지반침하에 따른 지하수와 하천 오염은 불 보듯 뻔한 일이다. 수도권

대구지방환경청은 문경시 신기동에 추진하던 폐기물 매립장 건설을 카르스트지형의 위험성을 들어 부동의 처리했다.

환경부

대 구 지 방 환 경 청

수신자 수신자 참조
(경유)

제목 소규모 환경영향평가 협의내용(부동의) 회신[문경시 신기동 폐기물 최종처리시설 조성사업]

1. 문경시 환경보호과-30179(2019.8.22.)호와 관련된 문서입니다.

2. 귀 시에서 협의 요청한「문경시 신기동 폐기물최종처리시설 조성사업」소규모 환경영향평가서에 대한 검토 결과 다음과 같은 사유로 환경에 미치는 영향이 바람직하지 않다고 판단 되므로, '부동의'함을 통보합니다.

가. 사업지구를 비롯한 주변지역의 지질은 석회암층으로서 사업지구 중앙을 굴착하여 사업장폐기물을 매립할 계획으로 매립 종료 후 차수막 훼손 및 침출수 유출 시 석회암과 반응하여 지반침하(씽크홀 발생)로 인한 지하수 및 하천 오염의 가능성이 있어 폐기물최종처리시설의 입지로는 적합하지 않음

※ 본 사업지구 주변지역은 과거 석회석 채굴을 위한 발파로 암반 균열이 있을 수 있고, 석회암 지층으로 카르스트 지형인 돌리네가 분포할 것으로 의심되나 평가서에는 이에 대한 조사 내용이 없음

나. 그리고 금회 사업지구 인근으로 신기 제1,2일반산업단지 및 문경시 환경자원순환센터(매립시설, 소각시설 등)가 운영 · 조성 중에 있어 지속적이고 면밀한 대기질의 관리가 필요한 지역임

다. 또한 사업지구 영향예상 대상영역 5km 내 다수의 주거지역과 민감계층 이용시설(신기초등학교, 점촌고등학교, 신기노인회관 등)이 분포하고 있어 금회 폐기물 매립시설의 신규 조성은 다수의 인구에 대한 유해대기오염물질의 노출 우려를 더욱 가중시킬 개연성이 높음

라. 이러한 여건을 고려하였을 때, 금회 사업지구에 대한 폐기물 매립시설 조성계획은 해당 지역사회의 건강영향에 대한 사전 예방적 차원을 고려하여 재검토되어야 함

마. 그리고 경관적으로도 사업지구는 남측으로 산정(190m) 및 능선부를 포함하고 있으며 해당산지(277m)의 7~8부에 해당하고 있으며, 매립시설을 개발하면서 산정 가까이 절토사면이 최대 93m 발생하고 있는 등 산지경관이 크게 훼손되고 있음

바. 특히, 사업지구는 국도 34호선을 비롯하여 철도(문경선)와 주변 마을 등에서 조망되고 있으며, 사업지구의 표고를 고려할 때 가시영역도 넓게 나타날 것으로 보이는 등 경관적 악영향이 크게 발생할 것으로 판단되므로 사업지구의 개발은 지양하여야 함. 끝.

대 구 지 방 환 경 청 장

수신자 문경시장(환경보호과장),한국환경정책평가연구원장

주무관 원광인 주무관 김미정 과장 임종업 국장 전결 10/16 민중기

시행 환경평가과-6599 (2019-10-16) 접수 환경평가본부-21826 (2019.10.16.)

우 42768 대구광역시 달서구 화암로 301(대곡동) 대구지방환경청 /

2000만 시민의 식수를 오염할 위험을 알면서도 눈앞의 이익을 위해 서강 변에 대형 산업폐기물 매립장 건설을 추진하는 쌍용C&E를 국민은 결코 용서하지 않을 것이다.

한반도지형으로 잘 알려진 서강

쌍용C&E가 산업폐기물 매립장 건설을 추진하는 곳은 한반도지형으로 유명한 영월 서강 변이다. 2000년 12월 20일에 내가 한반도지형을 처음 발견해 세상에 공개했고, 이듬해 6월 명승으로 지정됐으며, 지금은 전 국민이 찾는 관광지다. 24년 전 영월군의 서강 변 쓰레기 매립장 건설 계획을 막아냈고, 2015년 한반도습지라는 이름으로 세계 람사르 습지에 지정된 서강은 영월의 상징이 됐다.

서강 변 산업폐기물 매립장 건설이 허가되면 쌍용C&E는 1조 원이 넘는 돈방석에 앉는다. 쌍용C&E가 포기하지 않는 이유다. 쓰레기 처리 비용을 아끼고자 공장 마당 곳곳에 염소더스트를 불법 매립한 쌍용C&E가 서강 변에 산업폐기물 매립장을 건설할 경우 환경 재앙이 발생할 것이다. 서강과 소중한 생태계 보전을 위해, 수도권 시민의 안전한 식수원을 지키기 위해 쌍용C&E의 영월 서강 변 산업폐기물 매립장 건설은 반드시 철회해야 한다.

서강은 한반도지형으로 유명하며, 이 물이 수도권 시민 2000만 명의 식수가 된다.

기암절벽과 맑은 물이 어우러진 서강은 후손에게 물려줘야 할 생태계의 보고다.

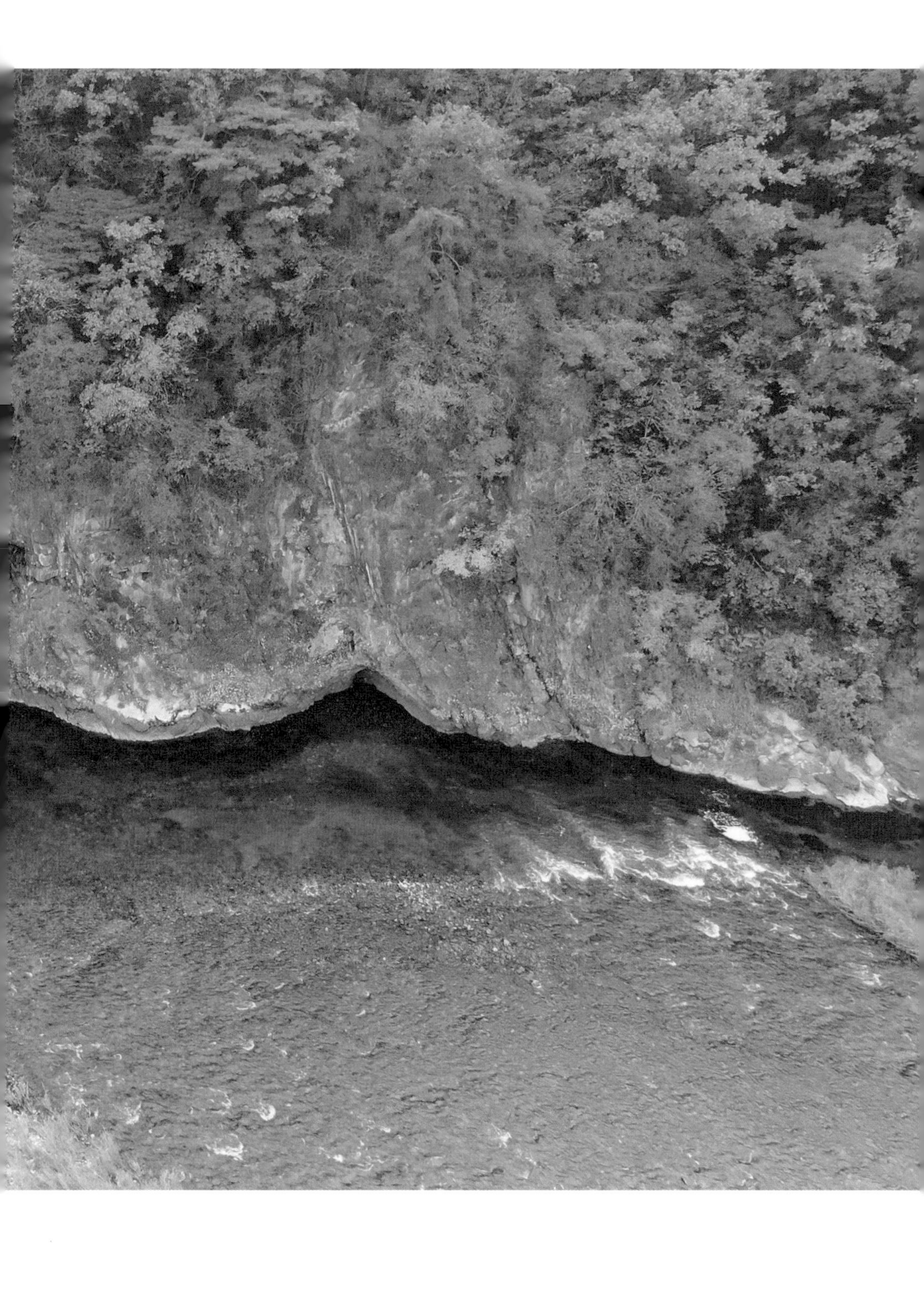

영화 〈정직한 후보 2〉에 나오는 시멘트 등급제가 정답이다

7

영화 〈정직한 후보〉를 만든 장유정 감독이 나를 찾아왔다. 〈정직한 후보〉는 배우 라미란이 2021년 초에 열린 41회 청룡영화제에서 여우주연상을 받은 작품이다. 장 감독은 새로 기획 중인 〈정직한 후보 2〉에 쓰레기 시멘트 이야기를 담고 싶다고 했다. 코미디 영화에서 무겁고 전문적인 주제를 다루려다 보니 자문이 필요한 상황이었다. 장 감독에게 쓰레기 시멘트 자체가 코미디라고 쉽게 설명했다.

"국민이 '영끌' 해서 10억 원, 20억 원이나 주고 사는 아파트를 쓰레기 시멘트로 만든다는 게 코미디죠. 그 비싼 32평 아파트에 들어가는 시멘트 값이 200만 원이 안 돼요. 영화에 이 간단한 사실 하나만 던져줘도 충분해요."

영화를 촬영하는 내내 궁금한 사항을 수시로 주고받았다. 2022년 9월 28일, 〈정직한 후보 2〉가 전국에서 개봉했다. 놀랍게도 쓰레기 시멘트가 영화를 풀어가는 중심 주제였다. 개봉 전날 장 감독이 내게 고맙다며 전화했다. 제작사에서 시멘트 등급제 이야기가 나오는 부분을 삭제하자고 했지만, 자신이 고집했다며 그동안 벌어진 일을 들려줬다. 영화에 쓰레기 시멘트 관련 대사가 등장한다.

박사 의뢰하신 시멘트 성분 분석입니다.

주상숙(라미란 분) 납, 비소, 6가크롬…

박사 정말 무시무시하네요.

주상숙 박사님, 이 정도면 사람이 죽나요?

박사 죽죠, 사람은 결국 다 죽죠. 이런 경우는 좀 일찍 죽죠.

주상숙　그냥 쉽게 설명해주시면 안 돼요?

박사　파리 잡을 때… (파리약을 유리병 안에 뿌리며) 질 나쁜 시멘트가 이 정도 독성이 나오거든요. 의뢰하신 것은 더 뿌려야 해요.

비서실장(김무열 분)　독성이 그렇게 세요?

박사　아니 무슨 폐기물을 썼길래…

주상숙　나쁜 새끼들, 이걸 어떻게 잡지?

박사　그래 봤자 시멘트에 대한 엄격한 규정이 없어서 벌금 내면 그만인걸요. 암튼 이 시멘트를 쓰실 거면 항만, 도로처럼 완전히 오픈된 곳에서만…

주인공인 강원도지사 주상숙이 연구소 박사에게 건네받은 시멘트 성분 분석 성적서를 읽는 장면이 있다. 납 70ppm, 비소 42ppm,

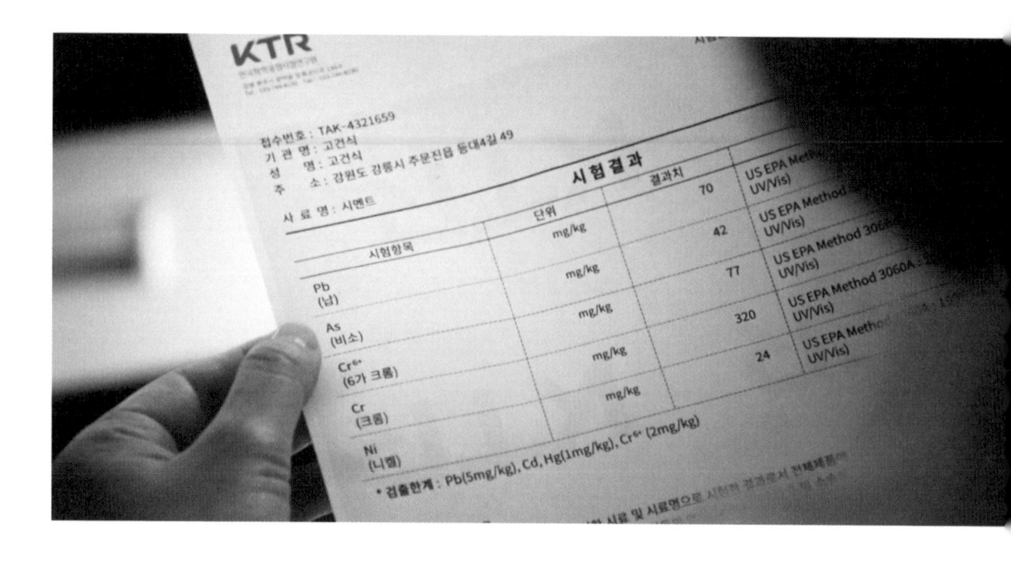

6가크롬 77ppm, 크롬 320ppm, 니켈 24ppm이 적힌 시멘트 분석 결과가 허구가 아니다. 내가 한국세라믹기술원과 한국화학융합시험연구원에 의뢰한 시멘트 분석 결과를 조합해 영화에 등장한 것이다. 오늘 대한민국 쓰레기 시멘트의 현실을 보여주는 100% 팩트다.

연구원 박사가 "이(질 나쁘고 독성 강한) 시멘트를 쓰실 거면 항만, 도로처럼 완전히 오픈된 곳에서만"이라고 한 대사가 중요하다. 집을 짓는 건축재는 쓰레기를 넣지 않은 건강한 시멘트를 사용하고, 쓰레기로 만든 질 나쁘고 독성이 강한 쓰레기 시멘트는 외부에 노출된 항만이나 도로에 사용하는 '시멘트 등급제'와 '사용처 제한' 규정이 필요함을 강조한 것이다. 〈정직한 후보 2〉에 등장하는 쓰레기 시멘트 관련 장면은 모두 실제 사건이다. 강원도지사와 비서실장이 바닷가에서 죽은 물고기들이 아파트 건설 현장의 시멘트 독 때문인지 대화하는 장면이 있다.

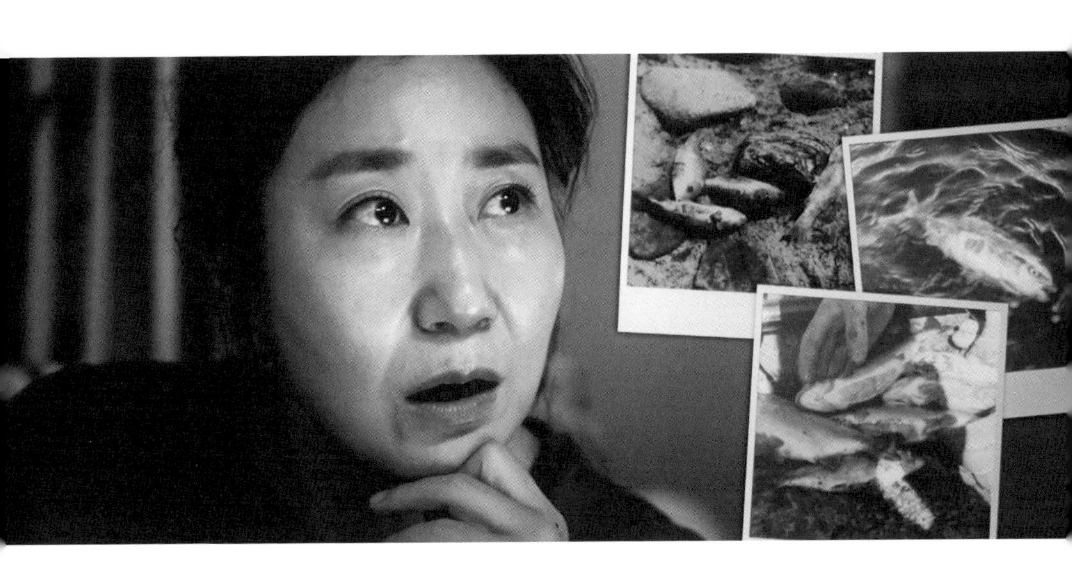

주상숙 그래, 그때 세 마리 다 껍질이 벗겨져서 죽어 있었어… 그러니까 시멘트 독성이 바다로 흘러들어서 그래서 개들이 죽은 거라면?

비서실장 잠깐만, 그러면 이걸 어떻게 증명하죠? 건축 현장이랑 바닷가랑 200m나 떨어져 있는데…

물고기들이 죽어가는 장면 역시 오래전에 내가 쓴 기사를 영화로 옮겼다. 강원도 평창에서 다리 공사 중에 콘크리트의 독성이 지하수를 타고 하류의 양식장으로 흘러들어 송어가 떼죽음한 사건이다. 아파트 건설 현장이 바닷가에서 200m나 떨어져 있는데, 물고기가 떼죽음한 원인이 시멘트 때문인지 규명하기 위해 등장하는 우라닌 추적자 시험이 압권이다. 이는 2020년 쌍용C&E가 영월 산업폐기물 매립장 예정지에서 우라닌 추적자 시험으로 서강을 초록으로 물들인 사건이다. 주상숙의 시누이 봉만순(박진주 분)이 물고기가 떼죽음한 원인이 시멘트 때문임을 규명하는 방법으로 우라닌 추적자 시험을 제안한다. 어떻게 알았냐는 질문에 유튜브 보고 알았다며 구체적인 방법을 설명한다.

봉만순 저거 되게 간단한 건데. 여기가 르강원, 여기 바다. 이미 이 밑은 시멘트 독성으로 오염이 돼 있을 거예요. 자, 그러면 여기 빗물이 지하수에 닿게 돼 있어. 그러면 이 지하수가 바다로 흘러가. 그러면 여기 사는 물고기들이 그냥 꽥하고 죽는 거예요. 자 그러면 우리가 어떻게 해야 하나. 형광색 우라닌을 여기 르강원에 뿌려요. 그러면 비가 오면 빗물이 여기를 흘러서 바다를 형광색으로 물들이는 거예요. 그러면 르강원과 바다가 연결돼 있다는 게 확실히 증명되는 거죠.

봉만순의 제안대로 아파트 건설 현장에 우라닌을 뿌리고, 그 녹색 물질이 바다를 녹색으로 물들인다. 르강원 아파트 공사 현장의 질 나쁜 독성 쓰레기 시멘트로 인해 물고기가 떼죽음했다는 뉴스가 등장한다.

가족의 건강엔 관심 없고, 오직 아파트 값에 혈안이 된 대한민국

영화 말미에 쓰레기 시멘트로 아파트를 지은 것이 탄로 난 건설사 대표와 강원도지사 주상숙의 대화가 우리의 슬픈 현실을 그대로 반영한다. 가족의 건강을 위협하는 쓰레기 시멘트엔 관심 없고, 오직 아파트 값에 혈안이 된 모습이 오늘 대한민국의 민낯이기 때문이다. 이제 국민이 바로 알고 환경부의 잘못된 정책을 바꿀 때가 되었다.

> 주상숙 공사비 횡령하려고 쓰레기 시멘트 쓰라고 시킨 거야? 나중에 문제 생기면 어떡하게?
> 강연준(건설사 대표, 윤두준 분) 안 생겨요. 생겨도 증명 못 해. 한 5년 질질 끌다가 결론 나면 그땐 다 살고 있는데 어쩔 건데? 아니 자기 아파트에 하자 있다고 떠들고 다니는 놈들이 어디 있어요? 집값 떨어질까 봐 벌벌 떨지.